Schadensersatz und Entschädigung in Folge von Diskriminierung
im deutschen und englischen Arbeitsrecht

Studien zum Arbeitsrecht und zur Arbeitsrechtsvergleichung

Herausgegeben von Manfred Weiss, Bernd Waas und Spiros Simitis

Band 26

Zur Qualitätssicherung und Peer Review der vorliegenden Publikation

Die Qualität der in dieser Reihe erscheinenden Arbeiten wird vor der Publikation durch einen Herausgeber der Reihe geprüft.

Notes on the quality assurance and peer review of this publication

Prior to publication, the quality of the work published in this series is reviewed by one of the editors of the series.

Mathias Kaufmann

Schadensersatz und Entschädigung in Folge von Diskriminierung im deutschen und englischen Arbeitsrecht

Eine rechtsvergleichende Studie unter Berücksichtigung des Europarechts

PL ACADEMIC RESEARCH

Bibliografische Information der Deutschen Nationalbibliothek
Die Deutsche Nationalbibliothek verzeichnet diese Publikation in der Deutschen Nationalbibliografie; detaillierte bibliografische Daten sind im Internet über http://dnb.d-nb.de abrufbar.

Zugl.: Hagen, Fernuniv., Diss., 2014

Gedruckt auf alterungsbeständigem, säurefreiem Papier.

D 708
ISSN 1615-4606
ISBN 978-3-631-65392-0 (Print)
E-ISBN 978-3-653-04636-6 (E-Book)
DOI 10.3726/978-3-653-04636-6

PL Academic Research ist ein Imprint der Peter Lang GmbH.
Peter Lang – Frankfurt am Main · Bern · Bruxelles · New York · Oxford · Warszawa · Wien

Diese Publikation wurde begutachtet.

www.peterlang.com

Vorwort

Diese Arbeit lag der Rechtswissenschaftlichen Fakultät der FernUnversität in Hagen im Wintersemester 2013/2014 als Dissertation vor. Die Disputation fand am 11. März 2014 statt. Vor ihrer Drucklegung wurde das Manuskript geringfügig überarbeitet. Rechtsprechung und Literatur wurden bis einschließlich Juni 2014 berücksichtigt.

Danken möchte ich meinem Doktorvater Prof. Dr. Bernd Waas, mittlerweile Goethe-Universität Frankfurt a.M., für die Betreuung der Arbeit und Frau Prof. Dr. Kerstin Tillmanns von der Rechtswissenschaftlichen Fakultät der FernUniversität in Hagen für die Erstellung des Zweitgutachtens. Zu Dank bin ich auch der University of Exeter verpflichtet, die mir bereitwillig Ihre Einrichtungen für die Recherchen zu dem englischen Teil dieser Arbeit zur Verfügung gestellt hat, sowie Herrn Rechtsanwalt Kilian Sartor, LL.M., der die Verbindung zur University of Exeter hergestellt hat.

Besonderer Dank gilt meinen Eltern, die mich nicht nur während meines Studiums an der Julius-Maximilians-Universität Würzburg, sondern auch während der Anfertigung dieser Arbeit stets unterstützt haben.

Düsseldorf, im Juli 2014 *Mathias Kaufmann*

Inhaltsverzeichnis

Literaturverzeichnis

Adomeit, Klaus	Political correctness – jetzt Rechtspflicht, NJW 2006, 2169–2171.
Adomeit, Klaus; Mohr, Jochen	Allgemeines Gleichbehandlungsgesetz (AGG) - Kommentar zum AGG und zu anderen Diskriminierungsverboten, 2. Auflage, Stuttgart 2011.
Alenfelder, Klaus Michael	Diskriminierungsschutz im Arbeitsrecht, Das neue Allgemeine Gleichbehandlungsgesetz, Köln 2006.
Annuß, Georg	Das Allgemeine Gleichbehandlungsgesetz im Arbeitsrecht, BB 2006, 1629–1635.
Annuß, Georg	Grundfragen der Entschädigung bei unzulässiger Geschlechtsdiskriminierung, NZA 1999, 738–744.
Auer, Marietta	Neues zu Umfang und Grenzen der richtlinienkonformen Auslegung, NJW 2006, 1106–1109.
Bader, Johannes	Arbeitsrechtlicher Diskriminierungsschutz als Privatrecht, Diss., Heidelberg 2012.
Balupuri-Beckmann, Anamika	Die Umsetzung der Richtlinie 2000/43/EG im Arbeitsrecht in Großbritannien im Vergleich zu Deutschland, Diss., Bielefeld 2011.
Bamberger, Heinz Georg (Hrsg.) **Roth, Herbert (Hrsg.)**	Beck'scher Online-Kommentar BGB, 31. Edition, Stand: 31.5.2014, München, URL: https://beck-online.beck.de/Default.

aspx?typ=reference&y=400&w=BeckOK&name=BGB (1.7.2014),
zit.: BeckOK/*Bearbeiter*.

Barnett, Daniel — Damages in discrimination claims, 152 NLJ (5. April 2002), 509–511.

Bauer, Gerd — Das neue Diskriminierungsrecht in der Praxis für Personaldienstleister - Allgemeines Gleichbehandlungsgesetz, Nürnberg 2006.

Bauer, Jobst-Hubertus — BB 2006, Editorial Heft 20.

Bauer, Jobst-Hubertus; Evers, Malte — Schadensersatz und Entschädigung bei Diskriminierung - Ein Fass ohne Boden? NZA 2006, 893–898.

Bauer, Jobst-Hubertus; Göpfert, Burkhard; Krieger, Steffen — Allgemeines Gleichbehandlungsgesetz, 3. Auflage, München 2011.

Bauer, Jobst-Hubertus; Krieger, Steffen — Ein Hallelujah für die Anwaltschaft! Entschädigung und Schadensersatz nach dem Entwurf eines Antidiskriminierungsgesetzes, BB-Special 6/2004, 20–24.

Bauer, Jobst-Hubertus; Krieger, Steffen — Das neue Antidiskriminierungsgesetz, AnwBl 2006, 800–805.

Bauer, Jobst-Hubertus; Thüsing, Gregor; Schunder, Achim — Der Entwurf eines Gesetzes zur Umsetzung europäischer Antidiskriminierungsrichtlinien, NZA 2005, 32–36.

Bauer, Jobst-Hubertus; Thüsing, Gregor; Schunder, Achim — Das Allgemeine Gleichbehandlungsgesetz – Alter Wein in neuen Schläuchen? NZA 2006, 774–778.

Bauschke, H.-J. — Das Allgemeine Gleichbehandlungsgesetz und seine Auswirkungen auf den öffentlichen Dienst, RiA 2006, 241–245.

Bayreuther, Frank — Die Neufassung des § 14 Abs. 3 TzBfG - diesmal europarechtskonform? BB 2011, 1113–1115.

Benecke, Martina; Kern, Gisela — Sanktionen im Antidiskriminierungsrecht: Möglichkeiten und Grenzen der Umsetzung der Europäischen Richtlinien im deutschen Recht, EuZW 2005, 360–364.

Benzani, Thomas; Richter, Marcus — Das Allgemeine Gleichbehandlungsgesetz, Köln 2006.

Bernstorff, Christoph Graf von — Einführung in das englische Recht, 4. Auflage, München 2011.

Besgen, Nicolai — Diskriminierungsschutz im Arbeitsrecht: Das Allgemeine Gleichbehandlungsrecht (AGG), B + P 2006, Beiheft Nr. 1/2006 zu Heft Nr. 8.

Besgen, Nicolai; Roloff, Sebastian — Grobe Verstöße des Arbeitgebers gegen das AGG – Rechte des Betriebsrats und der Gewerkschaften, NZA 2007, 663–670.

Blessing, Steffen — Rechtsfolgen diskriminierender Kündigungen unter Geltung des Allgemeinen Gleichbehandlungsgesetzes, Diss., Augsburg 2011.

Bötticher, Eduard — Der Ansatz des Gleichbehandlungsanspruchs im Arbeitsrecht, RdA 1957, 317–319.

Bourn, Colin J.; Whitmore, John — Anti-Discrimination Law in Britain, 3. Auflage, London 1996.

Budras, Corinna; Schwenn, Kerstin — Gleichbehandlungsgesetz bringt schon wieder Ärger, in: Frankfurter Allgemeine Zeitung, Nr. 148 vom 28.6.2006, S. 11.

Buchner, Herbert — Der Gleichbehandlungsgrundsatz bei der Kündigung von Arbeitsverhältnissen, RdA 1970, 225–230.

Büdenbender, Ulrich
Tarifbindung trotz Austritts aus dem Arbeitgeberverband – eine notwendige oder eine korrekturbedürftige Regelung?
NZA 2000, 509–518.

Bugg, Stuart G.; Simon, Heike
Langenscheidt Alpmann Fachwörterbuch Kompakt Recht Englisch,
2. Auflage, Berlin u.a. 2009.

Busch, Sebastian
Ziel verfehlt - weshalb das AGG keine Umsetzung des europarechtlich vorgegebenen Mindestschutzes darstellt,
AiB 2006, 467–470.

Busch, Sebastian
Allgemeines Gleichbehandlungsgesetz,
Die Umsetzung in der Betriebsratspraxis,
Frankfurt a. M. 2007.

Cheetham, Simon; White, Esther
Age Discrimination, The New Law,
Bristol 2006.

Connolly, Michael
Townshend-Smith on Discrimination Law: Text, Cases and Materials,
2. Auflage, London, Sydney, Portland 2004.

Connolly, Michael
Discrimination Law,
2. Auflage London 2011.

Cunningham, Naomi
Discrimination through the looking-glass: Judicial guidelines on the burden of proof,
35 ILJ 2006, 279–287.

Däubler, Wolfgang Bertzbach, Martin
Allgemeines Gleichbehandlungsgesetz: Handkommentar,
3. Auflage, Baden-Baden 2013,
zit.: Däubler/Bertzbach/*Bearbeiter*.

Dannemann, Gerhard
Rechtsvergleichung im Exil, Martin Wolff und das englische Recht,
Humboldt-Universität zu Berlin, Heft 135,
Berlin 2004,

	abrufbar im Internet, URL: http://edoc.hu-berlin.de/humboldt-vl/135/dannemann-gerhard-3/PDF/dannemann.pdf (1.7.2014).
Deinert, Olaf	Diskriminierungen sind Persönlichkeitsverletzungen, AiB 2006, 741–744.
Deinert, Olaf	Anwendungsprobleme der arbeitsrechtlichen Schadensersatzvorschriften im neuen AGG, DB 2007, 398–402.
Detmers, Carla	Diskriminierung am Arbeitsplatz - Eine Einführung in das englische Recht zur Diskriminierung und Lohngleichheit, EuroAS 2004, 40–44.
Müller-Glöge, Rudi (Hrsg.); **Preis, Ulrich (Hrsg.);** **Schmidt, Ingrid (Hrsg.)**	Erfurter Kommentar zum Arbeitsrecht 14. Auflage, München 2014, zit.: ErfK/*Bearbeiter*.
Diller, Martin	Einstellungsdiskriminierung durch Dritte – Im Irrgarten von Entschädigung, Auskunft, einstweiliger Verfügung, Ausschlussfrist und Rechtsweg, NZA 2007, 649–653.
Duffy, Kevin	Entschädigung bei Diskriminierung – ein gemeinschaftsrechtlicher Ausblick, Trier 2006, im Internet abrufbar, URL: http://www.era-comm.eu/oldoku/Adiskri/04_Remedies/2006-Duffy-DE.pdf (1.7.2014).
Eckert, Michael	Das Allgemeine Gleichbehandlungsgesetz in der Praxis, DStR 2006, 1987–1991.
Ellis, Evelyn	EU Anti-Discrimination Law, Oxford 2005.
Etzel, Gerhard; **Bader, Peter;**	Gemeinschaftskommentar zum Kündigungsschutzgesetz und zu sonstigen

Fischermeier, Ernst u.a. kündigungsschutzrechtlichen Vorschriften (KR), 10. Auflage, Neuwied 2013, zit.: KR/*Verfasser*.

Europäische Kommission (Hrsg.) Gleichbehandlung und Antidiskriminierung, Jahresbericht 2006, Brüssel 2006.

Fitting, Karl (Begr.); Engels, Gerd; Schmidt, Ingrid; Trebinger, Yvonne; Linsenmaier, Wolfgang Betriebsverfassungsgesetz mit Wahlordnung, Handkommentar, 27. Auflage, München 2014.

Fleischer, Holger Schadensersatz für verlorene Chancen im Vertrags- und Deliktsrecht, JZ 1999, 766–775.

Flohr, Eckhard; Ring, Gerhard Das neue Gleichbehandlungsgesetz, Recklinghausen 2006.

Friton, Pascal; Bug, Arnold Auswirkungen des Allgemeinen Gleichbehandlungsgesetzes auf die Regelungen wegen geschlechtsbezogener Benachteiligung im Arbeitsrecht, Berlin 2006.

Fuchs, Maximilian Elemente der Antidiskriminierung im deutschen Arbeitsrecht, ZESAR 2006, 377–385.

Fuhlrott, Michael Das neue Anti-Diskriminierungsrecht: Gesetzgeberische Ziele, gestalterische Vorschläge und praktische Konsequenzen, RdA 2006, 58–59.

Gamillscheg, Franz Die Grundrechte im Arbeitsrecht, AcP Bd. 164 (1964/65), 385–445.

Gay, Vivienne The Transposition of the new European Anti-Discrimination Directives into English employment law, NZA 2004, Sonderbeilage Heft 22, 31–47.

Göpfert, Burkhard; Siegrist, Carolin — Diskriminierungsverdacht: Über den richtigen Umgang mit arbeitsrechtlichen Diskriminierungsfällen, ZIP 2006, 1710–1717.

Grobys, Marcel — Die Beweislast im Anti-Diskriminierungsprozess, NZA 2006, 898–904.

Großerichter, Helge — Hypothetischer Geschehensverlauf und Schadensfeststellung – Eine rechtsvergleichende Untersuchung vor dem Hintergrund der perte d'une chance, Diss., München 2001.

Guild, Elspeth — The EC Directive on Race Discrimination: Surprises, Possibilities and Limitations, 29 ILJ 2000, 416–423.

Gutmann, Joachim; Hüsgen, Jens — Antidiskriminierung, Rechte nach dem Gleichbehandlungsgesetz wahren und Risiken vermeiden, Planegg 2006.

Hanau, Peter — Die Kausalität der Pflichtwidrigkeit, Göttingen 1971.

Hanau, Peter — Das Allgemeine Gleichbehandlungsgesetz (arbeitsrechtlicher Teil) zwischen Bagatellisierung und Dramatisierung, ZIP 2006, 2189–2201.

Harth, Angela; Taggart, Andrew — Arbeitsrecht in Großbritannien, in: Hennsler, Martin; Braun, Axel (Hrsg.), Arbeitsrecht in Europa, 3. Auflage, Köln 2011, 487–546.

Harvey, R. J. — Harvey on Industrial Relations and Employment Law, Band 2, Loseblattsammlung, Stand: 21. Oktober 2011, London, Edinburgh, zit.: *Verfasser* in:

Hay, Peter — US-Amerikanisches Recht, 5. Auflage, München 2011.

Herms, Sascha; Meinel, Gernod — Vorboten einer neuen Ära: Das geplante Antidiskriminierungsgesetz, DB 2004, 2370–2373.

Hill, Henrietta — Making the race and framework directives real: Remedies and sanctions for unlawful discrimination, Trier 2003, im Internet abrufbar, URL: http://www.era-comm.eu/oldoku/Adiskri/04_Remedies/2003_Hill_EN.pdf (1.7.2014).

Hinrichs, Oda; Zwanziger, Bertram; Maier, Götz A.; Mehlich, Tobias — Allgemeines Gleichbehandlungsgesetz - Ende des arbeitsrechtlichen Gleichbehandlungsgrundsatzes? DB 2007, 574–577.

Högenauer, Nikolaus — Die europäischen Richtlinien gegen Diskriminierung im Arbeitsrecht – Analyse, Umsetzung und Auswirkung der Richtlinien 2000/43/EG und 2000/78/EG im deutschen Arbeitsrecht, Diss., Hamburg 2002.

Honeyball, Simon — Honeyball & Bowers' Textbook on Employment Law, 12. Auflage, Oxford 2012.

Hueck, Alfred; Nipperdey, Hans Carl — Lehrbuch des Arbeitsrechts, Band I, 7. Auflage, Berlin 1963, zit.: *Bearbeiter* in: Hueck/Nipperdey.

Hueck, Götz — Der Grundsatz der gleichmäßigen Behandlung im Privatrecht, München/Berlin 1958.

Hunold, Wolf — Gleichbehandlungsgrundsatz, Gleichbehandlungsgesetz und Gleichberechtigungssatz im Betrieb, DB 1984, Beilage Nr. 5/84, 1–16.

Incomes Data Services (Hrsg.) — Age Discrimination, Employment Law Supplement, London 2006.

Incomes Data Services (Hrsg.) Injury to feelings and the Vento Guidelines, Employment Law Brief 808, 10–15.

Incomes Data Services (Hrsg.) Race and Religion Discrimination, Employment Law Handbook, London 2004.

Incomes Data Services (Hrsg.) Sexual Orientation Discrimination, Employment Law Supplement, London 2004.

Jacobs, Matthias Grundprobleme des Entschädigungsanspruchs nach § 15 Abs 2 AGG, RdA 2009, 193–204.

Johnstone, Sue The EOR Guide to Compensation in Discrimination Cases, 2. Auflage, London Edinburgh 2005.

Johnstone, Sue; Foster, Carol; Godwin, Kate Compensation Awards 2006: part 1, EOR 167 (2007), 4–21.

Johnstone, Sue; Foster, Carol; Godwin, Kate Compensation Awards 2011: part 1, EOR 227 (2012), 9–23.

Johnstone, Sue; Foster, Carol; Godwin, Kate Compensation Awards 2011: part 2, EOR 228 (2012), 7–22.

Judicial College (Hrsg.) Guidelines for the Assessment of General Damages in Personal Injury Cases, 11. Auflage, Oxford 2012.

Junker, Abbo Das Internationale Privat- und Verfahrensrecht der Nichtdiskriminierung im Arbeitsverhältnis, NZA 2008, Beilage Heft 2, 59–66.

Kamanabrou, Sudabeh Die arbeitsrechtlichen Vorschriften des Allgemeinen Gleichbehandlungsgesetzes, RdA 2006, 321–339.

Kamanabrou, Sudabeh Rechtsfolgen unzulässiger Benachteiligung im Antidiskriminierungsrecht, ZfA 2006, 327–345.

Kania, Thomas; Merten, Sonja Auswahl und Einstellung von Arbeitnehmern unter Geltung des AGG, ZIP 2007, 8–15.

Kasper, Martin Strafschadensersatz im deutschen Arbeitsrecht? - Eine Analyse der Rechtsprechung, NZA-RR 2003, 1–5.

Kock, Martin Allgemeines Gleichbehandlungsgesetz - Überblick über die arbeitsrechtlichen Regelungen, MDR 2006, 1088–1093.

Köbler, Gerhard Rechtsenglisch, 8. Auflage, München 2011.

Körner, Marita Zur Aufgabe des Haftungsrechts - Bedeutungsgewinn präventiver und punitiver Elemente, NJW 2000, 241–246.

Korn, Anthony; Sethi, Mohinderpal Employment Tribunal Compensation, 3. Auflage, Oxford 2005.

Krieger, Steffen Urteilsanmerkung zu EuGH, Urteil vom 8.7.2010, Rs. C-246/09, ArbR Aktuell 2010, 393.

Küttner, Wolfdieter (Begr.) Personalbuch 2014, 21. Auflage, München 2014, zit.: Küttner/*Bearbeiter*.

Lehmann, Lukas Die Höhe des finanziellen Ausgleichs nach § 15 Abs. 1 und 2 AGG unter besonderer Berücksichtigung der Rechtsprechung des EuGH, Diss., Augsburg 2010.

Leible, Stefan; Schlachter, Monika Diskriminierungsschutz durch Privatrecht, München 2006.

Linden, Thomas; Wong, Garreth — Proving discrimination: the new law, 155 NLJ (18. März 2005), 400–404.

Lingemann, Stefan; Gotham, Meike — AGG-Benachteiligungen wegen des Alters in kollektivrechtlichen Regelungen, NZA 2007, 663–670.

Linnenkohl, Karl R. H.; Rauschenberg, Hans-Jürgen; Schüttler, Jutta — Das Recht auf informationelle Selbstbestimmung und die Drittwirkungsproblematik im Arbeitsrecht, BB 1988, 57–63.

Löwisch, Manfred; Rieble, Volker — Tarifvertragsgesetz, Kommentar, 3 Auflage, München 2012.

Mäsch, Gerald — Chance und Schaden - Zur Dienstleisterhaftung bei unaufklärbaren Kausalverläufen, Tübingen 2004.

Maier, Götz A.; Mehlich, Tobias — Das Ende des richterrechtlich entwickelten arbeitsrechtlichen Gleichbehandlungsgrundsatzes? DB 2007, 110–113.

Martin, Elizabeth A.; Law, Jonathan — Oxford Dictionary of Law, 7. Auflage, Oxford 2009.

McColgan, Aileen — Discrimination Law: Text, Cases and Materials, 2. Auflage, Oxford, Portland 2005.

McGregor, Harvey — McGregor on Damages, 18. Auflage, London 2010.

Meinel, Gernod; Heyn, Judith; Herms, Sascha — Allgemeines Gleichbehandlungsgesetz: AGG, 2. Auflage, München 2010.

Mertens, Hans-Joachim — Der Begriff des Vermögensschadens im Bürgerlichen Recht, Stuttgart 1967.

Moll, Wilhelm (Hrsg.) — Münchener Anwaltshandbuch Arbeitsrecht, 3. Auflage, München 2012, zit.: Moll/*Bearbeiter.*

Mommsen, Friedrich Zur Lehre von dem Interesse, Braunschweig 1855.

Münchener Kommentar Bürgerliches Gesetzbuch, Band 1, Allgemeiner Teil: §§ 1–240, ProstG, AGG, 6. Auflage, München 2012, zit.: MünchKomm/*Bearbeiter*.

Bürgerliches Gesetzbuch, Band 2, Schuldrecht, Allgemeiner Teil: §§ 241–432, 6. Auflage, München 2012, zit.: MünchKomm/*Bearbeiter*.

Bürgerliches Gesetzbuch, Band 5, Schuldrecht, Besonderer Teil III: §§ 705–853, Partnerschaftsgesellschaftsgesetz, Produkthaftungsgesetz, 6. Auflage, München 2013, zit.: MünchKomm/*Bearbeiter*.

Müller-Stoy, Walter Schadensersatz für verlorene Chancen, Diss., Freiburg 1973.

Mulvaney, Jenny Discrimination in Employment, London 2006.

Musielak, Hans-Joachim Zivilprozessordnung, 10. Auflage, München 2013. zit.: Musielak/*Bearbeiter*.

Nicolai, Andrea Das Allgemeine Gleichbehandlungsgesetz - AGG in der anwaltlichen Praxis, Anwaltspraxis, Bonn 2006.

Nollert-Borasio, Christiane; Perreng, Martina Allgemeines Gleichbehandlungsgesetz, Basiskommentar zu den arbeitsrechtlichen Regelungen, 3. Auflage, Frankfurt a. M. 2010.

Oberwetter, Christian Allgemeines Gleichbehandlungsgesetz (AGG), Starnberg 2006.

Oberwetter, Christian Ein Jahr AGG - erste Erfahrungen mit der Rechtsprechung, BB 2007, 1847–1849.

Oberwinter, Jens-Wilhelm; Ziegler, Ulrich AGG: Sanktionen, Beweislastverteilung und Klagerecht, Risiken und Nebenwirkungen für Arbeitgeber, FA 2006, 264–266.

O'Cinneide, Colm Country Report on Measures to combat Discrimination, Directives 2000/43/EG and 2000/78/EC, Country Report United Kingdom, Brüssel 2007.

Pärli, Kurt; Caplazi, Alexandra; Suter, Caroline Recht gegen HIV/Aids-Diskriminierung im Arbeitsverhältnis, Eine rechtsvergleichende Untersuchung zur Situation in Kanada, Grossbritannien, Frankreich, Deutschland und der Schweiz, Bern Stuttgart Wien 2007.

Palandt, Otto (Begr.) Bürgerliches Gesetzbuch, 73. Auflage, München 2014, zit.: Palandt/*Bearbeiter*.

Perreng, Martina; Nollert-Borasio, Christiane Das Allgemeine Gleichbehandlungsgesetz, AiB 2006, 459–466.

Preis, Ulrich Arbeitsrecht: Individualarbeitsrecht, Lehrbuch für Studium und Praxis, 4. Auflage, Köln 2012.

Raiser, Ludwig Rezension zu Götz Hueck, Der Grundsatz der gleichmäßigen Behandlung im Privatrecht, JZ 1959, 422–423.

Richardi, Reinhard Neues und Altes - Ein Ariadnefaden durch das Labyrinth des Allgemeinen Gleichbehandlungsgesetzes, NZA 2006, 881–887.

Richardi, Reinhard (Hrsg.); Wißmann, Hellmut (Hrsg.); Wlotzke, Otfried (Hrsg.); Oetker, Hartmut (Hrsg.)	Münchener Handbuch zum Arbeitsrecht Band 1, Individualarbeitsrecht, 3. Auflage, München 2009, zit.: Münchener Handbuch zum Arbeitsrecht/*Bearbeiter*.
Röder, Gerhard; Krieger, Steffen	Einführung in das neue Antidiskriminierungsrecht, Ad Legendum 2006, 111–116.
Roesner, Ralf	Das Allgemeine Gleichbehandlungsgesetz – Schnelleinstieg für die Personalarbeit, Heidelberg 2006.
Rubenstein, Michael	Discrimination: the New Law, A guide to the new Regulations on race, religion or belief, sexual orientation and disability, London, Edinburgh 2004.
Rudolf, Beate Mahlmann, Matthias	Gleichbehandlungsrecht, Handbuch, Baden-Baden 2007, zit.: Rudolf/Mahlmann/*Bearbeiter*.
Rühl, Wolfgang; Schmidt, Matthias; Viethen, Hans Peter	Allgemeines Gleichbehandlungsgesetz, München 2007.
Rust, Ursula; Falk, Josef	Allgemeines Gleichbehandlungsgesetz mit weiterführenden Vorschriften, Berlin 2007.
Säcker, Franz Jürgen	Fundamente der Privatrechtsgesellschaft nach dem Antidiskriminierungsgesetz, ZG 2005, 154–164.
Sargeant, Malcolm	Discrimination Law, Harlow 2004.
Schiefer, Bernd; Ettwig, Volker; Krych, Stefanie	Das Allgemeine Gleichbehandlungsgesetz, Düsseldorf 2006.
Schiefer, Bernd Köster, Hans-Wilhelm	Befristung von Arbeitsverträgen – Die neue Altersbefristung nach § 14

Korte, Walter — Abs. 3 TzBfG,
DB 2007, 1081–1086.

Schiek, Dagmar — Allgemeines Gleichbehandlungsgesetz (AGG) - Ein Kommentar aus europäischer Perspektive,
München 2007,
zit.: Schiek/*Bearbeiter*.

Schiek, Dagmar; Horstkötter, Inge — Kündigungsschutz via Diskriminierungsverbot,
NZA 1998, 863–868.

Schlachter, Monika — Das Arbeitsrecht im Allgemeinen Gleichbehandlungsgesetz,
ZESAR 2006, 391–399.

Schleusener, Aino; Suckow, Jens; Voigt, Burkhard — Allgemeines Gleichbehandlungsgesetz (AGG),
4. Auflage, Neuwied 2013.

Schmidt-Kessel, Martin — Fremde Erfahrungen mit zivilrechtlichen Diskriminierungsverboten,
in: Leible, Stefan; Schlachter, Monika (Hrsg.), Diskriminierungsschutz durch Privatrecht,
München 2006, 53–71.

Schrader, Peter; Schubert, Jens Michael — Das neue AGG - Das Gleichbehandlungsrecht in der anwaltlichen Praxis,
Baden-Baden 2006.

Schreiner, Paul; Kolmhuber, Martin — Diskriminierungsschutz bei der Einstellung,
ArbRB 2006, 314–316.

Schubert, Jens M. — Punitive Damages – Das englische Recht als Vorbild für das deutsche Schadensrecht
JR 2008, 138–143.

Seel, Henning — AGG - Schadensersatz für Diskriminierungen im Bewerbungsverfahren,
MDR 2006, 1321–1325.

Sievers, Jochen
TzBfG,
Kommentar zum Teilzeit- und Befristungsgesetz
4. Auflage, München 2012.

Simon, Oliver
AGG, Haftung des Arbeitgebers bei Benachteiligungen durch Beschäftigte und Dritte,
BB 2007, 1782–1789.

Skidmore, Paul
Schutz vor Diskriminierungen im englischen Arbeitsrecht,
AuR 2005, 360–363.

Soergel, Hans-Theodor (Begr.)
Bürgerliches Gesetzbuch mit Einführungsgesetz und Nebengesetzen, Band 4/1, Schuldrecht III/1,
(§§ 516–651 BGB, MHG, VerbrKrG),
12. Auflage, Stuttgart 1997,
zit.: Soergel/*Bearbeiter*.

Staudinger, Julius von (Begr.)
Kommentar zum Bürgerlichen Gesetzbuch mit Einführungsgesetz und Nebengesetzen, Buch 2: Recht der Schuldverhältnisse, §§ 611–615 (Dienstvertragsrecht 1),
Berlin 2005,
zit.: Staudinger/*Bearbeiter*.

Kommentar zum Bürgerlichen Gesetzbuch mit Einführungsgesetz und Nebengesetzen, Buch 2: Recht der Schuldverhältnisse, §§ 840–853 (Unerlaubte Handlungen 5),
Berlin 2007,
zit.: Staudinger/*Bearbeiter*.

Stein, Rolf;
Rabe von Pappenheim, Henning
Arbeitsrecht in Großbritannien,
2. Auflage, München 2000.

Steinau-Steinrück, Robert;
Schneider, Volker;
Wagner, Tobias
Der Entwurf eines Antidiskriminierungsgesetzes: Ein Beitrag zur Kultur der Antidiskriminierung?
NZA 2005, 28–32.

Steinbrück, Ben Geldentschädigung bei ethnischen Diskriminierungen - *Punitive damages* als zivilrechtliche Sanktion?
Jura 2004, 439–446.

Steinkühler, Bernhard AGG, Die Umsetzung des AGG im Betrieb mit Handlungsempfehlungen für die Praxis,
München 2007.

Stoffels, Markus Grundprobleme der Schadensersatzverpflichtung nach § 15 Abs. 1 AGG,
RdA 2009, 204–215.

Stoll, Hans Haftungsfolgen im bürgerlichen Recht - Eine Darstellung auf rechtsvergleichender Grundlage,
Heidelberg 1993.

Thüsing, Gregor Arbeitsrechtlicher Diskriminierungsschutz, Das neue Allgemeine Gleichbehandlungsgesetz und andere arbeitsrechtliche Benachteiligungsverbote,
2. Auflage, München 2013.

Thüsing, Gregor Das Arbeitsrecht der Zukunft? - Die deutsche Umsetzung der Anti-Diskriminierungsrichtlinien im internationalen Vergleich,
NZA 2004, Sonderbeilage zu Heft 22, 3–16.

Thüsing, Gregor Das künftige Anti-Diskriminierungsrecht als Herausforderung für Wissenschaft und Praxis,
ZfA 2006, 241–257.

Thüsing, Gregor Gegen Diskriminierung und ein schlechtes Gesetz, in: Süddeutsche Zeitung vom 30.06.2006, S. 11.

Toms, Nicholas Remedies and sanctions for unlawful discrimination,
Trier 2008,
im Internet abrufbar, URL: http://www.era-comm.eu/oldoku/Adiskri/04_Remedies/2008_Toms_EN.pdf (1.7.2014).

Treber, Jürgen	Arbeitsrechtliche Neuerungen durch das „Gesetz zur Änderung des Bürgerlichen Gesetzbuches und des Arbeitsgerichtsgesetzes", NZA 1998, 856–860.
Wagner, Gerhard	Prävention und Verhaltenssteuerung durch Privatrecht - Anmaßung oder legitime Aufgabe? AcP Bd. 206 (2006), 352–476.
Wagner, Gerhard; Potsch, Nicolas	Haftung für Diskriminierungsschäden nach dem Allgemeinen Gleichbehandlungsgesetz, JZ 2006, 1085–1100.
Wank, Rolf	Diskriminierung in Europa – Die Umsetzung der europäischen Antidiskriminierungsrichtlinien aus deutscher Sicht, NZA 2004, Sonderbeilage zu Heft 22, 16–26.
Wendeling-Schröder, Ulrike; Stein, Axel	Allgemeines Gleichbehandlungsgesetz, München 2008.
Wiese, Günther; Kreutz, Peter; Oetker, Hartmut; Raab, Thomas; Weber, Christoph; Franzen, Martin	Gemeinschaftskommentar zum Betriebsverfassungsgesetz, Band 2: §§ 74–132, 10. Auflage, München 2014, zit.: GK-BetrVG/*Bearbeiter*.
Willemsen, Heinz-Josef; Schweibert, Ulrike	Schutz der Beschäftigten im Allgemeinen Gleichbehandlungsgesetz, NJW 2006, 2583–2592.
Wisskirchen, Gerlind	AGG Allgemeines Gleichbehandlungsgesetz, 3. Auflage, Frechen 2007.
Wisskirchen, Gerlind	Der Umgang mit dem Allgemeinen Gleichbehandlungsgesetz - Ein „Kochrezept" für Arbeitgeber, DB 2006, 1491–1499.

Wolff, Alexander Allgemeines Gleichbehandlungsgesetz (AGG) - Herausforderungen für die Praxis, AuA 2006, 512–516.

Wüst, Henning Allgemeines Gleichbehandlungsgesetz im Arbeitsrecht, Münster 2006.

Wulffen, Matthias von Zehntes Buch Sozialgesetzbuch – Sozialverwaltungsverfahren und Sozialdatenschutz - (SGB X), 7. Auflage, München 2010. zit.: von Wulffen/*Bearbeiter*.

Zwanziger, Bertram Die Neuregelung des Verbots der Geschlechterdiskriminierung im Arbeitsrecht, DB 1998, 1330–1333.

Abkürzungsverzeichnis

a.A.	andere Ansicht
ABl. EG	Amtsblatt der Europäischen Gemeinschaft
Abs.	Absatz
A.C.	Appeal Cases (Berufungsfälle)
ACAS	Advisory, Conciliation and Arbitration Service (Organisation)
AcP	Archiv für civilistische Praxis (Zeitschrift)
ADG-E	Antidiskriminierungsgesetz-Entwurf
a.F.	alte Fassung
AGG	Allgemeines Gleichbehandlungsgesetz
AiB	Arbeitsrecht im Betrieb
All ER	All England Law Reports
AnwBl	Anwaltsblatt (Zeitschrift)
AP	Arbeitsrechtliche Praxis, Nachschlagewerk des Bundesarbeitsgerichts
ArbG	Arbeitsgericht
ArbGG	Arbeitsgerichtsgesetz
ArbRB	Arbeits-Rechts-Berater (Zeitschrift)
ARSt.	Arbeitsrecht in Stichworten – Arbeitsrechtliche Entscheidungssammlung
Art.	Artikel
AT	Allgemeiner Teil
Az.	Aktenzeichen
BAG	Bundesarbeitsgericht
BAGE	Sammlung der Entscheidungen des Bundearbeitsgerichts
BAnz	Bundesanzeiger
BB	Betriebsberater (Zeitschrift)
BBC	British Broadcasting Corporation
BBiG	Berufsbildungsgesetz
BeckEuRS	Beck EU-Rechtsprechung
Bd.	Band
Begr.	Begründer
BGB	Bürgerliches Gesetzbuch

BGBl.	Bundesgesetzblatt
BeschSchG	Beschäftigungsschutzgesetz
BetrVG	Betriebsverfassungsgesetz
BPersVG	Bundespersonalvertretungsgesetz
BT	Bundestag
B + P	Zeitschrift für Betrieb und Personal (Zeitschrift)
BVerfG	Bundesverfassungsgericht
BVerwG	Bundesverwaltungsgericht
bzw.	beziehungsweise
CA	Court of Appeal
CEEP	European Centre of Employers and Enterprises providing Public services (Organisation)
DAV	Deutscher Anwaltverein
DAR	Deutsches Autorecht (Zeitschrift)
DB	Der Betrieb (Zeitschrift)
DDA	Disability Discrimination Act
d.h.	das heißt
DLA	Discrimination Law Association (Organisation)
DRiZ	Deutsche Richterzeitung (Zeitschrift)
DStR	Deutsches Steuerrecht (Zeitschrift)
EA	Employment Act
EAT	Employment Appeal Tribunal
EE(A)R	Employment Equality (Age) Regulations
EE(RB)R	Employment Equality (Regulation or Belief) Regulations
EE(SO)R	Employment Equality (Sex Orientation) Regulations
EG	Europäische Gemeinschaft
EGB	Europäischer Gewerkschaftsbund
Einl.	Einleitung
EOR	Equal Opportunities Review (Zeitschrift)
EqA	Equality Act
EqPA	Equal Pay Act
EqLR	Equality Law Reports
ErfK	Erfurter Kommentar zum Arbeitsrecht
ET	Employment Tribunal
etc.	et cetera
EU	Europäische Union
EuGH	Europäischer Gerichtshof
EuGRC	Charta der Grundrechte der EU
EUV	EU-Vertrag von Maastricht

EUZW	Europäische Zeitschrift für Wirtschaftsrecht
EWG	Europäische Wirtschaftsgemeinschaft
EZA	Entscheidungssammlung zum Arbeitsrecht
EZB	Europäische Zentralbank
f.	folgende
ff.	fortfolgende
FA	Fachanwalt Arbeitsrecht (Zeitschrift)
GG	Grundgesetz
ggf.	gegebenenfalls
GK-BetrVG	Gemeinschaftskommentar zum Betriebsverfassungsgesetz
HK	Heidelberger Kommentar zum Betreuungs- und Unterbringungsrecht
HL	House of Lords
h.M.	herrschende Meinung
Hrsg.	Herausgeber
Hs.	Halbsatz
HWK	Henssler Willemsen Kalb – Arbeitsrecht Kommentar
IAB	Institut für Arbeitsmarkt- und Berufsforschung
IDS	Incomes Data Services (Organisation)
iE	im Ergebnis
i H.v.	in Höhe von
ILJ	Industrial Law Journal (Zeitschrift)
IRLR	Industrial Relations Law Reports
i S.d.	im Sinne des/der
IT	Industrial Tribunal
i V.m.	in Verbindung mit
JZ	Juristenzeitung (Zeitschrift)
KR	Gemeinschaftskommentar zum Kündigungsschutzgesetz und sonstigen kündigungsschutzrechtlichen Vorschriften (Kommentar)
KSchG	Kündigungsschutzgesetz
LAG	Landesarbeitsgericht
LAGE	Entscheidungen der Landesarbeitsgerichte (Loseblatt-sammlung)
L.J.	Lord Justice (Lordrichter)
Ltd	Limited
m. Anm. v.	mit Anmerkung von
MDR	Monatsschrift für Deutsches Recht (Zeitschrift)
MuschG	Mutterschutzgesetz

m.w.N.	mit weiteren Nachweisen
NJOZ	Neue Juristische Online Zeitung
NJW	Neue Juristische Wochenschrift (Zeitschrift)
NLJ	National Law Journal (Zeitschrift)
No.	Number
Nr.	Nummer
NVwZ-RR	Neue Zeitschrift für Verwaltungsrecht – Rechtsprechungsreport (Zeitschrift)
NZA	Neue Zeitschrift für Arbeitsrecht (Zeitschrift)
NZG	Neue Zeitschrift für Gesellschaftsrecht (Zeitschrift)
OLG	Oberlandesgericht
OVG	Oberverwaltungsgericht
PflR	Pflegerecht (Zeitschrift)
plc.	Public limited company
RAG	Reichsarbeitsgericht
RdA	Recht der Arbeit (Zeitschrift)
RDA	Race Discrimination Act
reg.	Regulation (Bestimmung)
RegE	Regierungsentwurf
RG	Reichsgericht
RiA	Recht im Amt (Zeitschrift)
RL	Richtlinie
Rn.	Randnummer
Rs.	Rechtssache
RRA	Race Relations Act
Rspr.	Rechtsprechung
RV	Rentenversicherung
s.	siehe
S.	Seite oder Satz
SchlHA	Schleswig-Holsteinischer Anzeiger (Zeitschrift)
SDA	Sex Discrimination Act
SGB	Sozialgesetzbuch
SI	Statutory Instrument (Rechtsverordnung)
Slg.	Sammlung der Rechtsprechung des Gerichtshofes und des Gerichts erster Instanz der Europäischen Gemeinschaften
sog.	so genannt
StGB	Strafgesetzbuch
TVG	Tarifvertragsgesetz

TzBfG	Teilzeit- und Befristungsgesetz
UK	United Kingdom
UN	United Nations/Vereinte Nationen
UNICE	Union der Industrien der Europäischen Gemeinschaften
VersR	Versicherungsrecht (Zeitschrift)
vgl.	vergleiche
z.B.	zum Beispiel
ZESAR	Zeitschrift für europäisches Sozial- und Arbeitsrecht
ZfA	Zeitschrift für Arbeitsrecht (Zeitschrift)
ZG	Zeitschrift für Gesetzgebung (Zeitschrift)
ZIP	ZIP - Zeitschrift für Wirtschaftsrecht (Zeitschrift)
ZPO	Zivilprozessordnung
ZSchR	Zeitschrift für Schadensrecht
zzgl.	zuzüglich

Einführung

I. Einleitung

Selten haben europäische Richtlinien dem deutschen Gesetzgeber so viel Umsetzungsschwierigkeiten bereitet und gleichzeitig so viel Aufregung in der öffentlichen Diskussion erregt, wie die Umsetzung der europäischen Antidiskriminierungsrichtlinien in das deutsche Arbeitsrecht. Ganz im Gegensatz hierzu verlief die Umsetzung in England nahezu problemlos, da dort bereits zuvor ein umfassender Schutz vor Diskriminierung detailliert geregelt war und lediglich einige Anpassungen und Ergänzungen, insbesondere im Hinblick auf die Einfügung neuer Diskriminierungsmerkmale vorgenommen werden mussten. Die deutsche Umsetzung in Form des Allgemeinen Gleichbehandlungsgesetzes (AGG) wurde hierzulande bereits während des Gesetzgebungsverfahrens scharf kritisiert[1] und nach der Verabschiedung gar als „Gesetzgebung auf Ikea-Niveau“ bezeichnet[2]. Gerügt wurde vor allem der unklare Gesetzeswortlaut der Normen[3], der viel Auslegungsspielraum zulasse und den Richter zum wahren Herrn des Diskriminierungsrechts mache[4]. Darüber hinaus mache die Aneinanderreihung von Generalklauseln die Tragweite der einzelnen Normen für die Rechtsanwendung im konkreten Fall schwer abschätzbar[5]. Auch wurde bereits frühzeitig die Europarechtswidrigkeit einzelner Bestimmungen, die den Gesetzgeber schon bald zu einer richtlinienkonformen Nachbesserung zwingen dürften[6], und der Systembruch mit dem deutschen Haftungsrechts scharf kritisiert[7].

---

1 *Annuß*, BB 2006, 1629 f.; *Bauer*, BB-Editorial, Heft 20/2006; *Röder/Krieger*, Ad Legendum 2006, 111 (112); *Budras/Schwenn*, Gleichbehandlungsgesetz bringt schon wieder Ärger, in: Frankfurter Allgemeine Zeitung, Nr. 148 vom 28.6.2006, S. 11.

2 Bauer/*Thüsing*/Schunder, NZA 2006, 774 (775); *Thüsing* in: *Neubacher/Vukovic*, Sorgenfrei benachteiligen, in: Der Spiegel, Nr. 46 vom 13.11.2006, S. 36; vgl. auch *Adomeit*, NJW 2006, 2169 ff., der sich schwer tut, methodisch die *ratio legis* des Gesetzes zu finden.

3 *Schlachter*, ZESAR 2006, 391 (392).

4 *Thüsing*, ZfA 2006, 241 (255); *Fuhlrott*, RdA 2006, 58; Bauer/*Thüsing*,/Schunder, NZA 2006, 774 (775).

5 *Richardi*, NZA 2006, 881 (882).

6 vgl. *Annuß*, BB 2006, 1629; *Thüsing*, Gegen Diskriminierung und ein schlechtes Gesetz, Süddeutsche Zeitung vom 30.6.2006, S. 11.

7 *Benecke/Kern*, EuZW 2005, 360 ff.

Das eigentlich Neue im deutschen Antidiskriminierungsrecht ist weniger das grundsätzliche Verbot von Diskriminierungen, das seinen Ausdruck bereits zuvor in einzelnen Schutznormen, dem arbeitsrechtlichen Gleichbehandlungsgrundsatz und nicht zuletzt dem verfassungsrechtlichen Gleichheitssatz fand, sondern es sind die Sanktionen, die an eine Verletzung des Diskriminierungsverbotes geknüpft werden[8]. Die Antidiskriminierungsrichtlinien fordern von den Mitgliedsstaaten „wirksame, verhältnismäßige und abschreckende Sanktionen" festzulegen[9]. Hierbei nennen die Richtlinien exemplarisch Schadensersatzansprüche. Mit Ausnahme der Benachteiligung wegen des Geschlechts, bei der die einschlägige Richtlinie Schadensersatzansprüche ausdrücklich fordert[10], stellen Schadensersatzansprüche somit eine mögliche, aber nicht zwingend vorgeschriebene Sanktion dar. Die Bundesrepublik Deutschland entschied sich, in § 15 AGG als zentrale Rechtsfolge einer Benachteiligung einheitlich Schadensersatz- und Entschädigungsansprüche bezüglich aller Diskriminierungsmerkmale zu normieren.

Hierbei lehnte sich der Gesetzgeber an die Regelung des mehrfach nachgebesserten § 611a Abs. 2 BGB an, der einen Entschädigungsanspruch für das Opfer einer geschlechtsbedingten Benachteiligung vorsah. Angesichts der verhältnismäßig wenig ergangenen Entscheidungen zu § 611a BGB[11], der ständigen europarechtlich erforderlichen Nachbesserungen der Norm und den damit einhergehenden hinfälligen Entscheidungen der Gerichte, sah sich der deutsche Rechtsanwender bei Inkrafttreten des AGG zum 18.8.2006 jedoch einer gewissen Rechtsunsicherheit ausgesetzt[12]. Auch wenn seit Inkrafttreten des AGG zunehmend Entscheidungen zu § 15 AGG veröffentlicht werden[13], bleiben doch

---

8 *Röder/Krieger*, Ad Legendum 2006, 111 (112); so auch *Willemsen/Schweibert*, NJW 2006, 2583; *Bauer/Krieger*, BB-Special 6/2004, 20.

9 Art. 15 der RL 2000/43/EG; Art. 17 der RL 2000/78/EG; Art. 6, 8d der RL 2002/73/EG; Art. 18 der RL 2006/54/EG.

10 Art. 6 Abs. 2 der RL 2002/73/EG.

11 Zwischen dem Zeitpunkt des Inkrafttretens des § 611a BGB am 20.1.1980 und dem Jahre 2005 wurden lediglich 112 gerichtliche Entscheidungen wegen Geschlechtsdiskriminierung in der Datenbank „Juris" veröffentlicht, während im selben Zeitraum die Zahl der insgesamt veröffentlichten Arbeitsrechtsfälle die Zahl 50.000 überschritten hat, vgl. Hans-Böckler-Stiftung, Pressemitteilung vom 11.2.2005, abrufbar im Internet, URL: http://www.boeckler.de/1505_1514.htm (1.7.2014).

12 so iE auch Rudolf/Mahlmann/*Voggenreiter*, Gleichbehandlungsrecht, § 8 Rn. 3.

13 Seit Inkrafttreten des AGG bis einschließlich November 2012 sind insgesant 271 gerichtliche Entscheidungen zu § 15 AGG ergangen, die in der Datenbank „Juris" veröffentlicht wurden, wobei die älteste Entscheidung vom 26.4.2007 datiert.

viele Fragen offen. So ist etwa noch immer keine höchstrichterliche Entscheidung zu einer der Kernfragen des AGG, der Bestimmung des Umfangs des materiellen Schadensersatzes, ergangen. Auch bezüglich des Entschädigungsanspruchs hat das Bundesarbeitsgericht bisher keine klaren Leitlinien herausgearbeitet. Gerade hier können sich die jahrzehntelangen Erfahrungen[14] aus dem angelsächsischen Raum als außerordentlich hilfreich erweisen und Lösungswege aufzeigen, da auch das englische Diskriminierungsrecht als zentrale Rechtsfolge Schadensersatz- und Entschädigungsansprüche vorsieht.

Das englische Arbeitsrecht bietet sich besonders für einen Rechtsvergleich an. So unterliegt das englische Recht ebenfalls der Pflicht, die europäischen Antidiskriminierungs-Richtlinien umzusetzen. Deutsche wie englische Vorschriften beruhen auf denselben EU-Richtlinien und werden vom Europäischen Gerichtshof nach denselben Maßstäben geprüft[15]. Darüber hinaus nahm sich der europäische Gesetzgeber bei Schaffung der Richtlinien das englische Recht zum Vorbild[16], so dass gerade der Blick auf das englische Recht erkennen lassen kann, wie sich der europäische Gesetzgeber eine mögliche Umsetzung vorgestellt haben könnte.

Darüber hinaus sind Wechselwirkungen zwischen englischem und deutschem Recht mittlerweile fast selbstverständlich. So hat das neue deutsche Schuldrecht, vermittelt über das UN-Kaufrecht und eine EG-Richtlinie, viel vom englischen Vertragsrecht übernommen. Und viele britische Richter, ihnen voran *Lord Goff*, *Lord Hoffmann* und *Lord Rodger*, haben in den letzten zwanzig Jahren bei schwierigen Fragen immer wieder auch die Erfahrung des deutschen Rechts herangezogen[17].

Zwar haben Deutschland und das Vereinigte Königreich unterschiedliche Rechtssysteme, so dass englische Lösungsansätze nicht ohne weiteres auf das deutsche Recht übertragen werden können, jedoch ist im Rahmen der Europäisierung des Arbeitsrechts der rechtsvergleichende Blick wichtiger als je zuvor[18].

Der Blick nach England vermag nicht nur aufzuzeigen, welche Probleme die gewählte Schadensersatzregelung bringen kann, sondern er zeigt vor allem auch, wie die Rechtsprobleme sinnvoll gelöst werden können[19]. So wird bereits

14 Die ersten Gesetzeswerke zur Geschlechts- und Rassendiskriminierung stammen aus den Jahren 1975 bzw. 1976.

15 *Alenfelder*, Diskriminierungsschutz im Arbeitsrecht, Rn. 118.

16 Schiek/*Schiek*, AGG, Einl AGG Rn. 7.

17 *Dannemann*, Rechtsvergleichung im Exil, S. 22.

18 *Skidmore*, AuR 2005, 360.

19 vgl. für den Blick nach Amerika: Bauer/*Thüsing*,/Schunder, NZA 2006, 774 (778).

prophezeit, dass sich die künftige europäische Rechtsprechung und möglicherweise auch die Rechtsprechung des BAG an den ausländischen Erfahrungen orientieren werden[20].

Es sei darauf hingewiesen, dass der hier verwandte Terminus „englisches Recht“ nur das Rechtssystem in England und Wales meint. Das schottische Rechtssystem ist mit diesem zwar nahezu identisch, jedoch verwendet dies teilweise eine differierende Terminologie und weist zu einem gewissen Grad auch einen anderen Gerichtsaufbau auf. Ebenso wenig wird Gegenstand dieser Darstellung das Rechtssystem in Nordirland sein, das auf die dortige politische Situation zurückzuführende Unterschiede und Besonderheiten aufweist[21].

II. Gang der Untersuchung

Die vorliegende Arbeit hat die Untersuchung der deutschen und englischen Regelungen zum Schadensersatz und zur Entschädigung infolge von Diskriminierung zum Gegenstand. Hierbei wird sich die Arbeit neben haftungsrechtlichen Fragen vereinzelt auch mit europarechtlichen Fragestellungen beschäftigen. Die Darstellung konzentriert sich auf zwei Fallgruppen, die in der Praxis den wichtigsten Anwendungsbereich darstellen dürften: die Begründung von Arbeitsverhältnissen und den beruflichen Aufstieg[22]. Die Untersuchung beschränkt sich dabei auf das Arbeitsverhältnis zwischen Arbeitnehmer[23] und privatem Arbeitgeber. Die Ausführungen gelten zwar überwiegend auch für Beamte und Angestellte im öffentlichen Dienst, jedoch gelten hier einige Besonderheiten des öffentlichen Rechts, die nicht Gegenstand dieser Darstellung sein sollen.

Die unterschiedlichen arbeitsrechtlichen Traditionen der zu vergleichenden Länder schlagen sich auch auf die der Arbeit zu Grunde liegenden Untersuchungsgegenstände nieder.

Während das englische Recht im Allgemeinen größtenteils von Richterrecht *(case law)* geprägt wird, stellt das englische Arbeitsrecht eine Ausnahme dar, weil es weitgehend kodifiziert ist[24]. Viele der Rechtsgrundsätze, die von der

---

20 so *Thüsing*, ZFA 2006, 241 (243); Bauer/*Thüsing*,/Schunder, NZA 2006, 774 (778).

21 vgl. *Skidmore*, AuR 2005, 360.

22 so auch *Nicolai*, Das Allgemeine Gleichbehandlungsgesetz - AGG, Rn. 435.

23 Aus Gründen der Übersichtlichkeit wird durchweg die männliche Geschlechtsform verwendet. Die verwendete Form des männlichen Geschlechts gilt gleichermaßen für das weibliche Geschlecht.

24 *Dannemann*, Rechtsvergleichung im Exil, S. 23.

englischen Rechtsprechung entwickelt wurden, wurden in Gesetze überführt[25]. Zudem wurde eine zunehmende Kodifizierung des Arbeitsrechts durch die Umsetzung von Europarecht notwendig[26]. So ist das britische Arbeitsrecht in seiner heutigen Ausgestaltung eher ein Gebilde von förmlichem *Statutory Law* (Gesetzesrecht) denn von *Common Law*[27]. Trotz dieser kontinentaleuropäischen Züge werden im Diskriminierungsrecht jedoch weiterhin viele unbestimmte Rechtsbegriffe in Gesetzen durch die Rechtsprechung erst ausgelegt und konkretisiert. Daher wird im Folgenden für die Darstellung der Rechtslage in England neben den Gesetzestexten auch die arbeitsgerichtliche Rechtsprechung von Bedeutung sein. Da das englische Recht sich grundsätzlich auf das Wissen und die Urteile von Richtern stützt, spielen Lehrmeinungen – anders als im deutschen Recht – eine nur geringe Rolle[28].

Während im englischen Arbeitsrecht die außergewöhnlich umfängliche Kodifizierung augenfällig ist, besteht im deutschen Arbeitsrecht die Besonderheit darin, dass dieses Rechtsgebiet - anders als die meisten anderen Rechtsgebiete - überwiegend von Fallrecht geprägt wird[29]. Im Rahmen der Untersuchung ist dabei neben der bisher ergangenen Rechtsprechung zum AGG insbesondere auch die Rechtsprechung zur Vorgängernorm § 611a BGB a.F. von großer Bedeutung. Daneben liegt das besondere Augenmerk auf dem Gesetzestext einschließlich seiner Begründung und der Vielzahl von Lehrmeinungen, denen aufgrund des insgesamt nach wie vor eher als überschaubar zu bezeichnenden Fallrechts zu dem hiesigen Untersuchungsgegenstand eine wichtige Rolle zuteil wird.

Das erste Kapitel dieser Arbeit hat zunächst die deutsche Gesetzeslage zum Gegenstand. Hierbei wird kurz auf die Rechtslage vor Umsetzung der Richtlinien sowie die Entstehungsgeschichte des AGG eingegangen, bevor schließlich die Ansprüche auf Schadensersatz und Entschädigung nach dem AGG umfassend dargestellt werden. Dabei gilt ein besonderes Augenmerk den Problemfeldern der Bestimmung des Umfangs des materiellen und immateriellen Schadensersatzes sowie der Ausschlussfristenregelungen. An

25 *Stein/Rabe*, Arbeitsrecht in Großbritannien, Rn. 1.

26 Allein die Umsetzung der 21 Artikel der RL 2000/78/EG hat der englische Gesetzgeber in über 100 Verordnungen vorgenommen, vgl. *Gay*, Sonderbeilage zu NZA Heft 22/2004, 31 (32).

27 *Pärli/Caplazi/Suter*, Recht gegen HIV/Aids-Diskriminierung im Arbeitsverhältnis, S. 218.

28 *Bernstorff*, Einführung in das englische Recht, S. 14.

29 *Dannemann*, Rechtsvergleichung im Exil, S. 23.

bestimmten Stellen wird zudem eine kritische Auseinandersetzung mit der Europarechtskonformität einzelner Regelungen geboten sein.

Im zweiten Kapitel wird sodann die englische Rechtslage in den Mittelpunkt der Untersuchung gestellt. Nach einer kurzen Einführung in das englische Arbeitsrecht wird zunächst die Gesetzeslage vor dem Inkrafttreten des *Equality Act 2010* dargestellt und anschließend die englischen Schadensersatz- und Entschädigungsregelungen nach Inkraftreten des neuen Gesetzeswerkes im Detail vorgestellt und - wo es geboten erscheint - ebenfalls einer europarechtlichen Überprüfung unterzogen.

Das dritte Kapitel befasst sich schließlich mit der rechtsvergleichenden Betrachtung. Neben dem Herausstellen von Gemeinsamkeiten und Unterschieden wird aufgezeigt, ob und in welcher Art und Weise englische Lösungsansätze trotz der bestehenden grundsätzlichen Unterschiede der beiden Rechtssysteme möglicherweise sinnvoll *de lege lata* oder *de lege ferenda* Eingang in das deutsche Recht finden können.

Das vierte Kapitel enthält schließlich eine abschließende Zusammenfassung der gewonnenen Erkenntnisse.

1. Kapitel: Schadensersatz und Entschädigung nach deutschem Recht

A. Die Rechtslage vor Inkrafttreten des AGG

Bereits vor Inkrafttreten des AGG waren dem deutschen Arbeitsrecht Diskriminierungsverbote und Gleichbehandlungsgrundsätze nicht fremd. Die wenigsten sahen jedoch spezielle Schadensersatz- und Entschädigungsansprüche für das Opfer vor. Die erlittenen Schäden materieller und immaterieller Art waren in der Regel vielmehr nach den allgemeinen Vorschriften des BGB zu ersetzen.

I. Schutz vor Diskriminierung

Die Rechtsgrundlagen für die Diskriminierungsverbote und Gleichbehandlungsgrundsätze fanden sich im Grundgesetz, einfachgesetzlichen Regelungen und dem arbeitsrechtlichen Gleichbehandlungsgrundsatz.

1. Verfassungsrechtlicher Gleichbehandlungsgrundsatz

Gemäß Art. 3 Abs. 2 GG sind Männer und Frauen gleichberechtigt. Nach Art. 3 Abs. 3 Satz 1 GG darf niemand wegen seines Geschlechts, seiner Abstammung, seiner Rasse, seiner Sprache, seiner Heimat und Herkunft, seines Glaubens, seiner religiösen oder politischer Anschauung benachteiligt oder bevorzugt werden. Art. 3 Abs. 3 Satz 2 GG erweitert dieses Verbot um das Merkmal der Behinderung. Art. 3 Abs. 2 und 3 GG verbieten sowohl unmittelbare wie mittelbare Diskriminierung, soweit nicht im Einzelfall ein sachlicher Rechtfertigungsgrund für eine unterschiedliche Behandlung besteht[30]. An die Gleichbehandlungsgebote und Diskriminierungsverbote aus Art. 3 GG sind die Gesetzgebung, die Rechtsprechung und die Verwaltung unmittelbar gebunden, aber auch die Tarifvertragsparteien[31].

Umstritten ist jedoch bis heute die Geltung von Grundrechten im Rahmen von Privatrechtsbeziehungen und damit die sog. Drittwirkung von Grundrechten zwischen privatem Arbeitgeber und Arbeitnehmer. Die ältere Rechtsprechung

30 *Fuchs*, ZESAR 2006, 377; vgl. auch ErfK/*Schmidt*, Art. 3 GG Rn. 68, 86.

31 BVerfG, Urteil vom 28. Januar 1992; BVerfGE 85, 191 (206); BVerfG, Beschluss vom 24.1.1995; BVerfGE 92, 91 (109).

des BAG[32] und Teile der Literatur[33] bejahten die unmittelbare Geltung der Grundrechte auch in dieser Rechtsbeziehung[34]. Die herrschende Meinung[35] vertritt heute eine sog. mittelbare Drittwirkung der Grundrechte. Danach finden die Grundrechte mittelbar bei der Auslegung von Generalklauseln oder unbestimmten Rechtsbegriffen Anwendung. Generalklauseln und unbestimmte Rechtsbegriffe enthalten insbesondere die Regelungen der §§ 138, 241 und 242 BGB. Auch der unbestimmte Rechtsbegriff der Sozialwidrigkeit in § 1 Abs. 2 KSchG ist im Lichte des Grundgesetzes auszulegen[36].

2. *Einfachgesetzliche Diskriminierungsverbote*

Teilweise durch die Umsetzungsnotwendigkeit europäischer Richtlinien, teilweise aus eigener Initiative schuf der Gesetzgeber darüber hinaus diverse einfachgesetzliche Diskriminierungsverbote, die sich über das BGB, das SGB VI, das SGB IX, das BeschSchG, das KSchG, das BetrVG und BPersVG sowie das TzBfG verteilten.

a) Verbote der Diskriminierung wegen des Geschlechts

Die zentrale Norm für das Verbot der Geschlechterdiskriminierung bildete § 611a BGB, der durch das „Gesetz über die Gleichbehandlung von Männern und Frauen am Arbeitsplatz"[37] in das BGB eingefügt wurde und am 21.8.1980 in Kraft trat. Das Gesetz diente der Umsetzung der europäischen Gleichbehandlungsrichtlinie 76/207/EWG vom 9.2.1976[38]. Gemäß § 611a BGB war dem Arbeitgeber die Benachteiligung eines Arbeitnehmers aufgrund des Geschlechts bei einer Vereinbarung oder einer Maßnahme verboten. Das Verbot wurde durch § 611b BGB auf Stellenausschreibungen erweitert und zugleich § 612 Abs. 3 BGB[39] als *lex specialis* für die Entgeltgleichheit geschaffen. Der

---

32 BAG, Urteil vom 4.4.2000, RdA 2001, 110 (111).

33 *Linnenkohl/Rauschenberg/Schüttler*, BB 1988, 63; *Nipperdey*, RdA 1955, 121 (125); *Gamillscheg*, AcP 164 (1964/65), 385 (406).

34 *Linnenkohl/Rauschenberg/Schüttler*, BB 1988, 63, mit dem Argument, der Einzelne sei hier einer dem Staat vergleichbaren Macht ausgesetzt.

35 statt vieler: Palandt/*Grüneberg*, § 242 BGB Rn. 8; *Roesner*, Das Allgemeine Gleichbehandlungsgesetz, S. 2.

36 *Roesner*, Das Allgemeine Gleichbehandlungsgesetz, S. 2.

37 BGBl. I S. 1308.

38 ABl. EG Nr. L 39 S. 40.

39 § 612 III BGB diente der Umsetzung der RL 75/117/EWG zur Angleichung der Rechtsvorschriften der Mitgliedsstaaten über die Anwendung des Grundsatzes des gleichen Entgelts für Männer und Frauen vom 10.2.1975.

EuGH erachtete die vom Gesetzgeber in § 611a BGB geschaffenen Sanktionen in der Folgezeit mehrfach für nicht richtlinienkonform[40], so dass sich der deutsche Gesetzgeber mehrfach zu Nachbesserungen gezwungen sah[41]. In der letzten Fassung des § 611a Abs. 3 BGB stand dem Benachteiligten ein verschuldensunabhängiger Entschädigungsanspruch zu, der für denjenigen, der die Stelle auch ohne die Diskriminierung nicht erhalten hätte, auf maximal drei Monatsverdienste begrenzt war. Weitere Regelungen zum Schutz vor Benachteiligungen wegen des Geschlechts schuf der Gesetzgeber mit dem Beschäftigtenschutzgesetz, das am 1.9.1994 in Kraft trat und Arbeitgeber und Dienstvorgesetzte verpflichtete, die Beschäftigten vor sexueller Belästigung am Arbeitsplatz zu schützen[42]. Darüber hinaus wies der Gesetzgeber in § 75 Abs. 1 Satz 1 BetrVG und § 67 Abs. 1 Satz 1 BPersVG dem Betriebsrat bzw. Personalrat hinsichtlich der Gleichberechtigung von Mann und Frau ein Wächteramt zu.

Die Regelungen der §§ 611a BGB, 611b BGB, 612 Abs. 3 BGB sowie das Beschäftigtenschutzgesetz wurden mit Inkrafttreten des AGG aufgehoben[43]. Die Regelungen im BetrVG[44] und BPersVG[45] wurden um die in § 1 AGG normierten Diskriminierungsmerkmale ergänzt.

b) Verbot der Diskriminierung schwer behinderter Arbeitnehmer

Mit § 81 Abs. 2 SGB IX schuf der Gesetzgeber eine dem § 611a Abs. 2 BGB nachgebildete Regelung zur Gleichstellung schwer behinderter Arbeitnehmer in Beschäftigung und Beruf, die am 1.7.2001 in Kraft trat[46]. Danach stand dem Schwerbehinderten ein dem § 611a BGB entsprechender Entschädigungsanspruch zu, soweit er bei der Einstellung oder einem beruflichen Aufstieg wegen seiner Schwerbehinderung benachteiligt worden war, ohne dass die unterschiedliche Benachteiligung nach § 81 Abs. 2 Nr. 1 Satz 2 SGB IX gerechtfertigt war. Ein

---

40 vgl. EuGH, Urteil vom 10.4.1984, Rs. 14/83 (von Colson und Kamann), Slg. 1984, I-1891 (1901) Rn. 24; EuGH, Urteil vom 22.4.1997, Rs. C-180/95 (Draemphal), Slg. 1997, I-2195 (2212) Rn. 19.

41 Gesetz zur Durchsetzung der Gleichberechtigung von Frauen und Männern (Zweites Gleichberechtigungsgesetz) vom 24.6.1994 (BGBl I, S. 1406) und Gesetz zur Änderung des BGB und des ArbGG vom 29.6.1998 (BGBl I S. 1964).

42 BGBl. I S. 1406, 1412; das „Gesetz zum Schutz der Beschäftigten vor sexueller Belästigung am Arbeitsplatz“ wurde als Art. 10 des Zweiten Gleichberechtigungsgesetzes vom 24.6.1994 verkündet.

43 Art. 3 Abs. 14 AGG, Art. 4 AGG.

44 Art. 3 Abs. 3 AGG.

45 Art. 3 Abs. 4 AGG.

46 Art. 1 des Gesetzes vom 19.6.2001, BGBl. I S. 1046.

Einstellungsanspruch stand dem Benachteiligten hingegen, ebenso wie bei Verletzung des § 611a BGB, nicht zu.

Seit Inkrafttreten des AGG verweist § 81 Abs. 2 SGB IX hinsichtlich des Verbots der Benachteiligung schwer behinderter Beschäftigter auf die Regelungen des AGG.

c) Verbote der Diskriminierung befristet- und teilzeitbeschäftigter Arbeitnehmer

Das „Gesetz über Teilzeitarbeit und befristete Arbeitsverträge" (Teilzeit- und Befristungsgesetz - TzBfG) vom 21.12.2000 wurde anlässlich der Umsetzung der Richtlinie 97/81/EG[47] sowie der Richtlinie 99/70/EG[48] erlassen und mit Wirkung vom 1.1.2001 verkündet[49]. § 4 Abs. 1 TzBfG verbietet die Schlechterstellung eines teilzeitbeschäftigten Arbeitnehmers im Vergleich zu einem vollzeitbeschäftigten Arbeitnehmers ohne sachlichen Grund, während § 4 Abs. 2 TzBfG die Schlechterstellung eines befristet beschäftigten Arbeitnehmers im Vergleich zu einem unbefristet beschäftigten Arbeitnehmer ohne sachlichen Grund verbietet. Dieses Verbot der Schlechterstellung bezieht sich auf das Arbeitsentgelt im Verhältnis zu dem Umfang des Entgeltes eines vergleichbaren vollzeitbeschäftigten bzw. unbefristet beschäftigten Arbeitnehmers oder auf eine andere teilbare geldwerte Leistung, wie die Dauer der Arbeitszeit oder den Urlaubsanspruch.

Im viel beachteten Fall Mangold erklärte der EuGH § 14 Abs. 3 S. 4 TzBfG a.F., der bei Arbeitnehmern ab Vollendung des 52. Lebensjahres keinen sachlichen Grund für die Befristung eines Arbeitsvertrages mehr verlangte, wegen Altersdiskriminierung für europarechtswidrig[50]. Eine große, ausschließlich nach dem Lebensalter definierte Gruppe von Arbeitnehmern laufe während eines erheblichen Teils ihres Berufslebens Gefahr, von festen Beschäftigungsverhältnissen ausgeschlossen zu sein, unabhängig davon, ob und wie lange der Einzelne vor Abschluss des Arbeitsvertrages arbeitslos gewesen sei, so der EuGH. In der Folge erklärte das BAG § 14 Abs. 3 S. 4 TzBfG a.F. wegen Altersdiskriminierung für unanwendbar. Es billigte dem beklagten Arbeitgeber keinen Vertrauensschutz zu, sondern befand die Befristung, die zeitlich vor dem Urteil des EuGH und im

---

47 RL 97/81/EG des Rates vom 15.12.1997 zu der von UNICE, CEEP und EGB geschlossenen Rahmenvereinbarung über Teilzeitarbeit, ABl. EG 1998 Nr. L 14 S. 9.

48 RL 99/70/EG des Rates vom 28.6.1999 zu der von UNICE, CEEP und EGB geschlossenen Rahmenvereinbarung über befristete Arbeitsverträge, ABl. EG Nr. L 175, S. 43.

49 BGBl. I S. 1966, geändert durch Gesetz vom 23.12.2002 (BGBl. I S. 4607).

50 EuGH, Urteil vom 22.11.2005, Rs. C-144/04 (Mangold), Slg. 2005, I-9981 (10013).

Vertrauen auf die damalige Rechtslage erfolgte, für unwirksam[51]. Der Gesetzgeber reagierte und fasste § 14 Abs. 3 TzBfG mit Wirkung ab 1.5.2007 neu[52]. Voraussetzung für die Befristung des Arbeitsvertrags ist seitdem neben der Vollendung des 52. Lebensjahres, dass der Arbeitnehmer unmittelbar vor Beginn des befristeten Arbeitsverhältnisses mindestens vier Monate beschäftigungslos i.S. des § 119 Abs. 1 Nr. 1 SGB III war, Transferkurzarbeitergelder bezogen oder an einer öffentlich geförderten Beschäftigungsmaßnahme teilgenommen hat. Zudem sind sachgrundlose Befristungen mit älteren Arbeitnehmern i.S. der Neuregelung nur über eine Gesamtdauer von bis zu fünf Jahren zulässig. Weit überwiegend wird diese Neuregelung nunmehr für europarechtskonform gehalten[53].

Das TzBfG blieb durch das Inkrafttreten des AGG unberührt.

d) Verbot der Diskriminierung wegen sexueller Ausrichtung

Ein einfachgesetzliches Diskrimierungsverbot wegen sexueller Ausrichtung fand sich vor Inkrafttreten des AGG lediglich in § 75 BetrVG. Durch das „Gesetz zur Reform des Betriebsverfassungsgesetzes" vom 23.7.2001[54] hat der Gesetzgeber die in § 75 Abs. 1 Satz 1 BetrVG zu beachtenden Diskriminierungsverbote um das Merkmal der sexuellen Identität ergänzt und damit die Richtlinie 2000/78/EG teilweise umgesetzt[55]. Vereinbarungen zwischen Arbeitgeber und Betriebsrat, die gegen § 75 BetrVG verstoßen, sind nichtig. Entsprechende Anordnungen des Arbeitgebers sind rechtsunwirksam[56].

e) Verbote der Diskriminierung wegen des Alters

Der Gesetzgeber erkannte, dass insbesondere ältere Arbeitnehmer häufig Benachteiligungen ausgesetzt sind und schuf zum Schutz dieser Beschäftigtengruppe

51 BAG, Urteil vom 26.4.2006, NZA 2006, 1162.

52 Gesetz zur Verbesserung der Beschäftigungschancen älterer Menschen vom 19.4.2007 (BGBl I, S. 538); vgl. dazu auch *Schiefer/Köster/Korte*, DB 2007, 1081 ff.; *Bauer*, NZA 2007, 544 ff.

53 vgl. Sächsisches LAG, Urteil vom 23.2.2012, BeckRS 2012, 69850; *Sievers*, TzBfG, § 14 Rn. 520; KR/*Lipke*, § 14 TzBfG Rn. 486; *Bauer*, NZA 2007, 544 (545), dem die Regelung jedoch nicht weit genug geht; *Schiefer/Köster/Korte*, DB 2007, 1081 (1086), die die Anforderungen übererfüllt sehen; kritisch *Bayreuther*, BB 2007, 1113; Verfassungsrechtliche Bedenken: KR/*Lipke*, § 14 TzBfG Rn. 487; keine verfassungsrechtlichen Bedenken: *Sievers*, TzBfG, § 14 Rn. 520.

54 BGBl. I S. 1852.

55 vgl. Begründung des RegE, BT-Drs. 14/5741, S. 45.

56 *Fitting*, Betriebsverfassungsgesetz, § 75 Rn. 177.

eine Vielzahl von Regelungen. So verbietet der Gesetzgeber in § 41 SGB VI[57] die Kündigung von Arbeitnehmern, wenn diese eine Rente wegen Alters beziehen. Demnach ist der Anspruch auf Altersrente nicht als Grund anzusehen, der die Kündigung eines Arbeitsverhältnisses durch den Arbeitgeber nach dem KSchG bedingen kann. Zudem sieht das Gesetz an gleicher Stelle vor, dass eine Vereinbarung unwirksam ist, die die Beendigung des Arbeitsverhältnisses ohne Kündigung zu einem Zeitpunkt vorsieht, zu dem der Arbeitnehmer vor Erreichen der Regelaltersgrenze eine Rente wegen Alters beantragen kann. Gemäß § 1 Abs. 3 S. 1 KSchG hat der Arbeitgeber bei betriebsbedingten Kündigungen das Lebensalter des zu Kündigenden ausreichend zu berücksichtigen. Dem Betriebsrat wies der Gesetzgeber mit § 80 Abs. 1 Nr. 6 BetrVG ausdrücklich die allgemeine Aufgabe zu, die Beschäftigung älterer Arbeitnehmer im Betrieb zu fördern. Schließlich sah § 75 Abs. 1 S. 2 BetrVG vor, dass die Betriebsparteien darauf zu achten haben, dass Arbeitnehmer nicht wegen Überschreitung bestimmter Altersstufen benachteiligt werden.

§ 41 SGB VI blieb durch Inkrafttreten des AGG unberührt. Die Benachteiligungsverbote in § 75 BetrVG wurden den Diskriminierungsmerkmalen nach dem AGG angepasst. Hierdurch wurde unter anderem § 75 Abs. 1 Satz 2 BetrVG gestrichen und stattdessen Satz 1 um das Diskriminierungsmerkmal Alter ergänzt.

3. *Arbeitsrechtlicher Gleichbehandlungsgrundsatz*

Der arbeitsrechtliche Gleichbehandlungsgrundsatz ist die privatrechtliche Ausprägung des Art. 3 Abs. 1 GG[58]. Er ist seit der Rechtsprechung des Reichsarbeitsgerichts aus dem Jahre 1938[59] gewohnheitsrechtlich anerkannt, seine Herleitung jedoch umstritten. Er wird aus verschiedenen allgemeinen Prinzipien wie dem allgemeinen Gleichheitssatz des Art. 3 Abs. 1 GG, aus der Fürsorgepflicht des Arbeitgebers, aus dem Treu- und Glaubensgrundsatz nach § 242 BGB oder aus dem allgemeinen Rechtsgedanken der Gleichbehandlung abgeleitet[60]. Zum Teil wird der Geltungsgrund im Vollzug einer vom Arbeitgeber selbst gesetzten Norm gesehen[61], zum Teil im Bestehen eines Gemeinschaftsverhältnisses, das

57 BGBl. 1989, S. 2261; BGBl. 1990, S. 1337, geändert durch RV-Altergrenzenanpassungsgesetz v. 20.4.2007, BGBl. 2007 I, S. 554.

58 BAG, Urteil vom 16.2.2012, NZA 2012, 1307 (1315).

59 RAG, Urteil vom 19.1.1938, ARS 33, 172 ff.

60 *Preis*, Arbeitsrecht, S. 441.

61 *Bötticher*, RdA 1957, 317 ff.

durch die Zugehörigkeit zur Belegschaft eines Betriebes begründet werde[62]. Eine weitere Ansicht stellt auf die Machtposition des Arbeitgebers gegenüber dem einzelnen Arbeitnehmer ab, in deren Folge der Arbeitgeber seine Gestaltungsmacht nach § 315 Abs. 1 BGB im Zweifel nach billigem Ermessen auszuüben habe[63].

Der arbeitsrechtliche Gleichbehandlungsgrundsatz verbietet die sachlich ungerechtfertigte Schlechterstellung einzelner Arbeitnehmer gegenüber anderen Arbeitnehmern in vergleichbarer Lage sowie eine sachfremde Differenzierung zwischen Gruppen von Arbeitnehmern[64]. Er erstreckt sich sowohl auf vertragliche Vereinbarungen zwischen dem Arbeitgeber und den Arbeitnehmern als auch auf einseitige Maßnahmen des Arbeitgebers wie Gratifikationen[65], Versorgungszusagen[66], Zulagen[67] und andere soziale Leistungen[68]. Das BAG hat darüber hinaus den Gleichbehandlungsgrundsatz schon früh auf den Teil des Arbeitsentgeltes angewendet, der in einem Gegenseitigkeitsverhältnis zur Arbeitsleistung steht. Es hat frühzeitig erkannt, dass einzelne oder Gruppen von Arbeitnehmern nicht ohne sachlichen Grund von einer Lohnerhöhung ausgeschlossen werden dürfen, die der Arbeitgeber im Rahmen einer allgemeinen Lohnbewegung, einer Lohnwelle, der großen Mehrzahl seiner Arbeitnehmer gewährt[69].

Der Gleichbehandlungsgrundsatz wird nicht nur dann verletzt, wenn der Arbeitgeber eine von ihm selbst aufgestellte Regelung bei einem Arbeitnehmer nicht zur Anwendung bringt und ihn dadurch willkürlich benachteiligt, sondern gegen ihn wird auch dann verstoßen, wenn die Regelung selbst Auswahlkriterien enthält, die eine willkürliche Differenzierung zur Folge haben[70]. Ferner findet er Anwendung bei der Ausübung des Direktionsrechts. Bei Dienstvorschriften, wie etwa einem Rauchverbot, der Anordnung einer Eingangskontrolle oder einer

---

62 *Hueck*, Grundsatz der gleichmäßigen Behandlung, S. 127 ff., 169 ff.

63 *Raiser*, JZ 1959, 422.

64 BAG, Urteil vom 12.10.2011, NZA 2012, 680 (681).

65 BAG, Urteil vom 18.8.1999, NZA 2000, 148; BAG, Urteil vom 12.1.2000, NZA 2000, 944.

66 BAG, Urteil vom 25.2.1999, NZA 1999, 986; BAG, Urteil vom 9.12.1997, NZA 1998, 1173.

67 BAG, Urteil vom 21.3.2001, NZA 2001, 782 ff.; BAG, Urteil vom 23.8.1995, DB 1996, 834.

68 BAG, Urteil vom 18.1.2001, NZA 2002, 47; BAG, Urteil vom 6.8.1998, NZA 1999, 501.

69 BAG, Urteil vom 25.4.1959, AP BGB § 242 Gleichbehandlung Nr. 15.

70 Münchener Handbuch zum Arbeitsrecht/*Richardi*, § 9 Rn. 18.

Torkontrolle beim Verlassen des Werks muss der Arbeitgeber gleichstehende Arbeitnehmer gleich behandeln[71]. Dasselbe gilt für die Zuweisung von Überarbeit, Nachtarbeit und Sonntagsarbeit. Der Gleichbehandlungsgrundsatz hat anspruchsbegründende Wirkung und ist deshalb auch ein Bestimmungsgrund für den Inhalt des Arbeitsverhältnisses[72].

Es ist anerkannt, dass der arbeitsrechtliche Gleichbehandlungsgrundsatz nur für die Mitglieder der Betriebsgemeinschaft gilt. Bei der Einstellung erst zu gewinnender Belegschaftsmitglieder ist der Arbeitgeber - vom Bereich des öffentlichen Dienstes, in dem die Sonderregelung des Art. 33 Abs. 2 GG zu beachten ist, ausgenommen - nicht an den Gleichbehandlungsgrundsatz gebunden[73].

Die durch den arbeitsrechtlichen Gleichbehandlungsgrundsatz begründeten Ansprüche bleiben durch das AGG unberührt[74]. Dies stellt § 2 Abs. 3 S. 1 AGG ausdrücklich klar. Bei dem arbeitsrechtlichen Gleichbehandlungsgrundsatz handelt es sich um ein „Gebot der Gleichbehandlung" i.S.d. Vorschrift. Eine unmittelbare Verknüpfung zwischen dem Diskriminierungsschutz durch das AGG und dem arbeitsrechtlichen Gleichbehandlungsgrundsatz besteht jedoch dadurch, dass die in § 1 AGG aufgezählten Merkmale als sachlicher Grund für die Ausklammerung einzelner Arbeitnehmer oder Arbeitnehmergruppen aus einer allgemeinen Regelung ausscheiden. Diese Ausstrahlung des Diskriminierungsverbots auf den arbeitsrechtlichen Gleichbehandlungsgrundsatz war auch schon vor dem AGG anerkannt und wurde bislang durch § 75 Abs. 1 BetrVG herbeigeführt[75].

II. Zusammenfassung

Diskriminierungsverbote hinsichtlich bestimmter Merkmale sah das deutsche Recht auch bereits vor Inkrafttreten des AGG vor. Der Schutz erstreckte

71 *Hueck* in: Hueck/Nipperdey, Bd. I, S. 439; *Hueck*, Grundsatz der gleichmäßigen Behandlung im Privatrecht, S. 245 ff.

72 BAG, Urteil vom 15.5.2001, DB 2002, 273 (274); BAG, Urteil vom 21.3.2001, NZA 2001, 782 (784).

73 *Hueck* Der Grundsatz der gleichmäßigen Behandlung im Privatrecht, S. 234; *Hueck/Nipperdey* Bd. I, S. 431; *Hunold*, DB 1984 Beil. Nr. 5, 1 (7); *Buchner*, RdA 1970, 225 (227); LAG Frankfurt/Main, Urteil vom 28.8. 1980, ARSt. 1981, 18.

74 *Adomeit/Mohr*, AGG, § 2 Rn. 195; Däubler/Bertzbach/*Hinrichs/Zimmer*, AGG, § 2 Rn. 168; *Rust/Falke*, AGG, § 2 Rn. 218; *Wendeling-Schröder/Stein*, AGG, § 2 Rn. 37.

75 GK-BetrVG/*Kreutz*, § 75 Rn. 25.

sich jedoch nicht auf alle Diskriminierungsmerkmale, die die europäischen Richtlinien vorsehen. Zudem war der Schutz unübersichtlich über viele Gesetzestexte und Rechtsinstitute verteilt. Augenfällig ist, dass an die Diskriminierungsverbote nur in wenigen Fällen spezielle Sanktionen geknüpft waren. Lediglich für Diskriminierungen aufgrund des Geschlechts und wegen einer Schwerbehinderung waren verschuldensunabhängige Entschädigungszahlungen an das Opfer ausdrücklich normiert. Die übrigen Benachteiligten hingegen konnten allenfalls über die allgemeinen Regelungen des BGB Schadensersatz- bzw. Entschädigungsansprüche herleiten, die jedoch allesamt einem Verschuldenserfordernis unterliegen und bzgl. des immateriellen Schadensersatzes zusätzlich eine schwerwiegende Persönlichkeitsverletzung fordern, an deren Verletzungsgrad durch die Rechtsprechung recht hohe Anforderungen gestellt werden[76].

Während durch das AGG die einfachgesetzlichen Regelungen zur Geschlechterdiskriminierung weitestgehend aufgehoben worden sind, finden die übrigen Vorschriften und weitestgehend auch der allgemeine Gleichbehandlungsgrundsatz weiterhin Anwendung.

B. Die Rechtslage nach Inkrafttreten des AGG

I. Entstehungsgeschichte des AGG

Die Entstehungsgeschichte des AGG ist lang und wechselhaft. Über einen Zeitraum von insgesamt drei Legislaturperioden versuchte der Gesetzgeber mehrmals erfolglos, die sog. „europäischen Antidiskriminierungs-Richtlinien" 2000/43/EG[77], 2000/78/EG[78], 2002/73/EG[79] sowie 2004/113/EG[80] in das deutsche Recht umzusetzen. Diese Richtlinien verpflichten die Mitgliedsstaaten der Europäischen Gemeinschaft, den Schutz vor Benachteiligung wegen der Merkmale Rasse, ethnische Herkunft, Religion und Weltanschauung, Behinderung, Alter, sexuelle Identität und Geschlecht insbesondere im Bereich Beschäftigung und Beruf im Verhältnis von Arbeitgeber zu Beschäftigten

---

76 Das BAG wendet die vom BGH entwickelten Rechtsgrundsätze zur Intensität einer Persönlichkeitsverletzung für einen Anspruch auf Schmerzensgeld entsprechend an, vgl. BAG, Urteil vom 21.2.1979, DB 1979 = AP BGB § 847 Nr. 13, 1513; BAG, Urteil vom 18.12.1984, DB 1985, 2307 = AP BGB § 611 Persönlichkeitsrecht Nr. 8.

77 ABl. EG L 180 v. 19.7.2000, S. 22.

78 ABl. EG L 303 v. 2.12.2000, S. 16.

79 ABl. EG L 269 v. 5.10.2002, S. 15.

80 ABl. EG L 373 v. 21.12.2004, S. 37.

gesetzlich umzusetzen. Die Richtlinien fordern von den Mitgliedsstaaten, dass diese für den Fall von Diskriminierungen wirksame, verhältnismäßige und abschreckende Sanktionen festlegen[81]. Die Richtlinie 2004/113/EG, im zivilrechtlichen Teil des AGG umgesetzt, bezieht sich ausschließlich auf die Gleichbehandlung von Frauen und Männern bei dem Zugang zu und der Versorgung mit Gütern und Dienstleistungen und ist für die arbeitsrechtliche Betrachtung ohne Belang.

Die ersten Versuche der Bundesregierung zur Umsetzung der Richtlinien erfolgten im Dezember 2001 in Form eines Diskussionsentwurfs[82] und im Mai 2004 in Form eines Referentenentwurfs für ein Antidiskriminierungsgesetz. Beide Entwürfe jedoch gingen deutlich über das europarechtlich Geforderte hinaus und wurden nach massiver Kritik wieder zurück genommen.

Nachdem die EU-Kommission im Juli 2004 gegen die Bundesrepublik Deutschland wegen Nichtumsetzung der sog. „Antirassismus-Richtlinie" 2000/43/EG vor dem EuGH Klage erhoben hatte, legte die rot-grüne Bundesregierung am 6. Dezember 2004 einen neuen Entwurf für ein Antidiskriminierungsgesetz (ADG-E 2004) vor[83]. Aufgrund anhaltender Kritik[84] und einer öffentlichen Gesetzesanhörung[85] legte die Bundesregierung am 18. März 2005 einen überarbeiteten Entwurf vor, der nach Verabschiedung durch den Bundestag[86] an den Bundesrat weitergeleitet wurde. Dieser rief den Vermittlungsausschuss an[87], woraufhin der Gesetzentwurf aufgrund der vorgezogenen Bundestagswahlen am 18. September 2005 dem „Grundsatz der parlamentarischen Diskontinuität" zum Opfer fiel.

---

81 Art. 15 der RL 2000/43/EG; Art. 17 der RL 2000/78/EG; Art. 6, 8d der RL 2002/73/EG; Art. 8 Abs. 2 der RL 2004/113/EG.

82 „Gesetz zur Verhinderung von Diskriminierungen im Zivilrecht" (ZivADG 2001); auszugsweise abgedruckt in DB 2002, 470 f.

83 BT-Drs. 15/4538.

84 *Säcker*, ZG 2005, 154 f.; *von Steinau-Steinrück/Schneider/Wagner*, NZA 2005, 28 f.; *Bauer/Thüsing/Schunder*, NZA 2005, 32 ff.; *Bauer/Krieger*, BB-Special 6/2004, 20 f.; *Herms/Meinel*, DB 2004, 2370 ff.; BT-Drs. 15/5019: Antrag der CDU/CSU-Fraktion, das ADG zurückzuziehen; BR-Drs. 103/05: Anträge der Bundesländer Hamburg und Baden-Württemberg, das ADG zurückzuziehen.

85 BT-Drs. 15/4538.

86 BT-Drs. 15/5717.

87 BR-Drs. 445/05 = BT-Drs. 15/5915 mit dem Ziel einer grundlegenden Überarbeitung des Gesetzes „im Sinne einer Beschränkung auf das europarechtlich zwingend Gebotene".

Nachdem der EuGH im Rahmen eines Vertragsverletzungsverfahrens die Nichtumsetzung der sog. „Antirassismus-Richtlinie“ 2000/43/EG und der Rahmenrichtlinie 2000/78/EG festgestellt hatte[88], entschloss sich die EU-Kommission gegen die Bundesrepublik ein Zwangsgeldverfahren im Hinblick auf die nicht umgesetzten Richtlinien einzuleiten[89]. Unter diesem Zeit- und Handlungsdruck legte die schwarz-rote Bundesregierung am 8. Juni 2006 den Entwurf eines Gleichbehandlungsgesetzes vor, der inhaltlich im Wesentlichen mit dem vorangegangenen Entwurf übereinstimmte[90]. Am 29. Juni 2006 verabschiedete der Bundestag das auf der Grundlage der Beratungsergebnisse im Rechtsausschuss[91] leicht modifizierte Gesetz[92], das der Bundesrat wenig später billigte[93]. Am 17. August 2006 wurde das Gesetz schließlich im Bundesgesetzblatt verkündet[94] und trat am darauf folgenden Tag in Kraft.

Erste Änderungen des Gesetzes, die primär der Bereinigung von Redaktionsversehen dienten, folgten bereits wenige Monate später im Rahmen des „Gesetzes zur Änderung des Betriebsrentengesetzes und anderer Gesetze“[95], das am 12. Dezember 2006 in Kraft trat[96].

II. Systematik des AGG

Das AGG ist Bestandteil eines Artikelgesetzes, das mit „Gesetz zur Umsetzung europäischer Richtlinien zur Verwirklichung des Grundsatzes der Gleichbehandlung“ überschrieben ist. Das AGG ist in Artikel 1 dieses Gesetzes enthalten

---

88 EuGH, Urteil vom 28.4.2005, Rs. C-329/04 (Kommission ./. Bundesrepublik Deutschland), EuZW 2005, 444; EuGH, Urteil vom 23.2.2006, Rs. C-43/05 (Kommission ./. Bundesrepublik Deutschland), EuZW 2006, 216; hinsichtlich der Merkmale Religion, Weltanschauung, Behinderung und sexueller Ausrichtung. Hinsichtlich des Merkmals Alter teilte die Bundesrepublik der Kommission am 27. November 2003 mit, dass sie die Zusatzfrist gemäß Art. 18 Abs. 2 S. 1 EGV in Anspruch nehmen wird, so dass die Frist bzgl. dieses Merkmals erst am 2. Dezember 2006 ablief.

89 Handelsblatt Nr. 88 vom 8.5.2006, S. 3: Allein hinsichtlich der RL 2000/43/EG drohte ein Zwangsgeld i.H.v. 900.000,00 Euro für jeden weiteren Tag der Verzögerung, die die Richtlinie nicht umgesetzt wurde.

90 BT-Drs. 16/1780= Beilage zu NZA Heft 16/2006, S. 20 f.

91 BT-Drs. 16/2022.

92 BR-Drs. 466/06.

93 BR-Drs. 466/06(B).

94 BGBl. 2006 I, S. 1897.

95 BT-Drs. 16/1936; BT-Drs. 16/1307; BT-Drs. 16/3007.

96 BGBl. 2006 I, S. 2742.

und bildet dessen Kernstück. Artikel 2 enthält mit dem Gesetz über die Gleichbehandlung der Soldatinnen und Soldaten gesonderte Bestimmungen für die Streitkräfte. In Artikel 3 werden Änderungen in anderen Gesetzen festgelegt und Artikel 4 betrifft schließlich das Inkrafttreten des Umsetzungsgesetzes und das Außerkrafttreten des Beschäftigtenschutzgesetzes.

Das AGG wiederum ist in sieben Abschnitte unterteilt. Abschnitt 1 (§§ 1–5 AGG) enthält den Allgemeinen Teil des Gesetzes. Neben der Bestimmung des Zweckes (§ 1 AGG) und des Anwendungsbereiches (§ 2 AGG), enthält dieser die Definition des Benachteiligungsbegriffes (§ 3 AGG) sowie allgemeine Grundsätze zur Rechtfertigung von Benachteiligungen (§§ 4, 5 AGG). Ziel des AGG ist gemäß § 1 AGG „Benachteiligungen aus Gründen der Rasse, der ethnischen Herkunft, des Geschlechts, der Religion oder Weltanschauung, einer Behinderung, des Alters oder der sexuellen Identität zu verhindern oder zu beseitigen". Damit strebt das AGG einen umfassenden Diskriminierungsschutz an, der alle Merkmale der Richtlinien und des Art. 13 EG umfasst.

Ebenso wie die europäischen Richtlinien differenziert das AGG zwischen Benachteiligungen im Arbeitsleben (Abschnitt 2, §§ 6 ff. AGG) und Benachteiligungen im Allgemeinen Zivilrechtsverkehr (Abschnitt 3, §§ 19 ff. AGG). Für beide Gruppen sieht das Gesetz unterschiedliche Rechtfertigungsmöglichkeiten (§§ 8–10 AGG, 20 AGG) und Sanktionen vor. Die zentrale Haftungsnorm bildet im arbeitsrechtlichen Teil § 15 AGG und im zivilrechtlichen Teil § 21 AGG. Während § 15 AGG als zentrale Rechtsfolge Schadensersatz- und Entschädigungsregelungen (§ 15 Abs. 1–3 AGG) vorsieht, normiert § 21 AGG als zentrale Rechtsfolge Beseitigungs- und Unterlassungsansprüche (§ 21 Abs. 1 AGG), neben die wiederum Schadensersatz- und Entschädigungsansprüche treten können (§§ 21 Abs. 2 AGG).

Der vierte Abschnitt enthält allgemeine Bestimmungen zum Rechtsschutz (§ 22 AGG, Beweislast; § 23 AGG Antidiskriminierungsverbände) und der fünfte Abschnitt eine Vorschrift über Sonderregelungen für öffentlich-rechtliche Dienstverhältnisse (§ 24 AGG). Der sechste Abschnitt befasst sich mit der Antidiskriminierungsstelle des Bundes (§§ 25 ff. AGG) und der siebte Abschnitt enthält schließlich Schlussbestimmungen (§§ 31 ff. AGG).

III. Haftungsvoraussetzungen

Der Gesetzgeber hat als zentrale Rechtsfolge einer Benachteiligung in § 15 AGG Ansprüche des Betroffenen auf Schadensersatz und Entschädigung gegen den Arbeitgeber normiert. Während die Vorschrift des § 15 Abs. 1 AGG den Ersatz des materiellen Schadens regelt, gewährt § 15 Abs. 2 AGG eine

Entschädigung für den erlittenen immateriellen Schaden. Dem Wortlaut nach handelt es sich bei § 15 Abs. 2 AGG um einen bloßen Rechtsfolgenverweis[97]. Folglich müssten sich die Voraussetzungen für den Entschädigungsanspruch nach Abs. 1 richten. Ausweislich der Gesetzesbegründung hat der Gesetzgeber jedoch mit § 15 Abs. 2 AGG eine verschuldensunabhängige Sanktion bei Verletzung des Benachteiligungsverbots schaffen wollen[98]. Auch spricht § 15 Abs. 4 AGG von einem Anspruch nach Abs. 1 „oder" Abs. 2. Letztlich differenzieren die Regelungen auch nach ihrem Wortlaut zwischen „Schadensersatz" und „Entschädigung"[99]. Der Gesetzgeber sieht § 15 Abs. 2 AGG somit als eine eigenständige Anspruchsgrundlage an.

Die Ansprüche auf Schadensersatz und Entschädigung weisen – mit Ausnahme des Verschuldenserfordernisses – grundsätzlich die gleichen Voraussetzungen auf, die im Folgenden in der gebotenen Kürze skizziert werden sollen.

1. *Verstoß gegen das Benachteiligungsverbot*

Beide Ansprüche setzen zunächst einen Verstoß gegen das in § 7 Abs. 1 AGG statuierte Benachteiligungsverbot voraus. Danach dürfen Beschäftigte nicht wegen eines in § 1 AGG genannten Grundes benachteiligt werden. Nach dem eindeutigen Wortlaut des § 7 Abs. 1 Halbsatz 2 AGG liegt eine ungerechtfertigte Benachteiligung auch dann vor, wenn die Person, die Benachteiligung begeht, das Vorliegen eines Diskriminierungsmerkmals bei der Benachteiligung nur annimmt. Macht sich der Benachteiligende Vorstellungen über das Vorliegen eines Benachteiligungsgrundes, kann dies genügen, um den Schadensersatz- und Entschädigungsanspruch auszulösen[100]. Auch der Versuch am „untauglichen Objekt" stellt grundsätzlich eine verbotene Benachteiligung dar[101].

Als Benachteiligungsformen kommen unmittelbare sowie mittelbare Benachteiligungen, (sexuelle) Belästigungen, Viktimisierungen sowie Anweisungen zur Benachteiligung in Betracht[102]. Benachteiligungen können sich auch aus der

---

97 Schiek/*Kocher*, AGG, § 15 Rn. 26; *Wisskirchen*, DB 2006, 1491 (1498); *Bauer/Evers*, NZA 2006, 893 (896).

98 BT-Drs. 16/1780, S. 38.

99 Schiek/*Kocher*, AGG, § 15 Rn. 26.

100 BAG, Urteil vom 17.12.2009, NZA 2010, 383 (384).

101 BAG, Urteil vom 17.12.2009, NZA 2010, 383 (384).

102 Legaldefinitionen: vgl. §§ 3, 16 AGG; ausführlich zu den Begrifflichkeiten: *Däubler*, ZfA 2006, 479 ff.; *Roesner*, Das Allgemeine Gleichbehandlungsgesetz, S. 83 ff.; *Thüsing*, Arbeitsrechtlicher Diskriminierungsschutz, Rn. 226 ff.

Anwendung kollektivrechtlicher Vereinbarungen (z.B. Betriebsvereinbarungen oder Tarifverträgen) ergeben, § 15 Abs. 3 AGG.

Nach ständiger Rechtsprechung des BAG liegt ein Nachteil bei einer Einstellung oder Beförderung bereits dann vor, wenn der Bewerber oder Arbeitnehmer nicht in die Auswahl einbezogen wird. Die Benachteiligung liege in der Versagung einer Chance. Daher sei es irrelevant, ob es im Zuge des Auswahlverfahrens später tatsächlich zu einer Einstellung oder Beschäftigung eines anderen Bewerbers komme[103].

Auf die Intensität der Benachteiligung kommt es grundsätzlich nicht an. Zum Teil wird im Schrifttum in Anlehnung an die Rechtsprechung des BGH zum Schmerzensgeld bei Verletzung des Persönlichkeitsrechts aus § 823 Abs. 1 BGB i.V.m. Art. 2 Abs. 1, 1 Abs. 1 GG das Vorliegen einer besonders schwerwiegenden Persönlichkeitsverletzung für den Entschädigungsanspruch nach § 15 Abs. 2 AGG verlangt[104]. Diese Ansicht findet im Gesetz keine Grundlage[105]. § 15 Abs. 2 AGG enthält eine eigenständige Anspruchsgrundlage für einen Entschädigungsanspruch, so dass nicht die Grundsätze, die für den Anspruch auf Schmerzensgeld bei Verletzung des allgemeinen Persönlichkeitsrechts gelten, anzuwenden sind[106]. Der Gesetzgeber stellt in der Gesetzesbegründung ausdrücklich klar, dass immaterielle Schäden regelmäßig bei einer ungerechtfertigten Benachteiligung aus den in § 1 genannten Gründen vorliegen[107]. Voraussetzung für einen Anspruch nach § 15 Abs. 2 AGG ist somit nicht, dass der Arbeitnehmer in seinem allgemeinen Persönlichkeitsrecht verletzt ist[108]. Mit der Klarstellung, dass jeder Verstoß gegen § 1 AGG in der Regel den Entschädigungsanspruch auslöst und die Intensität der Verletzung nicht von Relevanz ist, kommt der Gesetzgeber der europarechtlichen Forderung nach einer wirksamen und abschreckenden Sanktion nach.

In einem Stellenbesetzungsverfahren fehlt es bereits an einer Benachteiligung, wenn sich der Bewerber nicht subjektiv ernsthaft um die Stelle beworben hat[109].

---

103 BAG, Urteil vom 17.8.2010, NZA 2011, 153 (155); BAG, Urteil vom 21.6.2012, NZA 2012, 1211 (1213); BAG, Urteil vom 23.8.2012, NZA 2013, 37 (38).

104 *Bauer/Thüsing/Schunder*, NZA 2005, 32 (35).

105 *Jacobs*, RdA 2009, 193 (195).

106 BAG, Urteil vom 22.1.2009, NZA 2009, 945 (951).

107 BT-Drs. 16/1740, S. 38.

108 BAG, Urteil vom 22.1.2009, NZA 2009, 945 (952).

109 LAG Schleswig-Holstein, Urteil vom 29.1.2009, SchlHA 2009, 168; LAG Rheinland-Pfalz, Urteil vom 11.1.2008, NZA-RR 2008, 343; LAG Baden-Württemberg, Beschluss vom 13.8.2007, FA 2007, 313; LAG Berlin, Urteil vom 14.7.2004, NZA-RR 2005, 124.

Erfolgt eine Bewerbung erweislich nur zum Zwecke des Erwerbs von Schadensersatz- und Entschädigungsansprüchen, kann einem geltend gemachten Anspruch der Einwand des Rechtsmissbrauchs entgegengesetzt werden[110]. Wer auf eine Ablehnung spekuliert, um Entschädigungsansprüche geltend machen zu können, ist nicht ernsthaft interessiert[111]. Eine objektive Eignung des Bewerbers für eine ausgeschriebene Stelle ist nach der Rechtsprechung des BAG hingegen keine ungeschriebene Voraussetzung der Bewerbereigenschaft[112], sondern Kriterium der „vergleichbaren Situation“ i.S.d. § 3 Abs. 1 AGG. Die ungünstigere Behandlung muss nach § 3 Abs. 1 AGG in einer vergleichbaren Situation erfolgen. Vergleichbar sind nur Arbeitnehmer, die gleichermaßen die objektive Eignung für die zu besetzende Stelle aufweisen. Könnte auch ein objektiv ungeeigneter Bewerber immaterielle Entschädigung verlangen, stünde dies nicht im Einklang mit dem Schutzzweck des AGG. Das AGG will vor ungerechtfertigter Benachteiligung schützen, nicht eine unredliche Gesinnung des (potenziellen) Arbeitgebers sanktionieren. Maßgeblich für die objektive Eignung ist dabei nicht das formelle Anforderungsprofil des jeweiligen Arbeitgebers, sondern die Anforderungen, welche an die jeweilige Tätigkeit nach der im Arbeitsleben herrschenden Verkehrsansschauung gestellt werden[113].

§ 7 Abs. 1 AGG erfasst sowohl Verstöße des Arbeitgebers selbst - sofern es sich um eine natürliche Person handelt[114] - als auch Verstöße von Erfüllungsgehilfen. Der deutsche Gesetzgeber hat in § 7 Abs. 3 AGG den Verstoß gegen das Benachteiligungsverbot als Verletzung vertraglicher Pflichten qualifiziert. § 15 Abs. 1 AGG enthält damit einen gesetzlich normierten und ausgestalteten, vertraglichen Schadensersatzanspruch. Die Zurechnung richtet sich damit nach § 278 BGB. Das Fehlverhalten von Erfüllungsgehilfen ist dem Arbeitgeber auch im Rahmen einer verschuldensunabhängigen Haftung, wie sie § 15 Abs. 2 AGG normiert, zuzurechnen. Das entspricht dem in § 278 BGB generell zum Ausdruck kommenden Gedanken, dass die Arbeitsteilung nicht nur Vorteile für den Schuldner mit sich bringen darf[115].

---

110 vgl. LAG Rheinland-Pfalz, Urteil vom 11.1.2008, NZA-RR 2008, 343.

111 ErfK/*Schlachter*, § 15 AGG Rn. 12.

112 BAG, Urteil vom 18.3.2010, NZA 2010, 872 (873), BAG, Urteil vom 18.3.2010, NJW 2010, 2970 (2972).

113 BAG, Urteil vom 18.3.2010, NJW 2010, 2970 (2972).

114 Handelt es sich bei dem Arbeitgeber um eine juristische Person, ist dieser das benachteiligende Verhalten ihrer vertretungsberechtigten Organmitglieder gemäß § 31 BGB direkt oder analog zuzurechnen.

115 *Kamanabrou*, RdA 2006, 321 (336).

Bedient sich der Arbeitgeber bei der Anbahnung eines Arbeitsverhältnisses eigener Mitarbeiter oder Dritter, so trifft ihn eine Verantwortlichkeit für deren Verhalten[116]. Wer sich – wie der Arbeitgeber im Hinblick auf seine Personalführungs- und auswahlobliegenheit – zur Erfüllung ihn treffender Verbindlichkeiten aus einem Schuldverhältnis anderer Personen bedient und damit die Vorteile der Arbeitsteilung in Anspruch nimmt, soll auch deren Nachteile tragen, nämlich das Risiko, dass der an seiner Stelle Handelnde rechtlich geschützte Interessen des Gläubigers, hier des Bewerbers bzw. - im Fall der Beförderung - Beschäftigten, verletzt. Eine Pflichtverletzung wird dem Arbeitgeber daher auch zugerechnet, wenn er sich zur Stellenausschreibung eines Dritten, etwa einer Personalberatung oder der Agentur für Arbeit, bedient und dieser Dritte die Pflicht zu neutralen Stellenausschreibung verletzt[117].

2. Rechtfertigungsgründe

An einem Verstoß gegen das Benachteiligungsverbot fehlt es, soweit ein Rechtfertigungsgrund die unterschiedliche Behandlung gestattet. Diese Gründe sind abschließend in den §§ 5, 8 bis 10 AGG enthalten. Den zentralen Rechtfertigungsgrund normiert § 8 Abs. 1 AGG. Danach ist eine unterschiedliche Behandlung wegen eines in § 1 genannten Grundes zulässig, wenn dieser Grund wegen der Art der auszuübenden Tätigkeit oder der Bedingungen ihrer Ausübung eine wesentliche und entscheidende berufliche Anforderung darstellt, sofern der Zweck rechtmäßig und die Anforderung angemessen ist[118]. Ein in § 1 AGG genannter Grund ist nur dann wegen der Art der auszuübenden Tätigkeit oder der Bedingungen ihrer Ausübung eine wesentliche und entscheidende berufliche Anforderung, wenn dieser Grund „unverzichtbare Voraussetzung" für die Ausübung der Tätigkeit ist[119]. Dies setzt jedoch nicht voraus, dass ohne das Differenzierungsmerkmal die Tätigkeit überhaupt nicht erbracht werden kann, sondern es reicht aus, dass diese Tätigkeit ohne das Differenzierungsmerkmal nur schlechter bzw. nicht ordnungsgemäß erbracht werden kann[120].

---

116 BAG, Urteil vom 17.12.2009, NZA 2010, 383 (885).

117 vgl. BAG, Urteil vom 5.2.2004, NZA 2004, 540 (544).

118 Dieser Rechtfertigungsgrund wird vorgesehen von Art. 4 RL 2000/43/EG, Art. 4 Abs. 1 RL 2000/78/EG, Art. 2 Abs. 6 RL 2002/73/EG, Art. 4 Abs. 5 RL 2004/113/EG.

119 BAG, Urteil vom 28.5.2009, NZA 2009, 1016 (1019).

120 BAG, Urteil vom 28.5.2009, NZA 2009, 1016 (1019).

Die §§ 9 und 10 enthalten darüber hinaus Ausnahmen für Religionsgemeinschaften[121] sowie für Benachteiligungen wegen des Alters[122]. Die Vorschrift des § 5 AGG lässt schließlich eine unterschiedliche Behandlung wegen positiver Maßnahmen zu, wodurch bisher benachteiligte Gruppen gezielt gefördert werden sollen.

3. *Verschulden*

Während der Ersatz des immateriellen Schadens gemäß § 15 Abs. 2 AGG verschuldensunabhängig gewährt wird[123], sind der Schadensersatzanspruch nach § 15 Abs. 1 sowie der Entschädigungsanspruch nach § 15 Abs. 3 AGG an ein Verschulden des Arbeitgebers geknüpft.

a) § 15 Abs. 1 AGG

Hinsichtlich des Ersatzes von Vermögensschäden übernimmt die Vorschrift des § 15 Abs. 1 S. 2 AGG die Formulierung des § 280 Abs. 1 S. 2 BGB. Wie bei § 280 Abs. 1 BGB handelt es sich auch bei dem Schadensersatzanspruch nach § 15 Abs. 1 AGG um eine Haftung für vermutetes Verschulden. Hat der Anspruchsteller eine unzulässige Benachteiligung nach § 22 AGG dargelegt und bewiesen, wird das Verschulden des Arbeitgebers vermutet, wenn es ihm nicht gelingt, darzulegen und zu beweisen, dass er die Pflichtverletzung nicht nach den §§ 276 bis 278 BGB bzw. § 31 BGB zu vertreten hat[124].

b) § 15 Abs. 3 AGG

Erfolgen Benachteiligungen durch die Anwendung kollektivrechtlicher Vereinbarungen, trifft den Arbeitgeber gemäß § 15 Abs. 3 AGG nur eine Entschädigungspflicht, wenn er vorsätzlich oder grob fahrlässig gehandelt hat. Begründet wird diese Haftungserleichterung mit der vermuteten „höheren Richtigkeitsgewähr" solcher Vereinbarungen im Vergleich zu Maßnahmen, für die der Arbeitgeber allein verantwortlich zeichnet. Grobe Fahrlässigkeit wird man bei Anwendung eines Kollektivvertrages dann annehmen müssen, wenn sich der diskriminierende Charakter der Regelung förmlich

---

121 Art. 4 Abs. 2 RL 2000/78/EG stellt die Einführung eines solchen Rechtfertigungsgrundes in das Ermessen der Mitgliedsstaaten.

122 Art. 6 RL 2000/78/EG.

123 BAG, Urteil vom 22.1.2009, BB 2009, 269; LAG Niedersachsen, Urteil vom 15.9.2008, NZA-RR 2009, 126.

124 vgl. BT-Drs. 16/1780, S. 38; Stoffels, RdA 2009, 204 (210).

aufdrängt[125]. Nach seinem Wortlaut gilt § 15 Abs. 3 AGG nur für Entschädigungsansprüche nach Abs. 2. Das Argument einer „höheren Richtigkeitsgewähr" gilt aber nicht nur für Entschädigungs-, sondern gleichermaßen auch für Schadensersatzansprüche, die durch Anwendung einer kollektivrechtlichen Vereinbarung ausgelöst werden können. § 15 Abs. 3 AGG ist deshalb über seinen Wortlaut hinaus dahingehend auszulegen, dass er auch einen Schadensersatzanspruch nach § 15 Abs. 1 bei einfach fahrlässigem Handeln des Arbeitgebers ausschließt[126].

c) Verstoß gegen Europarecht

Zweifelhaft ist, ob das Anknüpfen des Schadensersatz- bzw. Entschädigungsanspruches an ein Verschuldenserfordernis mit der Rechtsprechung des EuGH und den Vorgaben der Richtlinien im Einklang steht.

aa) Gebot einer abschreckenden Sanktion

In der Rechtssache „Dekker" stellte der EuGH bereits im Jahre 1990 hinsichtlich der Gleichbehandlungsrichtlinie 76/207/EWG, die durch die Richtlinie 2002/73/EG (teilweise) Änderungen erfuhr und mit dieser später in der Richtlinie 2006/54/EG ohne inhaltliche Änderungen zusammengeführt wurde[127], fest, dass die von den Mitgliedsstaaten gewählte Sanktion gegen diskriminierendes Verhalten von Arbeitgebern neben der Gewährleistung von tatsächlichem und wirksamem Rechtsschutz auch eine wirklich abschreckende Wirkung gegenüber dem Arbeitgeber haben muss[128]. Hinge die Haftung des Arbeitgebers für Verstöße gegen den Grundsatz der Gleichbehandlung von einem Verschulden ab und davon, dass kein durch das anwendbare nationale Recht anerkannter Rechtfertigungsgrund vorläge, wäre die praktische Wirksamkeit dieser Grundsätze erheblich beeinträchtigt[129]. Daraus folgerte der Gerichtshof, dass dann, „wenn sich ein Mitgliedsstaat für eine Sanktion entscheidet, die sich in den Rahmen

---

125 Däubler/Bertzbach/*Deinert*, AGG, § 15 Rn. 95; vgl. auch *Lingemann/Gotham*, NZA 2007, 663 (669), die eine grobe Fahrlässigkeit des Arbeitgebers erst dann annehmen, wenn die kollektivrechtliche Regelung nach gefestigter Rechtsprechung AGG-widrig und ihre Nichtanwendung trotz drohender Prozesse zumutbar ist.

126 *Bauer/Göpfert/Krieger*, AGG, § 15 Rn. 45; *Bauer/Evers*, NZA 2006, 893 (897); a.A.: Däubler/Bertzbach/*Deinert*, AGG, § 15 Rn. 92, der auf den insoweit klaren Wortlaut abstellt.

127 ABl. EG Nr. L 204 S. 23 vom 5.7.2006.

128 EuGH, Urteil vom 8.11.1990, Rs. C-177/88 (Dekker), Slg. 1990, I-3941 (3968).

129 EuGH, Urteil vom 8.11.1990, Rs. C-177/88 (Dekker), Slg. 1990, I-3941 (3968) Rn. 24.

einer Regelung über die zivilrechtliche Haftung des Arbeitgebers einfügt, jeder Verstoß gegen das Diskriminierungsverbot für sich genommen ausreichen muss, um die *volle Haftung* seines Urhebers auszulösen, ohne dass die im nationalen Recht vorgesehenen Rechtfertigungsgründe berücksichtigt werden können."[130]

In der Rechtssache „Draemphal" wiederholte der Gerichtshof diese Ansicht für das in § 611a Abs. 2 BGB a.F. normierte Verschuldenserfordernis[131]. Unter Verweis auf seine Rechtsprechung in der Rechtssache „Dekker"[132] stellte der Gerichtshof fest, dass die Gleichbehandlungsrichtlinie einer innerstaatlichen gesetzlichen Regelung entgegensteht, die für einen Anspruch auf Schadensersatz wegen Diskriminierung aufgrund des Geschlechts bei der Einstellung die Voraussetzung des Verschuldens aufstellt[133]. Der Gesetzgeber reagierte und gestaltete in der Folge den Entschädigungsanspruch nach § 611a Abs. 2 BGB a.F. verschuldensunabhängig aus[134].

Das in § 15 Abs. 1 AGG normierte Verschuldenserfordernis steht im klaren Widerspruch zur Rechtsprechung des EuGH[135]. Soweit der Gesetzgeber unter Anführung der „Draemphal-Entscheidung" anführt, der Forderung nach einer verschuldensunabhängigen Sanktion werde im Rahmen des

---

130 EuGH, Urteil vom 8.11.1990, Rs. C-177/88 (Dekker), Slg. 1990, I-3941 (3968) Rn. 25.

131 EuGH, Urteil vom 22.4.1997, Rs. C-180/95 (Draemphal), Slg. 1997, I-2195 (2212).

132 EuGH, Urteil vom 8.11.1990, Rs. C-177/88 (Dekker), Slg. 1990, I-3941 (3968).

133 EuGH, Urteil vom 22.4.1997, Rs. C-180/95 (Draemphal), Slg. 1997, I-2195 (2212) Rn. 19.

134 vgl. Gesetz zur Änderung des BGB und des ArbGG vom 29.6.1998 (BGBl I, S. 1964).

135 so auch *Wagner/Potsch*, JZ 2006, 1085 (1091); *Thüsing*, Sonderbeilage zu NZA Heft 22/2004, 3 (16); *Thüsing*, Arbeitsrechtlicher Diskriminierungsschutz, Rn. 540; *Kamanabrou*, ZfA 2006, 327 (337); *Kamanabrou*, RdA 2006, 321 (336); *Deinert*, AiB 2006, 741 (742); Rudolf/Mahlmann/*Voggenreiter*, Gleichbehandlungsrecht, § 8 Rn. 57; *Lehmann*, Die Höhe des finanziellen Ausgleichs nach § 15 Abs. 1 und 2 AGG unter besonderer Berücksichtigung der Rechtsprechung des EuGH, S. 38; *Blessing*, Rechtsfolgen diskriminierender Kündigungen unter Geltung des AGG, S. 169 f.; *Balupuri-Beckmann*, Die Umsetzung der Richtlinie 2000/43/EG im Arbeitsrecht in Großbritannien im Vergleich zu Deutschland, S. 80; a.A.: *Hanau*, ZIP 2006, 2189 (2201); *Roesner*, Das Allgemeine Gleichbehandlungsgesetz, S. 148; *Bauer/Evers*, NZA 2006, 893; *Bader*, Arbeitsrechtlicher Diskriminierungsschutz als Privatrecht, S. 333, der der Ansicht ist, dass der EuGH den Unterschied zwischen einer Verschuldenshaftung und einer Haftung für vermutetes Verschulden verkannte. Bei richtiger Lesart der Urteile „Draehmphal" und „Dekker" stehe lediglich fest, dass eine reine Verschuldenshaftung richtlinienwidrig sei; über eine Haftung für vermutetes Verschulden enthielten die Urteile keine Aussage.

verschuldensunabhängigen Entschädigungsanspruches in Abs. 2 entsprochen[136], kann dem nicht gefolgt werden. Der EuGH hat eindeutig klargestellt, dass der bloße Verstoß gegen das Diskriminierungsverbot, unabhängig vom Vorliegen eines Verschuldens, für sich genommen ausreichen muss, um die *volle Haftung* seines Urhebers auszulösen und somit auch die Haftung für den materiellen Schaden[137]. Vor diesem Hintergrund kann die Europarechtskonformität der Regelung auch nicht unter Hinweis darauf, dass der Schwerpunkt der Sanktion eindeutig auf der verschuldensunabhängigen Haftung liege, begründet werden[138].

Soweit die Ansicht vertreten wird, ein Verzicht auf das Verschuldenserfordernis sei nur im Falle benachteiligender Nichteinstellung europarechtlich geboten, da die vom EuGH entschiedenen Fälle nur die Konstellation einer Einstellung betrafen[139], kann dem nicht gefolgt werden[140]. Der EuGH nimmt in Rn. 22 seiner Urteilserwägungen in der Rechtssache „Dekker" gerade nicht auf diese spezielle Fallkonstellation Bezug, sondern allgemein auf die Richtlinie 76/207/EWG: Art. 2 Abs. 2–4 der Richtlinie mache die Haftung des Urhebers einer Diskriminierung nicht von seinem Verschulden abhängig[141]. Der Schutzbereich der Richtlinie umfasst jedoch nicht nur den Zugang zur Beschäftigung, sondern auch Aufstiegsentscheidungen, den Zugang zur Berufsbildung sowie sämtliche Arbeitsbedingungen.

Auch das in § 15 Abs. 3 AGG normierte Verschuldenserfordernis im Hinblick auf die Anwendung kollektivrechtlicher Vereinbarungen ist im Hinblick auf die Rechtsprechung des EuGH klar europarechtswidrig[142].

Hieran vermag auch der Versuch einer Rechtfertigung dieses Erfordernisses durch den Gesetzgebers nichts zu ändern, wonach die vermutete „höhere

136 vgl. BT-Drs. 16/1780, S. 38.

137 vgl. MünchKomm/*Thüsing*, AGG, § 15 Rn. 16.

138 so aber *Hanau*, ZIP 2006, 2189 (2201).

139 vgl. Stellungnahme des Deutschen Anwaltvereins vom Januar 2005, Nr. 10/2005, S. 10, abrufbar im Internet, URL: http://www.anwaltverein.de/downloads/stellungnahmen/2005-10.pdf (1.7.2014).

140 so auch Rudolf/Mahlmann/*Voggenreiter*, Gleichbehandlungsrecht, § 8 Rn. 57.

141 EuGH, Urteil vom 8.11.1990, Rs. C-177/88 (Dekker), Slg. 1990, I-3941 (3968) Rn. 22.

142 Bauer/*Thüsing*/Schunder, NZA 2005, 32 (35); Schiek/*Kocher*, AGG, § 15 Rn. 52; *Meinel/Heyn/Herms*, AGG, § 15 Rn. 81; KR/*Treber*, § 15 AGG Rn. 47; *Balupuri-Beckmann*, Die Umsetzung der Richtlinie 2000/43/EG im Arbeitsrecht in Großbritannien im Vergleich zu Deutschland, S. 86; a.A.: *Bader*, Arbeitsrechtlicher Diskriminierungsschutz als Privatrecht, S. 340 ff.; *Lehmann*, Die Höhe des finanziellen Ausgleichs nach § 15 Abs. 1 und Abs. 2 AGG unter besonderer Berücksichtigung der Rechtsprechung des EuGH, S. 140.

Richtigkeitsgewähr" kollektivrechtlicher Vereinbarungen es rechtfertige, die Rechtsfolgen benachteiligender kollektiver Regelungen anders auszugestalten als bei Maßnahmen, für die der Arbeitgeber allein verantwortlich sei[143]. Diese Argumentation ist nicht überzeugend. Den Richtlinien ist eine Vermutung „höherer Richtigkeitsgewähr" kollektivrechtlicher Vereinbarungen nicht zu entnehmen. Ebenso wenig findet sich in den Richtlinien eine Ausnahmebestimmung, die eine Haftungserleichterung bei der Anwendung diskriminierender Kollektivvereinbarungen vorsieht[144].

Darüber hinaus ist der Arbeitgeber teilweise sehr wohl für den Inhalt kollektivvertraglicher Vereinbarungen (mit)verantwortlich. Zu denken ist insofern an Firmentarifverträge oder Betriebsvereinbarungen, die durch ein Einvernehmen der Parteien geschlossen worden sind[145]. Eine Haftungserleichterung ist hier nicht gerechtfertigt. Auch für den Inhalt von Verbandstarifverträgen trifft den kraft Mitgliedschaft im Arbeitgeberverband tarifgebundenen Arbeitgeber eine (Mit-)Verantwortung für den Inhalt des abgeschlossenen Tarifvertrages. Zwar schließt der jeweilige Arbeitgeberverband Tarifverträge im eigenen Namen und nicht etwa unter Bevollmächtigung seiner Mitglieder ab[146]. Mit dem Eintritt in den Arbeitgeberverband beauftragt das einzelne Unternehmen (nicht im Rechtssinne nach §§ 662 ff. BGB, wohl aber tarifpolitisch) den Verband jedoch, Tarifverträge mit der zuständigen Gewerkschaft abzuschließen. Insoweit ist die Situation trotz der verbandstheoretischen Zurechnung der Tarifergebnisse zu den einzelnen Mitgliedsunternehmen nicht anders als im Falle einer rechtsgeschäftlichen Bevollmächtigung gemäß §§ 164 ff. BGB[147]. Letztlich steht es jedem Arbeitgeber frei, die für sein Unternehmen maßgeblichen Arbeitsbedingungen durch Eintritt in den Arbeitgeberverband mittels Verbandstarifvertrag festzulegen. Eine Haftungserleichterung ist daher auch hier nicht gerechtfertigt.

bb) Absenkungsverbot der Richtlinien

Die Richtlinien legen fest, dass die Umsetzung der Richtlinien keinesfalls als Rechtfertigung für eine Absenkung des von den Mitgliedsstaaten bereits

143 BT-Drs, 16/1780, S. 38.

144 *Busch*, Allgemeines Gleichbehandlungsgesetz, S. 57; Däubler/Bertzbach/*Deinert*, AGG, § 15 Rn. 89.

145 *Nollert-Borasio/Perreng*, AGG, § 15 Rn. 25.

146 Vgl. *Löwisch/Rieble*, TVG, § 1 Rn. 1285.

147 Büdenbender, NZA 2000, 509 (516).

garantierten Schutzniveaus in Bezug auf Diskriminierungen in den von der Richtlinie abgedeckten Bereichen benutzt werden dürfen[148].

Vor Inkrafttreten des AGG gewährten § 611a Abs. 2 BGB a.F. bzw. § 81 Abs. 2 S. 2 Nr. 2 SGB IX a.F. den Betroffenen einer Benachteiligung wegen des Geschlechts bzw. einer Schwerbehinderung im Zusammenhang mit einer Einstellung oder Beförderung einen verschuldensunabhängigen Entschädigungsanspruch. Dieser Anspruch umfasste nach ganz h.M. sowohl den Ersatz des immateriellen als auch des materiellen Schadens[149].

Nunmehr wird der Ersatz des materiellen Schadens gemäß § 15 Abs. 1 AGG an ein Verschulden geknüpft. Damit ist die neue Rechtslage für die Beschäftigten zumindest bzgl. Benachteiligungen wegen des Geschlechts oder einer Schwerbehinderung im Falle von Einstellungen und Beförderungen ungünstiger als die frühere und verstößt somit gegen das in den Richtlinien 2002/73/EG und 2000/78/EG normierte Absenkungsverbot[150].

Nichts anderes kann im Ergebnis für die Regelung in § 15 Abs. 3 AGG gelten. Weder § 611a Abs. 2 BGB a.F. noch § 81 Abs. 2 S. 2 Nr. 2 SGB IX a.F. unterschieden hinsichtlich des Ersatzes des immateriellen Schadens zwischen Benachteiligungen im Zusammenhang mit der Anwendung kollektivrechtlicher Vereinbarungen und Benachteiligungen, für die der Arbeitgeber alleinverantwortlich zeichnete. Die Entschädigung wurde grundsätzlich verschuldensunabhängig gewährt. War demnach nach alter Rechtslage etwa im Falle eines tarifvertraglich geregelten, aber wegen des Geschlechts oder einer Schwerbehinderung benachteiligenden Bewährungsaufstiegs ein verschuldensunabhängiger Entschädigungsanspruch des Benachteiligten möglich, ist dies nach neuer Rechtslage nicht mehr der Fall. Auch hierin ist ein Verstoß gegen das in den Richtlinien normierte Absenkungsverbot im Hinblick auf die Merkmale Geschlecht und Schwerbehinderung zu sehen.

---

148 Art. 6 Abs. 2 der RL 2000/43/EG; Art. 8 Abs. 2 der RL 2000/78/EG; Art. 8e Abs. 2 der RL 76/207/EWG (eingefügt durch RL 2002/73/EG).

149 MünchKomm/*Müller-Glöge*, Band 4, 4. Auflage 2005, § 611a BGB Rn. 61; ErfK/*Schlachter*, 6. Auflage 2006, BGB, § 611a Rn. 37; ArbG Berlin, Urteil vom 13.7.2005, NZA-RR 2005, 608; ArbG Bochum, Urteil vom 12.7.1991, BB 1992, 68.

150 so auch *Alenfelder*, Diskriminierungsschutz im Arbeitsrecht, Rn. 131; *Lehmann*, Die Höhe des finanziellen Ausgleichs nach § 15 Abs. 1 und 2 AGG unter besonderer Berücksichtigung der Rechtsprechung des EuGH, S. 39; *Balupuri-Beckmann*, Die Umsetzung der Richtlinie 2000/43/EG im Arbeitsrecht in Großbritannien im Vergleich zu Deutschland, S. 80 f.; für Geschlechterdiskriminierung so auch *Blessing*, Rechtsfolgen diskriminierender Kündigungen unter Geltung des AGG, S. 170.

d) Europarechtskonforme Auslegung

Nach den Grundsätzen der europarechtskonformen Auslegung muss ein nationales Gericht die Auslegung innerstaatlichen Rechts soweit wie möglich am Wortlaut und Zweck einschlägiger EG-Richtlinien ausrichten und alle Maßnahmen ergreifen, um das mit ihnen verfolgte Ziel zu erreichen[151].

Um dem Ziel einer verschuldensunabhängigen Haftung zu genügen, wird vorgeschlagen den materiellen Schaden im Rahmen der verschuldensunabhängig zu zahlenden Entschädigung zu berücksichtigen und den Teil der Entschädigung, der den materiellen Schaden ausgleichen soll, wiederum schadensmindernd bei Ansprüchen nach § 15 Abs. 1 AGG zu berücksichtigen[152].

Diese Ansicht verkennt die Grenzen der europarechtskonformen Auslegung. Diese werden gebildet durch den Wortlaut der nationalen Gesetzesnorm und den klar erkennbaren Willen des Gesetzgebers[153]. Auch der EuGH hat in jüngerer Zeit entschieden, dass die Verpflichtung des nationalen Richters bei der Auslegung der einschlägigen Vorschriften des innerstaatlichen Rechts den Inhalt einer Richtlinie heranzuziehen, nicht als Grundlage für eine Auslegung *contra legem* des nationalen Rechts dienen darf[154].

Die hier vertretene Auslegung widerspricht nicht nur dem insoweit klaren Gesetzeswortlaut, der den materiellen Schaden allein über § 15 Abs. 1 AGG ersetzt wissen möchte[155], sondern auch dem eindeutigen Willen des Gesetzgebers. Dieser unterstreicht die Trennung noch einmal ausdrücklich in der Gesetzesbegründung zu § 15 AGG, in der es heißt: „*Gegenüber § 611a BGB wird klarer zwischen dem Ersatz des materiellen und immateriellen Schadens unterschieden.*“[156] Eine Vermengung von materiellem und immateriellem Schaden, wie bei dem aufgehobenen § 611 Abs. 2 BGB, sollte somit gerade vermieden werden.

---

151 EuGH, Urteil vom 10.4.1984; Rs. 14//83 (von Colson und Kamann), Slg. 1984, 1891 (1901) Rn. 26; BAG, Urteil vom 5. 3. 1996, NJW 1996, 2529 (2532); OVG Saarlouis, Beschluss vom 18.5.1999, NVwZ-RR 2000, 31; OVG Schleswig-Holstein, Beschluss vom 6.3.1998, DRiZ 1998, 469.

152 so *Nollert-Borasio/Perreng*, AGG, § 15 Rn. 15.

153 BAG, Urteil vom 5. 3. 1996, NJW 1996, 2529, 2532; OVG Saarlouis, Beschluss vom 18.5.1999, NVwZ-RR 2000, 31; OVG Schleswig-Holstein, Beschluss vom 6.3.1998, DRiZ 1998, 469.

154 EuGH, Urteil vom 4.7.2006, Rs. C-212/04 (Adeneler), Slg. 2006, I-6057 (6091) Rn. 110; vgl. auch die Anmerkungen hierzu von *Auer*, NJW 2006, 1106 ff.

155 § 15 Abs. 2 AGG spricht von einer Entschädigung wegen des „Schadens, der nicht Vermögensschaden ist“.

156 BT-Drs. 16/1780, S. 38.

Eine europarechtskonforme Auslegung kommt wegen des eindeutigen Wortlauts des § 15 Abs. 1 S. 2 und Abs. 3 AGG und des klar erkennbaren Willens des Gesetzgebers somit nicht in Betracht[157].

e) Nichtanwendbarkeit europarechtswidriger Normen

Zweifelhaft ist, was infolge der fehlenden Möglichkeit einer europarechtskonformen Auslegung für die Anwendung der evident europarechtswidrigen Normen zu folgern ist.

Zum Teil wird vertreten, dass Regelungen, die einer richtlinienkonformen Auslegung nicht zugänglich sind, von den nationalen Gerichten unangewendet zu bleiben haben[158]. Zur Begründung wird insbesondere auf die Rechtsprechung des EuGH in der Rechtssache „Mangold" verwiesen[159]. Die Entscheidung betraf die sachgrundlose Befristung eines Arbeitsverhältnisses, die § 14 Abs. 3 TzBfG für Beschäftigte über 52 Jahren zuließ. Bezüglich der sachgrundlosen Befristung des Arbeitsvertrages des 56-jährigen Klägers stellte der EuGH einen unmittelbaren Verstoß gegen das primärrechtliche „Verbot der Diskriminierung wegen des Alters" als allgemeinen Grundsatz des Unionsrechts fest und entschied, dass die nationalen Gerichte die volle Wirksamkeit dieses allgemeinen Verbots zu gewährleisten haben, indem sie jede entgegen stehende Bestimmung des nationalen Rechts unangewendet lassen[160]. Das BAG entschied daraufhin, dass § 14 Abs. 3 TzBfG unangewendet zu bleiben habe und Vertrauensschutz

157 so iE auch *Balupuri-Beckmann*, Die Umsetzung der Richtlinie 2000/43/EG im Arbeitsrecht in Großbritannien im Vergleich zu Deutschland, S. 81, 87; bzgl. § 15 Abs. 1 AGG vgl. auch *Blessing*, Rechtsfolgen diskriminierender Kündigungen unter Geltung des AGG, S. 170 f.; *Lehmann*, Die Höhe des finanziellen Ausgleichs nach § 15 Abs. 1 und 2 AGG unter besonderer Berücksichtigung der Rechtsprechung des EuGH, S. 3839 ff.

158 *Schrader/Schubert*, Das neue AGG, Rn. 435d; Schiek/*Schiek*, AGG, Einl AGG Rn. 75; Schiek/*Kocher*, AGG, § 15 Rn. 20, 52; *Balupuri-Beckmann*, Die Umsetzung der Richtlinie 2000/43/EG im Arbeitsrecht in Großbritannien im Vergleich zu Deutschland, S. 81, 87; *Lehmann*, Die Höhe des finanziellen Ausgleichs nach § 15 Abs. 1 und 2 AGG unter besonderer Berücksichtigung der Rechtsprechung des EuGH, S. 41 ff., 140; vgl. auch *Meinel/Heyn/Herms*, AGG, Einl. Rn. 37, die im Falle einer durch Auslegung nicht zu behebenden Kollision die betreffenden nationalen Rechtsvorschriften auf ihren unionrechtskonformen Kern reduzieren wollen. Ist dies nicht möglich, müsse das deutsche Gericht entgegenstehende nationale Rechtsvorschriften unangewendet lassen.

159 EuGH, Urteil vom 22.11.2005, Rs. C-144/04 (Mangold), Slg. 2005, I-9981 (10013).

160 EuGH, Urteil vom 22.11.2005, Rs. C-144/04 (Mangold), Slg. 2005, I-9981 (10013) Rn. 77.

nicht gewährt werden könne[161]. Die hiergegen gerichtete Verfassungsbeschwerde blieb ohne Erfolg. Das BVerfG stellte fest, dass der EuGH seine Kompetenzen durch das in dem Mangold-Urteil gefunden Ergebnis nicht hinreichend qualifiziert verletzt habe und die Beschwerdeführerin auch durch die Nichtgewährung von Vertrauensschutz nicht in ihren Rechten verletzt sei. Es sei zu erwägen, der Beschwerdeführerin einen Staathaftungsanspruch zuzugestehen, da sie auf die Wirksamkeit der angewendeten Norm vertraut habe[162].

In der Entscheidung „Kücükdevici“[163] bestätigte der EuGH seine Rechtsfortbildung aus dem Urteil in der Rechtssache „Mangold“. Es entschied, dass die Regelung in § 622 Abs. 2 S. 2 BGB, wonach bei der Bestimmung der Länge von Kündigungsfristen Beschäftigungszeiten, die vor Vollendung des 25. Lebensjahres liegen, nicht berücksichtigt werden, gegen das primärrechtliche Verbot der Altersdiskriminierung verstößt und eine diesem Prinzip entgegenstehende nationale Regelung unangewendet bleiben muss. Auf das ungeschriebene primärrechtliche Verbot der Diskriminierung wegen des Alters, das der EuGH in der Rechtssache Mangold hergeleitet und auch in der Rechtsache Kücükdevici herangezogen hat, kommt es nicht mehr an. Das Verbot der Altersdiskriminierung ist seit Dezember 2009 in Art 21 Abs. 1 der Charta der Grundrechte der Europäischen Union (EuGRC)[164] enthalten, der nach Art. 6 Abs. 1 Hs. 2 EUV der gleiche Rang wie den Unionsveträgen zukommt, womit es sich bei der Charta und den darin enthaltenen Diskriminierungsverboten um verbindliches Primärrecht handelt.

Unter Verweis auf die Rechtssachen „Mangold“ und „Kücükdevici wird teilweise vertreten, dass mit dem Erfordernis des Vertretenmüssens in § 15 Abs. 1 S. 2 AGG die volle Wirksamkeit des Diskriminierungsverbots nicht gewährleistet sei, da er dem Arbeitgeber trotz Benachteiligung eine Exkulpationsmöglichkeit böte und der Arbeitgeber dann nicht den vollen Schaden ersetzen müsse, weshalb § 15 Abs. 1 S. 2 AGG unangewendet zu bleiben habe[165]. Diese Ansicht verkennt, dass sich weder

161 BAG, Urteil vom 26.4.2006, NZA 2006, 1162.

162 vgl. BVerfG, Beschlus vom 6.7.2010, NZA 2010, 995.

163 EuGH, Urteil vom 19.1.2010, Rs C-555/07 (Kücükdevici), Slg. 2010 I-365.

164 *„Diskriminierungen insbesondere wegen des Geschlechts, der Rasse, der Hautfarbe, der ethnischen oder sozialen Herkunft, der genetischen Merkmale, der Sprache, der Religion oder der Weltanschauung, der politischen oder sonstigen Anschauung, der Zugehörigkeit zu einer nationalen Minderheit, des Vermögens, der Geburt, einer Behinderung, des Alters oder der sexuellen Ausrichtung sind verboten.“*

165 *Lehmann*, Die Höhe des finanziellen Ausgleichs nach § 15 Abs. 1 und 2 AGG unter besonderer Berücksichtigung der Rechtsprechung des EuGH, S. 43 f.

den Entscheidungen des EuGH in den Rechtssachen „Mangold" und „Kücükdeveci" noch der Entscheidung des BVerfG entnehmen lässt, ob von ihnen auch die Nichtanwendung solcher Vorschriften wie den vorliegenden verlangt wird, die lediglich der Durchsetzung des Diskriminierungsverbots dienen, die selbst aber keinen diskriminierenden Charakter haben[166]. Vorliegend steht nicht ein Verstoß gegen ein primärrechtlich verankertes Diskriminierungsverbot in Rede, sondern das Defizit liegt darin, dass das AGG durch das Festhalten am Verschuldenserfordernis die von den Richtlinien geforderte Effektivität der Sanktion nicht erreicht[167]. Das Erfordernis einer verschuldensunabhängigen Haftung als Rechtsfolge eines Verstoßes gegen das Diskriminierungsverbot ist primärrechtlich nicht statuiert. Es ergibt sich aus den Antidiskriminierungs-Richtlinien i.V.m. der Rechtsprechung des EuGH. Der EuGH hat aber in der Rechtssache „Kücükdevici" seine ständige Rechtsprechung bestätigt, dass Richtlinien als solche keine unmittelbare Wirkung zwischen Privaten entfalten[168].

Bis § 15 Abs. 1 und Abs. 3 AGG durch den Gesetzgeber geändert werden, sind die Normen daher trotz ihrer Europarechtswidrigkeit so anzuwenden, wie sie vom Gesetzgeber formuliert und gewollt sind[169].

4. *Zusammenfassung*

Erfordert sowohl der Anspruch auf Schadensersatz als auch auf Entschädigung einen dem Arbeitgeber zurechenbaren Verstoß des Arbeitgebers, der nicht durch einen im AGG normierten Grund gerechtfertigt ist, ergeben sich hinsichtlich des Verschuldenserfordernisses gewichtige Unterschiede. Während der Entschädigungsanspruch in der Regel verschuldensunabhängig gewährt wird, hat der Arbeitgeber bezüglich des materiellen Schadens lediglich vorsätzliches und fahrlässiges Handeln seiner Person sowie seiner Erfüllungsgehilfen zu vertreten. Hinsichtlich Benachteiligungen im Zusammenhang mit der Anwendung kollektivrechtlicher Vereinbarungen kommt ein Schadensersatz- und Entschädigungsanspruch sogar nur bei vorsätzlichem und grob fahrlässigem Handeln des Arbeitgebers und seiner Erfüllungsgehilfen in Betracht.

---

166 Rudolf/Mahlmann/*Voggenreiter*, Gleichbehandlungsrecht, § 8 Rn. 58.

167 *Stoffels*, RdA 2009, 204 (211).

168 EuGH, Urteil vom 19.1.2010, Rs C-555/07 (Kücükdevici), Slg. 2010 I-365 Rn. 46.

169 so auch zumindest hinsichtlich des Verschuldenserfordernisses in § 15 Abs. 1 S. 2 AGG *Blessing*, Rechtsfolgen diskriminierender Kündigungen unter Geltung des AGG, S. 171.

Obwohl beide Regelungen hinsichtlich des Verschuldenserfordernisses klar europarechtswidrig und einer europarechtskonformen Auslegung nicht zugänglich sind, behalten die Normen bis zu einer Änderung durch den nationalen Gesetzegeber weiterhin Geltung.

IV. Rechtsfolge

Als zentrale Rechtsfolge einer Benachteiligung sieht die Vorschrift des § 15 Abs. 1 AGG einen Anspruch auf Ersatz des durch die Benachteiligung entstandenen materiellen Schadens vor, während § 15 Abs. 2 AGG dem Anspruchsteller eine Entschädigung für die erlittene Persönlichkeitsverletzung zubilligt.

1. *Schadensersatz*

Hinsichtlich des zu ersetzenden materiellen Schadens gelten die §§ 249 ff. BGB, so dass als ersatzfähige Schadenspositionen alle kausal auf der benachteiligenden Handlung beruhenden Vermögenseinbußen durch den Arbeitgeber zu ersetzen sind[170]. Ausgangspunkt für die Berechnung des Umfangs des Schadensersatzanspruchs ist die auf *Mommsen*[171] zurückgehende Differenzhypothese[172]. Danach besteht der Schaden in der Differenz zwischen zwei Güterlagen: der tatsächlichen durch das Schadensereignis geschaffenen und der unter Ausschaltung dieses Ereignisses gedachten[173]. Der benachteiligte Beschäftigte ist wirtschaftlich so zu stellen, wie er stünde, wenn die verbotene Benachteiligung nicht begangen worden wäre.

a) Diskriminierung bei der Begründung von Arbeitsverhältnissen

aa) Negatives Interesse

Zunächst hat der Bewerber Anspruch auf Ersatz seines Vertrauensschadens. Dieser Schaden umfasst die Ausgaben, die der Bewerber im Vertrauen auf ein diskriminierungsfreies Auswahlverfahren des Arbeitgebers getätigt hat. Dies betrifft in erster Linie die Bewerbungskosten. Diese sind als frustrierte Aufwendungen[174] an sich zwar nicht ersatzfähig, jedoch geht es bei dem Anspruch nach § 15 AGG um eine Konkretisierung des Anspruchs aus § 280 BGB,

170 *Willemsen/Schweibert*, NJW 2006, 2583 (2589).

171 *Mommsen*, Zur Lehre von dem Interesse, S. 3.

172 BGH, Urteil vom 5.3.1958, NJW 1958, 1085; BGH, Urteil vom 21.12.2004, NJW-RR 2005, 611; Palandt/*Grüneberg*, Vorb v § 249 BGB Rn. 10.

173 Palandt/*Grüneberg*, Vorb v § 249 BGB Rn. 10.

174 sog. „Sowieso-Kosten".

so dass die Ersatzfähigkeit unter Berücksichtigung von § 284 BGB zu bejahen ist[175]. Dies wurde im Ergebnis auch bereits zu dem Entschädigungsanspruch nach § 611a Abs. 2 BGB a.F. unter Heranziehung dessen Entstehungsgeschichte angenommen[176].

bb) Positives Interesse

In der Literatur wird teilweise die Ansicht vertreten, der materielle Schadensersatzanspruch des Bewerbers erschöpfe sich im negativen Interesse. Ein darüber hinausgehender materieller Schadensersatzanspruch sei abzulehnen[177]. Zum Teil wird zur Begründung angeführt, der Schadensersatz sei nach allgemeinen Grundsätzen des Verschuldens bei Vertragsschluss regelmäßig, aber nicht notwendig, auf das negative Interesse begrenzt. Der Gewinn, der bei Durchführung des fehlgeschlagenen Geschäfts gemacht worden wäre, sei gerade nicht ersatzfähig. Danach stelle das entgangene Entgelt regelmäßig keinen ersatzfähigen Schaden dar. Ein Ersatz des Erfüllungsinteresses bedürfe zumindest weiterer Begründung. Das gelte etwa dann, wenn der Bewerber aufgrund geweckten Vertrauens ein bestehendes Arbeitsverhältnis kündige[178]. Teilweise wird ein Anspruch auf Ersatz des sog. Erfüllungsschadens auch unter Verweis auf § 15 Abs. 6 AGG abgelehnt, wonach der Bewerber gerade keinen Anspruch auf die Leistung, Einstellung oder Beförderung habe[179]. Zwar habe der EuGH die Begrenzung auf den Vertrauensschaden in § 611a BGB a.F. beanstandet und eine wirklich abschreckende Sanktion verlangt[180]. Da jetzt aber in jedem Fall zusätzlich eine angemessene Entschädigung zum Ausgleich des immateriellen Schadens sichergestellt sei, bestehe kein Anlass mehr, für die Bemessung des

175 Däubler/Bertzbach/*Deinert*, AGG, § 15 Rn. 37, so iE auch Adomeit/Mohr, AGG, § 15 Rn. 34; a.A.: *Wisskirchen*, DB 2006, 1491 (1499); *Meinel/Heyn/Herms*, AGG, § 15 Rn. 39.

176 vgl. *Annuß*, NZA 1999, 738 (743); Staudinger/*Annuß*, § 611a BGB Rn. 99.

177 *Bader*, Arbeitsrechtlicher Diskriminierungsschutz im Privatrecht, S. 207 f.; Schleusener/Suckow/*Voigt*, AGG, § 15 Rn. 18 ff.; Rühl/Schmidt/*Viethen*, Allgemeines Gleichbehandlungsgesetz, S. 87; *Nicolai*, Das Allgemeine Gleichbehandlungsgesetz - AGG, Rn. 503.

178 Schleusener/Suckow/*Voigt*, AGG, § 15 Rn. 18 m.w.N.

179 *Nicolai*, Das Allgemeine Gleichbehandlungsgesetz - AGG, Rn. 503; *Meinel/Heyn/Herms*, AGG, § 15 Rn. 46; ArbG Stuttgart, Urteil vom 26.4.2007, 15 Ca 11133/06, juris, Rn. 28.

180 EuGH, Urteil vom 10.4.1984, Rs. 14/83 (von Colson und Kamann), Slg. 1984, I-1891 (1901) Rn. 23; EuGH, Urteil vom 10.4.1984, Rs. 79/83 (Harz), Slg. 1984, I-1921 (1935) Rn. 23.

materiellen Schadens vom allgemeinen Schadensersatzrecht abzuweichen. Eine angemessene Sanktionierung werde vielmehr durch die daneben stehende Entschädigung gewährleistet[181].

Diese Ansicht verkennt den Schadensbegriff des EuGH und missversteht dessen Rechtsprechung, wonach jeder Verstoß gegen das Diskriminierungsverbot für sich genommen die *volle* Haftung des Urhebers auslösen muss, soweit sich ein Mitgliedsstaat für eine zivilrechtliche Sanktionierung entschieden hat[182]. In der Rechtssache „Draemphal" stellte der EuGH klar, dass eine hinreichend abschreckende Wirkung gegeben sei, wenn der Arbeitgeber verschuldensunabhängig für den gesamten entstandenen Schaden hafte – und damit auch für den Vermögensschaden[183]. In seinem Urteil findet sich keine Differenzierung zwischen materiellem und immateriellem Schaden. Dies verwundert auch nicht. Der EuGH operiert mit einem gemeineuropäischen Schadensbegriff, der dem weiten französischen Verständnis wesentlich näher steht als der restriktiven Konzeption des deutschen Rechts[184]. Schon in der Rechtssache „Leitner"[185] ging der Gerichtshof bei Auslegung der Pauschalreisen-Richtlinie wie selbstverständlich davon aus, dass der allgemeine Begriff des „Schadens" neben materiellen auch immaterielle Schäden umfasst[186]. Insoweit ist unzutreffend, dass der Sanktionsgedanke allein im Rahmen des § 15 Abs. 2 AGG Berücksichtigung finden soll. Die abschreckende Wirkung von Sanktionen bei einer rein zivilrechtlichen Umsetzung wird gerade dadurch erreicht, dass eine vollständige Wiederherstellung der Gleichbehandlung ermöglicht wird[187].

Darüber hinaus hat spätestens die Einführung des § 311a BGB die Vorstellung widerlegt, bei *culpa in contrahendo* werde stets nur das negative Interesse ersetzt[188]. Neben den Ersatz des negativen Interesses muss daher regelmäßig der Ersatz des positiven Interesses treten.

---

181 *Schleusener/Suckow/Voigt*, AGG, § 15 Rn. 20; *Meinel/Heyn/Herms*, AGG, § 15 Rn. 49; *Bader*, Arbeitsrechtlicher Diskriminierungsschutz im Privatrecht, S. 206.

182 vgl. EuGH, Urteil vom 8.11.1990, Rs. C-177/88 (Dekker), Slg. 1990, I-3941 (3968) Rn. 25.

183 *Thüsing*, Arbeitsrechtlicher Diskriminierungsschutz, Rn. 530.

184 *Wagner*, AcP 206 (2006), 352 (395).

185 EuGH, Urteil vom 12.3.2002, Rs. C-168/00 (Leitner), Slg. 2002, I-2631 (2651) Rn. 23.

186 *Wagner*, AcP 206 (2006), 352 (395).

187 Schiek/*Kocher*, AGG, § 15 Rn. 20.

188 *Wagner*, AcP 206 (2006), 352 (396).

(1) Ersatz des Verdienstausfalls

Den Hauptbestandteil des positiven Interesses dürfte regelmäßig der Verdienstausfall bilden, den der Benachteiligte durch das benachteiligende Verhalten erlitten hat. Eine konsequente Anwendung der Differenzhypothese hätte zur Folge, dass ein Bewerber, der wegen eines Verstoßes gegen das Benachteiligungsverbot nicht eingestellt wird, obwohl er andernfalls eingestellt worden wäre, im Extremfall über Jahre hinweg bis hin zum Renteneintritt Anspruch auf Zahlung des Differenzbetrages zwischen der bei benachteiligungsfreier Auswahl zu beanspruchender Vergütung und der bei einem anderen Arbeitgeber tatsächlich erhaltenen Vergütung bzw. dem Arbeitslosengeld hätte[189]. Gleiches würde gelten, wenn ein Mitarbeiter bei einer Beförderung zu Unrecht benachteiligt worden ist und ihm dadurch eine Gehaltserhöhung entgeht[190]. Die Problematik liegt darin, dass nicht genau feststellbar ist, über welchen Zeitraum das jeweilige Arbeitsverhältnis Bestand gehabt hätte. Von einer verhältnismäßigen Sanktion, wie sie die Richtlinien fordern, kann bei einer unbegrenzten Haftung des Arbeitgebers nicht mehr ausgegangen werden.

Hieran ändert auch der Verweis auf die Schadenminderungspflicht des Benachteiligten nach § 254 Abs. 2 S. 1 Alt. 3 BGB nichts, die eine grundsätzlich unbegrenzte Haftung beschränken könnte[191]. Der Benachteiligte ist zwar gehalten, eine andere Beschäftigung zu suchen und aufzunehmen, grundsätzlich trägt aber der Arbeitgeber die Beweislast für anderweitige oder böswillig unterlassene Verdienste des Benachteiligten[192]. Dieser Beweis wird ihm jedoch regelmäßig nicht gelingen, da er keine Kenntnis über die sich in der Sphäre des Benachteiligenden vollziehenden Bewerbungsaktivitäten bzw. dessen erzielte Verdienste haben wird. Insbesondere ist dem Arbeitgeber nicht ohne weiteres

---

189 *Bauer/Evers*, NZA 2006, 893 (895); für eine grds. unbeschränkte Haftung, die nur durch die Schadenminderungspflicht nach § 254 Abs. 2 S. 1 Alt. 3 BGB beschränkt wird, vgl. *Lehmann*, Die Höhe des finanziellen Ausgleichs nach § 15 Abs. 1 und Abs. 2 AGG unter besonderer Berücksichtigung der Rechtsprechung des EuGH, S. 68 f.

190 *Willemsen/Schweibert*, NJW 2006, 2583 (2589); *Bauer/Evers*, NZA 2006, 893 (895) für eine grds. unbeschränkte Haftung, die nur durch die Schadenminderungspflicht nach § 254 Abs. 2 S. 1 Alt. 3 BGB beschränkt wird, vgl. *Lehmann*, Die Höhe des finanziellen Ausgleichs nach § 15 Abs. 1 und Abs. 2 AGG unter besonderer Berücksichtigung der Rechtsprechung des EuGH, S. 70.

191 so aber *Lehmann*, Die Höhe des finanziellen Ausgleichs nach § 15 Abs. 1 und Abs. 2 AGG unter besonderer Berücksichtigung der Rechtsprechung des EuGH, S. 68 f.

192 für die st. Rspr. vgl. BGH, Urteil vom 29. 9. 1998, NJW 1998, 3706 (3707); MünchKomm/*Oetker*, § 254 BGB, Rn. 145.

ein Auskunftsanspruch gegenüber dem Bewerber zuzubilligen[193]. Die Rechtslage ist insoweit vergleichbar mit der während des Annahmeverzugs i.S.v. §§ 615 S 2 BGB, 11 KSchG nach einer erfolgten Kündigung. Auch hier trifft den Arbeitnehmer eine Schadenminderungspflicht und anderweitiger (Zwischen) Verdienst oder böswillig unterlassener (Zwischen)Verdienst sind auf den Annahmverzugslohn anzurechnen. Über diesen hat der Arbeitgeber in der Regel jedoch ebenfalls aus den oben genannten Gründen keine Kenntnis. Daher wird dem Arbeitgeber ein Auskunftsanspruch gemäß § 74c Abs. 2 HGB analog zugebilligt. Voraussetzung ist jedoch u.a., dass der Arbeitgeber Anhaltspunkte für einen anderweitigen Erwerb oder das böswillige Unterlassen darlegt[194]. Andernfalls würde es sich um einen Ausforschungsbeweis handeln[195]. Aufgrund der vergleichbaren Rechtslage müssen solche Anhaltspunkte auch Voraussetzung für einen Auskunftsanspruch gegenüber dem benachteiligten Bewerber sein. Solche Anhaltspunkte wird der Arbeitgeber jedoch – ähnlich wie im Fall von §§ 615 S. 2 BGB, 11 KSchG – nur selten darlegen können. Im Ergebnis besteht folglich die konkrete Gefahr, dass allein die Schadenminderungspflicht in der Praxis oftmals nicht zu einer effektiven Begrenzung der Haftung führen wird, da der Arbeitgeber schon keine Anhaltspunkte für die Erzielung eines anderweitigen Verdiensts oder das böswillige Unterlassen desselben wird darlegen können, um hierauf stützend den erforderlichen Auskunftsanspruch gegenüber dem Benachteiligten geltend zu machen.

Die scheinbar unbegrenzte Schadensersatzpflicht des Arbeitgebers nach § 15 Abs. 1 AGG ist daher europarechtskonform dahingehend zu interpretieren, dass es eine auf den Einzelfall bezogene verhältnismäßige Haftungsobergrenze gibt[196].

(a) Haftungsmäßige Obergrenze entsprechend §§ 9, 10 KSchG

Zur Bestimmung einer solchen Höchstgrenze für den Ersatz des materiellen Schadens, ist zunächst an die entsprechende Anwendung arbeitsrechtlicher Normen zu denken, denen eine vergleichbare Interessenlage zu Grunde liegt.

Möglicherweise könnte die Interessenlage mit derjenigen, die den §§ 9, 10 KSchG zu Grunde liegt, vergleichbar sein: Die Auflösung des Arbeitsverhältnisses

193 so aber *Lehmann*, Die Höhe des finanziellen Ausgleichs nach § 15 Abs. 1 und Abs. 2 AGG unter besonderer Berücksichtigung der Rechtsprechung des EuGH, S. 68 f.

194 BAG, Urteil vom 19.7.1978, AP BGB § 242 Auskunftspflicht Nr. 16.

195 ErfK/*Preis*, § 615 BGB, Rn. 111.

196 *Bauer/Evers*, NZA 2006, 893 (895).

infolge einer sozial ungerechtfertigten Kündigung. Gemäß §§ 9, 10 KSchG steht dem Arbeitnehmer für das ungerechtfertigte Verhalten des Arbeitgebers ein Abfindungsanspruch von bis zu 18 Monatsgehältern zu.

Eine Rückgriff auf §§ 9, 10 KSchG zur Begrenzung des Anspruchs nach § 15 Abs. 1 AGG würde jedoch die anders geartete Funktion der §§ 9, 10 KSchG verkennen. Die §§ 9, 10 KSchG sind vergangenheitsbezogen und verfolgen das Ziel, einen Ausgleich für den Verlust des Arbeitsplatzes zu schaffen. Die §§ 9, 10 KSchG rechtfertigen sich daraus, dass der Arbeitnehmer auf den Bestandsschutz des Arbeitsverhältnisses verzichtet und dieser Verzicht letztlich auf einem unrechtmäßigen Verhalten des Arbeitgebers beruht. In dieser Situation trifft den Arbeitnehmer neben dem Verlust der Vergütung ein weiterer wirtschaftlicher Verlust, für den er einen angemessenen Ausgleich verlangen kann[197]. Für zukunftsbezogene Fallkonstellationen, in denen zu keinem Zeitpunkt ein Beschäftigungsverhältnis und damit Bestandsschutz bestand, lassen sich aus den §§ 9, 10 KSchG keine Kriterien gewinnen. Eine analoge Anwendung ist daher abzulehnen[198].

(b) Erster hypothetischer Kündigungstermin als haftungsmäßige Obergrenze
Möglicherweise könnte die Interessenlage mit der vergleichbar sein, die § 628 Abs. 2 BGB zu Grunde liegt. § 628 Abs. 2 BGB normiert einen Schadensersatzanspruch für eine vom Arbeitgeber durch vertragswidriges Verhalten veranlasste Eigenkündigung des Arbeitnehmers. Auch hier stellt sich die Frage, für welchen Zeitraum dem Anspruchsteller ein etwaiger Verdienstausfall für die Zukunft zuzusprechen ist, weil sich auch hier nicht mit Sicherheit feststellen lässt, wie lange das Arbeitsverhältnis ohne das vertragswidrige Verhalten des Arbeitgebers noch Bestand gehabt hätte. Das BAG hat entschieden, dass sich der Anspruch grundsätzlich auf den dem kündigenden Arbeitnehmer bis zum Ablauf der Kündigungsfrist einer fiktiven Kündigung entstehenden Vergütungsausfall beschränke, zu dem allerdings eine den Verlust des Bestandsschutzes ausgleichende angemessene Entschädigung entsprechend §§ 9, 10 KSchG hinzutreten könne[199].

---

197 so auch *Thüsing*, Arbeitsrechtlicher Diskriminierungsschutz, Rn. 544 m.w.N.

198 *Benzani/Richter*, Das Allgemeine Gleichbehandungsgesetz, Rn. 272; so iE bereits zu § 611a BGB: *Treber*, NZA 1998, 856 (858); *Wendeling-Schröder*, DB 1999, 1012 (1015); a.A.: *Bauer*/Thüsing/Schunder, NZA 2006, 774 (776); bereits zu § 611a BGB: *Däubler*, Das Arbeitsrecht 2, S. 739, *Zwanziger*, DB 1998, 1330 (1331).

199 BAG, Urteil vom 26.7.2001, AP § 628 BGB Nr. 13.

Wie bereits aufgezeigt[200], muss die den Verlust des Bestandsschutzes ausgleichende angemessene Entschädigung entsprechend §§ 9, 10 KSchG von vorneherein ausscheiden, da der Bewerber um einen Arbeitsplatz im Gegensatz zu einem durch Eigenkündigung aus dem Arbeitsverhältnis ausscheidenen Arbeitnehmer noch keinen solchen Besitzstand begründen konnte[201].

Es bleibt die Frage, ob sich die Rechtsprechung insoweit übertragen lässt, als dass der zu ersetzende Verdienstausfall sich nach dem Zeitraum bis zum ersten hypothetischen Kündigungstermin richtet[202]. Dies erscheint insoweit zweifelhaft, als dass eine solche Kündigung ihrerseits eine verbotene Benachteiligung im Sinne von § 7 Abs. 1 AGG darstellen könnte. Dieses Problem stellt sich bei § 628 Abs. 2 BGB nicht, da dort der Arbeitnehmer durch die von ihm ausgesprochene außerordentliche Kündigung selbst auf den Bestand des Arbeitsverhältnisses und etwaigen Kündigungsschutz verzichtet[203].

Eine hypothetische Kündigung könnte jedoch zulässig sein, wenn sich der Arbeitgeber auf ein rechtmäßiges Alternativverhalten beruft, durch das der Schaden später ebenfalls eingetreten wäre. Die Beachtlichkeit von Reserveursachen ist in Rechtsprechung und Literatur gerade bei Dauerschäden wie Verdienstausfällen weitgehend anerkannt[204]. Eine Kündigung als Alternativverhalten könnte rechtmäßig sein, da § 2 Abs. 4 AGG Kündigungen vom Anwendungsbereich des AGG ausdrücklich ausnimmt und das Kündigungsschutzgesetz während der ersten sechs Monate auf das Arbeitsverhältnis keine Anwendung findet[205].

---

200 vgl. oben unter B. IV. 1. a) bb) (1) (a).

201 so auch *Thüsing*, Arbeitsrechtlicher Diskriminierungsschutz, Rn. 544; a.A.: *Steinkühler*, Allgemeines Gleichbehandlungsgesetz, Rn. 370.

202 so *Bauer/Göpfert/Krieger*, AGG, § 15 Rn. 27; *Bauer/Evers*, NZA 2006, 893 (895); *Bauer/Krieger*, AnwBl 2006, 800 (801); *Wisskirchen*, DB 2006, 1491 (1499); *Annuß*, BB 2006, 1629 (1634); *Deinert*, DB 2007, 398 (400); *Deinert*, AiB 2006, 741 (742); *Eckert*, DStR 2006, 1987 (1991); Palandt/*Weidenkaff*, § 15 AGG Rn. 5; *Thüsing*, Arbeitsrechtliche Diskriminierungsverbote, Rn. 539; *Wüst*, Allgemeines Gleichbehandlungsgesetz im Arbeitsrecht, S. 79; so bereits zu § 611a BGB: Soergel/*Raab*, § 611a BGB Rn. 54; *Oetker*, ZIP 1997, 802 (803); *Hergenröder*, JZ 1997, 1174.

203 BAG, Urteil vom 26.7.2001, AP § 628 BGB Nr. 13: Ersetzt wird dem Kündigenden der sog. „Verfrühungsschaden". Dies soll ihm ersparen, ein unzumutbar gewordenes Vertragsverhältnis bis zum Ablauf der ordentlichen Kündigungsfrist fortsetzen zu müssen; auf die fehlende Vergleichbarkeit wegen freiwilligen Verzichts des Arbeitnehmers auf das Arbeitsverhältnis abstellend: LAG Berlin-Brandenburg, Urteil vom 26.11.2008, NJOZ 2008, 5205 (5223) – nicht rechtskräftig.

204 *Bauer/Evers*, NZA 2006, 893 (895) m.w.N.

205 so *Bauer/Göpfert/Krieger*, AGG, § 15 Rn. 28; *Bauer/Evers*, NZA 2006, 893 (895).

Hierbei würde jedoch übersehen, dass Kündigungen auch außerhalb des Kündigungsschutzgesetzes nach §§ 138, 242 BGB unwirksam sein können. Eine Kündigung ist sittenwidrig, wenn ihr Motiv vom Grundgesetz missbilligt wird[206]. Die Wertungen der Verfassung sind in § 138 BGB zu integrieren. Eine Kündigung nur wegen des Geschlechts ist ebenso unwirksam wie eine Kündigung unter Verstoß gegen eines der übrigen in Art. 3 Abs. 3 S. 1 GG genannten Diskriminierungsverbote[207]. Das BAG stützt die Unwirksamkeit einer Kündigung innerhalb der Probezeit eines Arbeitnehmers allein wegen dessen Homosexualität bereits auf einen Verstoß gegen Treu und Glauben nach § 242 BGB und nicht auf § 138 BGB, der insoweit sogar strengere Voraussetzungen aufstellt[208]. Das angeführte Alternativverhalten dürfte somit regelmäßig unzulässig sein. Rechtmäßiges Alternativverhalten kann allenfalls in Betracht kommen, wenn der Arbeitgeber nachweisen kann, dass eine nicht benachteiligende und auch ansonsten rechtmäßige (z.B. betriebsbedingte) Kündigung in Betracht gekommen wäre[209]. Der Nachweis einer rechtmäßigen Kündigung wird dem Arbeitgeber jedoch in der Regel nicht gelingen, da zum Beispiel der für eine betriebsbedingte Kündigung erforderliche Wegfall des Arbeitsplatzes durch ein dringendes betriebliches Erfordernis in der Regel nicht vorliegen dürfte, da die ausgeschriebene Stelle in der Regel nicht wegfällt, sondern von einem anderen Bewerber besetzt ist. Auch wenn innerhalb der ersten sechs Monate des Arbeitsverhältnisses das Kündigungsschutzgesetz keine Anwendung findet und eine hypothetische Kündigung daher wirksam sein könnte, ändert dies nichts daran, dass die Begrenzung der Haftung auf den ersten hypothetischen Kündigungstermin auf einer unrealistischen Annahme des hypothetischen Kausalverlaufs basiert und deshalb abzulehnen ist[210]. Die vereinfachte Kündigungsmöglichkeit innerhalb der ersten sechs Monate des Arbeitsverhältnisses dient in der Regel lediglich dazu, den Arbeitnehmer besser kündigen zu können, wenn dieser die an ihn gestellten Anforderungen wider erwarten nicht erfüllt[211]. Eine solche Probezeitkündigung ist jedoch die Ausnahme und nicht die Regel

---

206 ErfK/*Kiel*, § 13 KSchG Rn. 12, 13.

207 KR/*Friedrich*, § 13 KSchG Rn. 186; vgl. auch ErfK/*Kiel*, § 13 KSchG Rn. 12, 13.

208 BAG, Urteil vom 23.6.1994, BAGE 77, 128 = AP Nr. 9 zu § 242 BGB = BB 1995, 204 = EzA § 242 BGB Nr. 39 m. Anm. v. *Hoyingen-Huene*.

209 Schiek/*Kocher*, AGG, § 15 Rn. 17.

210 *Lehmann*, Die Höhe des finanziellen Ausgleichs nach § 15 Abs. 1 und Abs. 2 AGG unter besonderer Berücksichtigung der Rechtsprechung des EuGH, S. 65.

211 *Lehmann*, Die Höhe des finanziellen Ausgleichs nach § 15 Abs. 1 und Abs. 2 AGG unter besonderer Berücksichtigung der Rechtsprechung des EuGH, S. 66.

und kann daher billigerweise nicht als Haftungsbeschränkung herangezogen werden[212].

Darüber hinaus erhält jeder neue Beschäftigte in der Regel einen Bewährungsbonus. Ein verständig urteilender Arbeitgeber wird auch bei anfänglichen Schwächen nicht die erste Kündigungsmöglichkeit ergreifen, sondern die Leistung erst nach einigen Monaten als Gesamtes betrachten, um zu entscheiden, ob eine längere Zusammenarbeit sinnvoll ist[213]. Diese Bewährungschance wird dem Bewerber durch die Benachteiligung genommen.

Zudem dürfte ein Abstellen auf den ersten hypothetischen Kündigungstermin bei normalen Verträgen ohne Mindestvertragslaufzeit zu kurz gegriffen sein. Dies könnte gemäß § 622 Abs. 3 BGB zu einem Schadensersatzanspruch in Höhe der Vergütung für einen Zeitraum von lediglich zwei Wochen führen. Dies wiederum dürfte jedoch nicht der Forderung der Richtlinien nach wirksamen, verhältnismäßigen und abschreckenden Sanktionen genügen[214]. Zudem dürfte die abschreckende Wirkung des Schadensersatzes beeinträchtigt sein, da eine Orientierung an der Mindestkündigungsfrist den Arbeitgeber dazu verleitet, die Einhaltung des Diskriminierungsverbots gegen einen Rechtsverstoß abzuwägen, dessen Kosten ihm bereits vorab bekannt sind[215]. Soweit vertreten wird, dass es sich bei den materiellen Schäden lediglich um Begleitschäden handele und der Sanktionsgedanke insoweit allein im Rahmen des § 15 Abs. 2 AGG Berücksichtigung finden müsse, kann dem nicht zugestimmt werden. Vielmehr wird die abschreckende Wirkung von Sanktionen bei einer rein zivilrechtlichen Umsetzung gerade dadurch erreicht, dass eine vollständige Wiederherstellung der Gleichbehandlung ermöglicht wird[216].

Sowohl die europarechtlich geforderte abschreckende Wirkung als auch die Berücksichtigung der Bewährungschance eines Bewerbers könnte erreicht

---

212 *Lehmann*, Die Höhe des finanziellen Ausgleichs nach § 15 Abs. 1 und Abs. 2 AGG unter besonderer Berücksichtigung der Rechtsprechung des EuGH, S. 66.

213 so iE auch LAG Berlin-Brandenburg, Urteil vom 31.1.2008, Az.: 5 Sa 1755/07, juris, Rn. 49, das davon ausgeht, dass ohne nähere Anhaltspunkte nicht davon ausgegangen werden könne, dass das Arbeitsverhältnis innerhalb der Probezeit mit zweiwöchiger Kündigungsfrist gekündigt worden wäre und der Verdienstausfall sich daher nicht auf die Dauer bis zur ersten hypothetischen Kündigungsmöglichkeit beschränke.

214 vgl. Art. 15 der RL 2000/43/EG; Art. 17 der RL 2000/78/EG; Art. 6, 8d der RL 2002/73/EG; Art. 8 Abs. 2 der RL 2004/113/EG.

215 vgl. EuGH, Schlussanträge des Generalanwalts Mengozzi vom 22.11.2007 in der Rs. C-348/06, BeckEuRS 2007, 459643 Rn. 85.

216 so auch Schiek/*Kocher*, AGG, § 15 Rn. 20.

werden, indem man dem bestqualifizierten Bewerber einen Anspruch auf das Arbeitsentgelt bis zum ersten hypothetischen Kündigungstermin, jedoch mindestens auf sechs Monatsgehälter zubilligt[217]. Der Maßstab von sechs Monatsgehältern könnte sich deshalb als sachgerechte Bemessungsgröße anbieten, da typischerweise eine Entscheidung über den Verbleib auf der Stelle nach rund fünf Monaten getroffen wird, eine Probezeit auf maximal sechs Monate begrenzt werden kann (§ 622 Abs. 2 BGB), nach sechs Monaten bei größeren Betrieben das KSchG Anwendung findet (§ 1 Abs. 1 KSchG) und ein Schwerbehinderter Sonderkündigungsschutz nach dieser Zeit genießt (§ 90 Abs. 1 SGB IX)[218].

Doch auch dieser Ansatz vermag nicht zu überzeugen. Da es sich um eine rein hypothetische Entwicklung handelt, ist nicht vorhersehbar, ob der Benachteiligte eine solch schlechte Arbeitsleistung erbracht hätte, dass er nach Ablauf der Probezeit zwingend gekündigt worden wäre. Im Gegenteil ist es bei dem diskriminierten Bestqualifizierten eher wahrscheinlich, dass dieser über die Probezeit hinaus auf der Stelle verblieben wäre, lässt man das benachteiligende Verhalten des Arbeitgebers außer Betracht.

Der EuGH lehnt im Unionsrecht eine Orientierung an Mindestkündigungsfristen zur Bestimmung des Verdienstausfalls ab, wie es im Falle einer zu Unrecht nicht berücksichtigten Bewerberin für eine Dauerplanstelle bei der Europäischen Kommission in seinem Urteil ausführte. Eine solche Methode, die die besonderen Umstände der Situation der Bewerberin völlig außer Betracht lasse, um eine Regel anbieten zu können, die jeden Betroffenen für den Verlust seiner Einstellungschance einheitlich entschädigen soll, erlaubt es nicht, den vollständigen Ersatz des individuellen Schadens sicherzustellen, den die Bewerberin aufgrund des besonderen, ihr gegenüber begangenen Rechtsverstoßes tatsächlich erlitten hat[219].

(c) Durchschnittliche Vertragslaufzeit als haftungsmäßige Obergrenze

In Ermangelung arbeitsrechtlicher Normen, aus denen sich Analogien herleiten ließen, sind die allgemeinen zivilrechtlichen Normen, die der Bestimmung des Umfangs des Schadensersatzanspruches dienen, in den Mittelpunkt der

---

217 so *Kock*, MDR 2006, 1088 (1091); ähnlich: Stellungnahme des DAV zum Gesetzentwurf, NZA 2005, Heft 8, S. IX; auf (sechsmonatige) Probezeit beschränkend: *Schrader/Schubert*, Das neue AGG, Rn. 484; *Hopfner/Naumann*, Das Allgemeine Gleichbehandlungsgesetz, Rn. 64.

218 so *Kock*, MDR 2006, 1088 (1091).

219 EuGH, Urteil vom 21.2.2008, Rs. C-348/06 (Girardot), Slg. 2008 I-833, Rn. 76.

Untersuchung zu stellen. Der materielle Schaden ist grundsätzlich nach den §§ 249 ff. BGB zu bestimmen. Gemäß § 252 BGB erfasst der zu ersetzende Schaden auch den entgangenen Gewinn, welcher nach dem gewöhnlichen Lauf der Dinge oder nach den besonderen Umständen, insbesondere nach den getroffenen Anstalten und Vorkehrungen mit Wahrscheinlichkeit erwartet werden konnte. Als entgangener Gewinn gilt hierbei auch entgangener Arbeitsverdienst[220].

Der Gewinn, der nach dem gewöhnlichen Lauf der Dinge mit Wahrscheinlichkeit erwartet werden konnte, könnte im Hinblick auf die durchschnittliche Vertragslaufzeit zu ermitteln sein, d.h. für den Zeitraum, für den der Beschäftigte üblicherweise auf der Stelle verbleibt[221]. Hierfür könne z.B. auf die durchschnittliche Beschäftigungsdauer vergleichbarer Arbeitnehmer innerhalb des Betriebes abgestellt werden. Fehle es an einer solchen Vergleichsgröße, könne als nächstgrößere Vergleichsgruppe auf die Beschäftigungsdauer in der jeweiligen Branche und Berufsgruppe abgestellt werden[222].

Doch dieser Lösungsansatz stellt sich im Ergebnis als zu pauschalisierend dar. Hier kann und darf nichts Anderes gelten als das bereits Gesagte hinsichtlich des Abstellens auf den ersten hypothetischen Kündigungstermin. Es kann nicht ohne weiteres davon ausgegangen werden, dass der Beschäftigte für die durchschnittliche Beschäftigungsdauer, die in der Regel mehrere Jahren betragen dürfte, in dem Betrieb auch tatsächlich verblieben wäre. Hier wird dem Arbeitnehmer ein Vertrauensvorschuss zuteil, der ebenso wenig gerechtfertigt ist, wie die Unterstellung, der Arbeitnehmer wäre ohnehin zum nächstmöglichen Termin gekündigt worden. Hiermit wäre dem Arbeitgeber ohne jede Rechtfertigung die hypothetische Möglichkeit genommen, sich z.B. während der Probezeit oder aus gerechtfertigten Gründen zu einem späteren Zeitpunkt von dem Arbeitnehmer zu trennen.

Zudem privilegiert das Abstellen auf die durchschnittliche Verweildauer von Beschäftigten im Betrieb in unangemessener Art und Weise diejenigen Arbeitgeber, die auf Bindung der Beschäftigten an das Unternehmen weniger

---

220 Palandt/*Grüneberg*, § 252 BGB Rn. 7.

221 so *Alenfelder*, Diskriminierungsschutz im Arbeitsrecht, Rn. 128; *Gutmann/Hüsgen*, Antidiskriminierung, S. 109, die diesen Ansatz hilfsweise vertreten.

222 ähnlich auch *Balupuri-Beckmann*, Die Umsetzung der Richtlinie 2000/43/EG im Arbeitsrecht in Großbritannien im Vergleich zu Deutschland, S. 81, die auf die durschnittliche Beschäftigungsdauer im Beruf bzw. auf die hohe Fluktuation in einem Unternehmen abstellt.

Wert legen und eine hohe Fluktuationsrate aufweisen[223]. Letztlich dürfte bei einem Abstellen auf die durchschnittliche Beschäftigungsdauer auch die Zumutbarkeitsgrenze überschritten sein. Ein gut verdienender Ingenieur mit 100.000,00 Euro Bruttojahresgehalt könnte in einem Betrieb, der ein sehr gutes Verhältnis zu seinen Mitarbeitern pflegt und in dem die durchschnittliche Beschäftigungsdauer über zehn Jahre beträgt, über eine Million Euro Schadensersatz verlangen. Eine solche Schadensersatzleistung kommt zwar dem Erfordernis einer „abschreckenden Wirkung" nach, nicht aber dem Erfordernis einer „angemessenen" Entschädigung, wie sie die Richtlinien[224] und der Gesetzgeber[225] gleichsam fordern.

(d) Zeitdauer bis zur Aufnahme einer gleichwertigen Beschäftigung als haftungsmäßige Obergrenze

Der nach § 252 BGB entgangene Gewinn, der nach dem gewöhnlichen Lauf der Dinge erwartet werden konnte, könnte möglicherweise für den Zeitraum zugesprochen werden, der für gewöhnlich benötigt wird, um eine vergleichbare Tätigkeit aufzunehmen[226]. So ließe sich unter Berücksichtigung des Berufs und der Qualifikation des Bewerbers nach § 287 ZPO ein Zeitraum schätzen, der voraussichtlich vergehen wird, bis der benachteiligte Bewerber für eine vergleichbare Position von einem anderen Arbeitgeber eingestellt werden wird.

Auch eine solche Interpretation wird dem Gedanken der Naturalrestitution nicht gerecht. Letztlich handelt es sich um einen Fall ungewisser Kausalität[227]. Es kann nicht mit hundertprozentiger Sicherheit gesagt werden, ob der jeweilige Bewerber die Stelle ohne das diskriminierende Motiv tatsächlich erhalten hätte. Der Arbeitgeber kann auch einen objektiv schlechteren Bewerber einstellen, sofern ihm dieser für die zu besetzende Stelle geeigneter erscheint[228]. Aus diesem Grunde wäre es verfehlt, einem Bewerber, dessen Bewerbung regelmäßig nicht eine überwiegende Erfolgswahrscheinlichkeit zugesprochen werden kann, das entgangene Gehalt bis zur Aufnahme einer gleichwertigen Tätigkeit bei einem anderen Arbeitgeber in vollem Umfang zuzusprechen.

---

223 vgl. Wendeling-Schröder/*Stein*, § 15 Rn. 23.

224 Art. 15 der RL 2000/43/EG; Art. 17 der RL 2000/78/EG; Art. 6, 8d der RL 2002/73/EG.

225 BT-Drs. 16/1780, S. 38.

226 so BeckOK/*Fuchs*, AGG, § 15 Rn. 4; so iE wohl auch Schiek/*Kocher*, AGG, § 15 Rn. 14; *Schiek/Horstkötter*, NZA 1998, 863 (867).

227 so auch *Wagner/Potsch*, JZ 2006, 1085 (1095).

228 *Högenauer*, Die europäischen Richtlinien gegen Diskriminierung im Arbeitsrecht, S. 234.

(e) Kompensation für Chancenverlust

Der Gewinn, der nach dem gewöhnlichen Lauf der Dinge hätte erzielt werden können, könnte sich ermitteln lassen, indem die tatsächliche Chance auf die Arbeitsstelle bei der Bestimmung des Umfangs des Schadens mitberücksichtigt wird[229]. Wie bereits dargelegt, wird man in kaum einem Fall sicher sagen können, wie die Entscheidung des Arbeitgebers ohne das sachfremde Motiv ausgefallen wäre. Da sich dieser Kausalverlauf niemals tatsächlich zugetragen hat, lässt er sich auch nicht mit Sicherheit aufklären. In Wahrheit haben sämtliche Bewerber lediglich eine Chance, die Stelle zu bekommen; lediglich die Erfolgswahrscheinlichkeit differiert von Person zu Person[230]. Dieser Einsicht werden die zuvor dargestellten Ansichten nicht gerecht, die nur einen erfolgreichen Bewerber und im Übrigen nur Verlierer kennen[231].

Das deutsche Schadensrecht ist vom sog. „Alles-oder-Nichts-Prinzip" des § 252 BGB geprägt. Der Geschädigte hat die Schwierigkeit, dass er eine überwiegende Wahrscheinlichkeit des Gewinnentgangs darlegen und beweisen muss. Dies führt dazu, dass der Anspruchsteller *entweder* bei Überwindung der Beweisschwierigkeiten voll entschädigt wird *oder* gar nichts erhält, sofern er den Kausalitätsnachweis trotz jener Erleichterung nicht erbringen kann. Der Anspruchsgegner hat *entweder* den entgangenen Gewinn zu hundert Prozent zu ersetzen, obgleich der entgangene Gewinn durch den Anspruchsteller bei weitem nicht zu hundert Prozent nachgewiesen ist *oder* er hat gar keine Zahlung zu leisten, weil der Geschädigte die Wahrscheinlichkeitsschwelle des § 252 BGB (wenn auch knapp) nicht erreicht hat. Ein Beispielsfall soll die Unbilligkeit dieser im deutschen Recht vorherrschenden Ansicht verdeutlichen:

> *A und B bewerben sich um eine Stelle als kaufmännischer Angestellter bei Arbeitgeber C. C nimmt aufgrund von Äußerungen des B im Vorstellungsgespräch irrtümlich an, dass dieser homosexuell sei. Da A und B ansonsten gleich gut qualifiziert sind, entscheidet sich C allein aufgrund der irrtümlichen Annahme der Homosexualität des B für A, da C nicht mit Homosexuellen zusammenarbeiten möchte.*

Wie bereits dargelegt, ist die irrtümliche Annahme des Vorliegens einer Benachteiligungsmerkmals grundsätzlich ausreichend, um die Haftungsfolge nach § 15 Abs. 1 AGG auszulösen. Hätte B keine missverständlichen Äußerungen getätigt und C die Entscheidung für Bewerber A in der Folge nicht allein auf ein

---

229 so *Wagner/Potsch*, JZ 2006, 1085 (1095).
230 *Wagner/Potsch*, JZ 2006, 1085 (1095).
231 vgl. *Wagner*, AcP 206 (2006), 352 (397); *Wagner/Potsch*, JZ 2006, 1085 (1095).

sachfremdes Motiv gestützt, wäre nicht feststellbar, ob letztlich A oder B die Stelle erhalten hätte, da beide gleich gut qualifiziert sind. Ohne das sachfremde Motiv hätte entweder A oder B mit jeweils fünfzigprozentiger Wahrscheinlichkeit die Stelle bekommen.

Obwohl B somit die gleichen Chancen wie A auf die Stelle gehabt hätte, steht ihm kein Schadensersatzanspruch nach § 15 Abs. 1 AGG zu, da er nicht beweisen kann, dass er die Stelle ohne das beanchteiligende Verhalten erhalten hätte und somit aller Wahrscheinlichkeit nach einen Gewinn in Form von Arbeitsverdienst erzielt hätte. Sein erlittener materieller Schaden würde in der Folge auf „Null" reduziert, obgleich er genauso gut qualifiziert ist wie der Stelleninhaber und die gleiche Chance auf die Stelle gehabt hätte. Zwar ließe sich beweisen, dass der Stelleninhaber A ebenfalls nicht besser als B qualifiziert ist. Dies ist jedoch unbeachtlich, da B als Anspruchsteller die Beweislast dafür trifft, dass er die Stelle ohne das benachteiligende Verhalten sicher erhalten hätte, also „Bestqualifizierter" war[232]. Eine Reduzierung des Vermögensschadens auf „Null" erscheint angesichts der konkreten Chance des B auf die Stelle nicht nur unbillig, sondern steht auch im Widerspruch zum Europarecht, das verlangt, dass die Einbuße „tatsächlich und wirksam" sowie „auf eine abschreckende und dem erlittenen Schaden angemessene Weise" auszugleichen ist[233].

Die Anwendung der dargestellten schadensrechtlichen Grundsätze hat dazu geführt, dass dem Anspruch auf Ersatz des materiellen Schadens gemäß § 15 Abs. 1 AGG in Einstellungsfällen in der Praxis bisher keine Bedeutung zukommt[234], da es dem Benachteiligten in der Regel nicht gelingt zu beweisen, dass er die Stelle ohne das benachteiligende Verhalten erhalten hätte. Insbesondere hilft dem Benachteiligten auch die Beweislastregel des § 22 AGG regelmäßig nicht weiter. Denn über § 22 AGG ergibt sich allenfalls eine Beweislastumkehr dafür, dass während des Bewerbungsverfahrens eine Benachteiligung erfolgt ist. § 22 AGG gilt aber nicht auf der Rechtsfolgenseite für die haftungsausfüllende

---

232 so iE auch BAG, Urteil vom 19.8.2010, DB 2010, M 19, das den nach § 15 Abs. 1 AGG geltend gemachten Schadensersatzanspruch des benachteiligten Bewerbers mit der Begründung verneint, dass dieser nicht dargelegt und bewiesen habe, dass er bei einer diskriminierungsfreien Auswahl als der am besten geeignete Bewerber die Stelle erhalten hätte.

233 so iE auch *Wagner*, AcP 206 (2006), 352 (403).

234 so iE auch *Diller*, NZA 2007, 649 (650), der Schadensersatzansprüche aus § 15 Abs. 1 AGG wegen Benachteiligung bei der Einstellung für praktisch so gut wie ausgeschlossen hält.

Kausalität, gibt also nichts dafür her, ob der Arbeitnehmer bei benachteiligungsfreier Auswahl die Stelle erhalten hätte[235].

Das deutsche Schadensrecht erscheint im Ergebnis starr und unflexibel und verwehrt bei Benachteiligungen bei der Einstellung dem Diskriminierten regelmäßig den materiellen Schadensausgleich, obgleich europarechtlich ein vollumfänglicher Schadensausgleich gefordert ist.

Ein differenzierter, möglichst exakter und damit vollumfänglicher Schadensausgleich kann hingegen erreicht werden, indem das Erfüllungsinteresse, d.h. der Gewinn, der nach dem gewöhnlichen Lauf der Dinge hätte erzielt werden können, in Relation zu der Chance des Benachteiligten auf die Stelle gesetzt wird[236]. Auf diese Weise hat auch derjenige Bewerber, der nicht beweisen kann, dass er die Stelle erhalten hätte, einen Anspruch auf Ersatz seines materiellen Schadens. Nur in den seltensten Fällen wird die Einstellungschance bei null Prozent liegen und der Benachteiligte somit keinen Anspruch auf materiellen Schadensausgleich haben. Das BAG hat in seiner jüngeren Rechtsprechung wiederholt entschieden, dass die Benachteiligung bei der Begründung eines Arbeitsverhältnisses in der Versagung einer Chance liegt[237]. Der Benachteiligte hat nach Ansicht des BAG Anspruch auf den Ausgleich der durch die Versagung dieser Chance entstandenen immateriellen Nachteile. Dann ist es jedoch nur konsequent, den Wert dieser Chance auch bei der Bestimmung des materiellen Schadens zu berücksichtigen. Der Vermögensschaden des Benachteiligten, den dieser nach § 15 Abs. 1 AGG liquidieren kann, besteht in dem Erwartungswert der entgangenen Chance[238].

Zur Bestimmung des Wertes der verlorenen Einstellungschance wird in der Literatur folgende Lösung vorgeschlagen: Zunächst sei das Erfüllungsinteresse des Benachteiligten zu ermitteln. In einem zweiten Schritt sei die Einstellungschance des benachteiligten Bewerbers *ex ante* im Rahmen von § 287 ZPO zu schätzen, bevor dann in einem dritten Schritt die ermittelte Chance mit dem Erfüllungsinteresse multipliziert werde[239].

Zur Ermittlung des Erfüllungsinteresses seien die Abfindungsregeln heranzuziehen, da so ermittelt werden könne, welchen Wert ein Arbeitsvertrag für

235 *Diller*, NZA 2007, 649 (650); vgl. auch BAG, Urteil vom 19.8.2010, aaO.

236 so iE auch *Wagner*, AcP 206 (2006), 352 (397); *Wagner/Potsch*, JZ 2006, 1085 (1095).

237 BAG, Urteil vom 17.8.2010, NZA 2011, 153 (155); BAG, Urteil vom 21.6.2012, NZA 2012, 1211 (1213); BAG, Urteil vom 23.8.2012, NZA 2013, 37 (38).

238 *Wagner/Potsch*, JZ 2006, 1085 (1095).

239 *Wagner/Potsch*, JZ 2006, 1085 (1095).

den Arbeitnehmer als laufende Einkunftsquelle hat[240]. Mit dem Empfang der Abfindung verzichte der Arbeitnehmer auf die Einkunftsquelle, die er sich mit Abschluss des Arbeitsvertrages geschaffen habe. Wirtschaftlich kaufe der Arbeitgeber dem Arbeitnehmer sein Interesse am Fortbestand des Arbeitsverhältnisses ab. Da diese Transaktion am Markt stattfinde, sei sie zugleich ein zuverlässiger Indikator für das typische Erfüllungsinteresse eines Bewerbers. Der jeweils branchentypische Abfindungsfaktor dürfte den Arbeitsgerichten bekannt sein. Im Zweifel biete § 1a KSchG Orientierung. Dieser Faktor sei zunächst mit dem hypothetischen Monatsverdienst und sodann mit der durchschnittlichen Beschäftigungsdauer in der jeweiligen Branche zu multiplizieren. Liegen derartige Daten für die einzelnen Branchen nicht vor, könne auf die durchschnittliche Beschäftigungsdauer in der jeweiligen Region, dem Bundesland oder etwa in West- bzw. in Ostdeutschland abgestellt werden. Nach dieser mit „Abfindungsmodell" bezeichneten Methode berechnet sich das Erfüllungsinteresse des Benachteiligten mithin nach der Formel: *branchentypischer Abfindungsfaktor x hypothetischer Brutto-Monatsverdienst x branchendurchschnittliche Beschäftigungsdauer.*

Diese Ansicht überzeugt nicht. Wie bereits dargestellt[241], muss der Rückgriff auf die §§ 9, 10 KSchG für zukunftsbezogene Fallkonstellationen, in denen zu keinem Zeitpunkt ein Beschäftigungsverhältnis und damit Bestandsschutz bestand, ausscheiden[242]. Zudem darf der kompensatorische Charakter eines nach dem Abfindungs-Modell berechneten Schadensersatzes angezweifelt werden. Geht man davon aus, dass der Benachteiligte herausragend qualifiziert ist und ohne das diskriminierende Motiv eine Einstellungswahrscheinlichkeit von 80% gehabt hätte, die durchschnittliche Beschäftigungsdauer acht Jahre beträgt, es sich um eine gut dotierte Stelle mit einem Grundgehalt von 8.000,00 Euro brutto pro Monat handelt und man den gesetzlichen Abfindungsfaktor von 0,5 zu Grunde legt, so ergibt sich ein Schadensersatzanspruch i.H.v. 25.600,00 Euro (0,5 x 8.000,00 x 8 x 0,8). Wenn der Bewerber tatsächlich so herausragend qualifiziert ist, dass er die Stelle ohne das diskriminierende Motiv mit einer Wahrscheinlichkeit von 80% erhalten hätte, wird er voraussichtlich innerhalb kürzester Zeit eine

---

240 *Wagner/Potsch*, JZ 2006, 1085 (1096).

241 vgl. oben unter B. IV. 1. a) bb) (1) (a).

242 soweit Wagner in *Wagner*, AcP 206 (2006), 352 (396) für die Ermittlung des Erfüllungsinteresses alternativ auf die Netto-Vergütung für die durchschnittliche Beschäftigungsdauer in dem betroffenen Beruf und dem jeweiligen Unternehmen abstellt, ist auch dies aus den unter B. IV. 1. a) bb) (1) (c) dargestellten Gründen nicht sachgerecht.

neue Stelle finden. Er würde dann neben diesen 25.600,00 Euro kurze Zeit später zusätzlich ein reguläres Gehalt beziehen. Dann hätte die Zahlung von 25.600,00 Euro jedoch weniger den Charakter einer Ausgleichszahlung für einen tatsächlich erlittenen materiellen Schaden, sondern eher den Charakter eines Strafschadensersatzes.

Vorzugswürdig erscheint es vielmehr, den Verzögerungsschaden, den der Bewerber durch die Ablehnung seiner Bewerbung erleidet, zu ermitteln und diesen in Relation zu der Einstellungschance des Bewerbers zu setzen. Durch die die Ersatzpflicht begründende Diskriminierung verzögert sich die Beschäftigungsaufnahme des Benachteiligten. Während dieses Verzögerungszeitraums wird sein Vermögen geschädigt. Ab dem Zeitpunkt, ab dem es ihm hypothetisch möglich ist eine gleichwertige Beschäftigung bei einem anderen Arbeitgeber aufzunehmen, entfällt der Vermögensschaden.

Damit entspricht der Verzögerungsschaden dem Verdienstausfall, den der Benachteiligte durch die Verzögerung seiner Beschäftigungsaufnahme erleidet. Die Verzögerung ist der Zeitraum, der *für gewöhnlich* benötigt wird, um im Hinblick auf den konkreten Beruf und die Qualifikation des abgewiesenen Bewerbers eine gleichwertige Beschäftigung auf dem Arbeitsmarkt zu finden. Für diesen Zeitraum ist der Verdienstausfall auf die Benachteiligung zurückzuführen. Ab dem Zeitpunkt, ab dem der Benachteiligte hypothetisch den gleichen Verdienst erzielen könnte, den er auf der Stelle hätte erzielen können, die ihm aus diskriminierenden Motiven verwehrt wurde, erleidet der Benachteiligte keinen Schaden mehr. Ab diesem Zeitpunkt entfällt der Schaden, da die hypothetisch mögliche, aber unterbliebene Aufnahme einer gleichwertigen Beschäftigung nicht auf die Benachteiligung zurückzuführen ist.

Diese Art der Schadensberechnung ist dem deutschen Recht nicht fremd. So endet der Verdienstausfallschaden im Fall von Personenschäden bei Wegfall der konkreten unfallbedingten Umstände, die den Geschädigten an der Wiederaufnahme einer gleichwertigen Erwerbstätigkeit hindern[243]. Bezüglich der Bestimmung des Endes dieses Zeitraums kann es geboten sein, nicht auf die tatsächliche Entwicklung abzustellen, sondern auf die *gewöhnliche* Entwicklung, die billigerweise erwartet werden kann bzw. konnte. In einem vom OLG Hamm entschiedenen Fall musste ein zum Zeitpunkt eines Unfalls Schulpflichtiger seinen Wunsch, Naturwissenschaften auf Lehramt zu studieren wegen eines unfallbedingten Personenschadens aufgeben und studierte stattdessen Rechtswissenschaften. Das LAG Hamm entschied, dass der zu ersetzende

243 BGH, Urteil vom 2.4.1991, NJW 1991, 2422 (2423).

Schaden zu dem Zeitpunkt ende, zu dem der Abschluss des Studiums der Rechtswissenschaften billigerweise erwartet und anschließend das Lohnniveau eines Gymnasiallehrers erreicht werden könne. Lediglich bis zu diesem Zeitpunkt entstehe ein Vermögensschaden, da in der Folgezeit der tatsächlich erzielte Verdienst des Verletzten in seinem juristischen Beruf den hypothetisch entgangenen Verdienst als Lehrer vollständig ausgleiche. Eine tatsächlich längere Studiendauer und ein damit einhergehender längerer Zeitraum bis zur Erreichung des gleichen Lohnniveaus lasse den Vermögensschaden hingegen ab dem Zeitpunkt, ab dem der Verletzte den gleichen Verdienst hypothetisch erzielen könne, entfallen[244]. Auch im Fall von Personenschäden erhält der Geschädigte somit den Schaden für den Zeitraum ersetzt, der *für gewöhnlich* benötigt wird, bis eine Beschäftigung auf gleichem Lohniveau ausgeübt werden kann. Diesen Zeitraum schätzen die Gerichte nach § 287 ZPO.

Mit der Art und Weise der Bestimmung des Verzögerungsschadens sind die Gerichte somit dem Grunde nach bereits vertraut. Im Ergebnis könnte für die Berechnung des Verdienstausfalls des Benachteiligten somit grundsätzlich folgende Formel angewendet werden:

$$\frac{\textit{Vorauss. Dauer bis zur Aufnahme einer gleichwertigen Beschäftigung} \times \textit{entgangener Verdienst}^{245} \times \textit{Einstellungschance}^{246}}{100}$$

Auf diese Weise wird der Schaden des Benachteiligten vollumfänglich ausgeglichen. Er erhält nicht mehr und nicht weniger als den Schaden ersetzt, den er tatsächlich erlitten hat.

Sollte die Prognose ergeben, dass der Benachteiligte bis zum in wenigen Jahren erreichten Renteneintrittsalter voraussichtlich keine Stelle mehr finden wird, ist der Berechnung nicht ohne Weiteres der Zeitraum bis zum Erreichen des Renteneintrittsalters zu Grunde zu legen, sondern in Anlehnung an die Bemessung der Geldrente nach § 843 BGB je nach Einzelfall ein gewisser zeitlicher Abschlag vorzunehmen, der den sog. „Wechselfällen des Lebens" Rechnung trägt. Maßgeblich ist, wie lange der Verletzte nach dem normalerweise zu erwartenden Lauf der Dinge erwerbstätig gewesen wäre. In die

244 OLG Hamm, Urteil vom 26.11.1997, NZV 1999, 248 (249).

245 Wird die Dauer bis zur Aufnahme einer gleichwertigen Beschäftigung in Wochen bestimmt, ist der Netto-Verdienst einer Woche zu Grunde zu legen; wird die Dauer in Monaten bestimmt, ist der Netto-Verdienst eines Monats zu Grunde zu legen usw.

246 in Prozent.

Bemessung fließen die Art der Berufstätigkeit, der körperliche und geistige Zustand (vor allem das Alter und der Gesundheitszustand), seine Leistungsfähigkeit, seine voraussichtliche Lebenserwartung sowie gesetzliche und tarifliche Pensions- oder Rentenregelungen ein[247].

(aa) Die Chance als ausgleichfähiger Vermögensschaden

Der vorstehend dargestellte Lösungsweg zur Berechnung des Verdienstausfalls, der unter anderem auch die Einstellungschance des Benachteiligten berücksichtigt, kann nur dann zur Schadensberechnung herangezogen werden, wenn eine untergegangene Chance nach deutschem Schadensrecht überhaupt einen ausgleichsfähigen Vermögensschaden darstellen kann. In vielen europäischen Rechtsordnungen[248] – darunter auch in England[249] – und im Unionsrecht[250] wird eine verlorene Chance als ausgleichsfähiger Vermögensschaden anerkannt. In Deutschland lehnt die Rechtsprechung die Ersatzfähigkeit von verlorenen Chancen hingegen grundsätzlich ab[251]. In der Literatur wird lediglich vereinzelt die Ersatzfähigkeit verlorener Gewinnchancen befürwortet[252].

(i) Sperrwirkung des § 252 S. 2 BGB

Teilweise wird die Ansicht vertreten, § 252 S. 2 BGB stehe dem Schadensersatz für eine verlorene Chance entgegen. Die Norm enthält eine spezielle Beweiserleichterung in Abweichung von dem Beweismaß des § 286 ZPO. Für

---

247 Staudinger/*Vieweg*, § 843 BGB Rn. 30.

248 vgl. EuGH, Schlussanträge des Generalanwalts Mengozzi vom 22.11.2007 in der Rs. C-348/06, BeckEuRS 2007, 459643 Rn. 85: „*Dagegen sind der Begriff des Verlusts einer Chance und dessen Ersatzfähigkeit als solche insbesondere im arbeitsgerichtlichen Verfahren und/oder im nationalen öffentlichen Dienst in den Rechtsordnungen Belgiens, Griechenlands, Spaniens, Frankreichs, Irlands, Italiens, Luxemburgs, der Niederlande und des Vereinigten Königreichs anerkannt.*“

249 siehe 2. Kapitel unter B. IV. 1. a) bb) (1) (a) und B. IV. 1. b) bb) (1) (a).

250 EuGH, Urteil vom 21.2.2008, Rs. C-348/06 (Girardot), Slg. 2008 I-833.

251 BGH, Urteil vom 23.9.1982, NJW 1983, 442: Ein Bewerber war rechtswidrig von einem Architekturwettbewerb ausgeschlossen worden. Der BGH verneinte die Ersatzfähigkeit der Chance, einen der ausgesetzten Preise zu gewinnen mit der Begründung, dass nach § 252 der entgangene Gewinn nur ersetzt werden könne, wenn nachgewiesen werde, dass ein Preis tatsächlich gewonnen worden wäre.

252 *Wagner*, AcP 206 (2006), 352 ff; *Wagner/Potsch*, JZ 2006, 1085; *Stoll*, Haftungsfolgen im bürgerlichen Recht, S. 41–42; Festschrift Steffen/*Stoll*, S. 465; Müller-Stoy, Schadensersatz für verlorene Chancen, S. 1 ff.; *Fleischer*, JZ 1999, 766 ff.; speziell zu verlorenen Heilungschancen: *Deutsch*, Medizinrecht, Rn. 268.

den Beweis des durch ein Schadensereignis entgangenen finanziellen Gewinns soll die bloße Wahrscheinlichkeit seiner Erzielung genügen. Entgangener Arbeitsverdienst stellt entgangenen Gewinn i.S.d. § 252 BGB dar[253].

Hieraus wird zum Teil in der Literatur gefolgert, dass § 252 BGB eindeutig zeige, dass der Schadensersatz für die Vereitelung von Gewinn- und damit Verdienstchancen nicht in einer gleitenden Skala, entsprechend der jeweiligen Realisierungschance, festzusetzen ist. Das Gesetz kenne nur ein Abstufungsmerkmal: wäre der Gewinn wahrscheinlich eingetreten, ist er in voller Höhe zu ersetzen, sonst gar nicht[254].

Diese Ansicht verkennt, dass ein *entgangener Gewinn* und eine *entgangene Gewinnchance* weder tatsächlich noch rechtlich dasselbe sind und nicht gleichgestellt werden können. Die *Chance* auf Erreichung eines Vermögensvorteils ist ein von diesem Vermögensvorteil selbst sachlich zu trennender, verselbstständigter Schadensposten[255]. Der sichere Verlust einer Chance, deren Wert *per definitionem* von einem Unsicherheitsmoment geprägt ist, ist etwas anderes als der unsichere Verlust des Gewinns selbst[256]. Über die Ersatzfähigkeit einer Chance als solche enthält § 252 S. 2 BGB keine Aussage, weil die Vorschrift die Chance unter dem Gesichtspunkt ihrer Verwirklichung erfasst[257]. Wenn es sich aber bei Gewinn und Gewinn- bzw. Erwerbs*chance* um zwei verschiedene Schadensarten handelt, so kann die Sonderregel für den Ersatz des entgangenen Gewinns in § 252 S. 2 BGB dem Ersatz einer Gewinn*chance* nicht entgegenstehen[258].

(ii) Chance als ersetzbares Vermögensgut

Damit die Chance eine eigene Schadensart darstellen kann, muss sie ein nach § 249 ff. BGB ersetzbares Vermögensgut sein. Die §§ 249 ff. BGB wollen nach dem Prinzip der Totalreparation *sämtliche* als vermögensschädigend objektivierbaren Einbußen ausgleichen. Die Grenze bildet hierbei das Affektionsinteresse, das nicht ersetzbar ist[259]. Eine besondere persönliche Wertschätzung einer Sache durch den Geschädigten muss bei der Schadensbemessung unberücksichtigt bleiben, soweit sie von der Umwelt nicht geteilt wird und deshalb nicht zu objektivieren ist. Voraussetzung für die Annahme eines

---

253 Palandt/*Grüneberg*, § 252 BGB Rn. 7.

254 vgl. *Hanau*, Die Kausalität der Pflichtwidrigkeit, S. 131.

255 *Mäsch*, Chance und Schaden, S. 278.

256 vgl. *Mäsch*, Chance und Schaden, S. 278; Fleischer, JZ 1999, 766 (769).

257 *Großerichter*, Hypothetischer Geschehensverlauf und Schadensfeststellung, S. 228.

258 *Mäsch*, Chance und Schaden, S. 278.

259 *Müller-Stoy*, Schadensersatz für verlorene Chancen, S. 183 f.

Vermögensgutes ist daher ein objektivierbarer oder am Markt messbarer Vermögenswert[260].

Fraglich ist, ob eine solche Objektivierung bei einer Chance möglich ist. Eine Chance erscheint einerseits als subjektive Erwartung, als Hoffnung, deren Wert vom Optimismus des Bewerbers abhängt. Insoweit entspricht diese subjektive Wertschätzung dem Affektionsinteresse und stellt kein Vermögensgut dar[261]. Andererseits jedoch beruht die Chance auf einer objektiven Situation: Durch konkrete Maßnahmen, den Einsatz von Vermögen und Zeit hat sich der Bewerber eine tatsächlich vorhandene Verdienst- und damit Gewinnmöglichkeit geschaffen, die unabhängig von der subjektiv damit verknüpften Hoffnung objektiv bewertbar ist: Jedermann kann diese geschaffene Gewinnaussicht erkennen und unter Berücksichtigung der Höhe des erhofften Gewinns und seiner Eintrittswahrscheinlichkeit objektiv ihren Wert beurteilen[262].

Ein Wert kann jedoch nicht allein deshalb, weil er objektivierbar ist, dem Vermögen zugerechnet werden. Objektivierbar sind auch andere ideelle Lebensgüter wie z.B. Leben, Freiheit oder Zeit, die eine generelle Wertschätzung erfahren, aber nicht dem Vermögen zugerechnet werden[263]. Von diesen unterscheidet sich die Chance jedoch in zweierlei Hinsicht maßgeblich: Zum einen wird die Chance von dem Bewerber erst durch gezielte Maßnahmen und konkrete Vermögensdispositionen geschaffen; zum anderen dient die Chance nicht unmittelbar der Lebensmöglichkeit und dem Lebensgenuss, sondern zielt in erster Linie auf eine Vermögensvermehrung[264].

So entsteht die Chance des Bewerbers auf die ausgeschriebene Stelle erst durch seine gezielte Bewerbung, für die er konkrete Vermögensdispositionen für zum Besispiel Bewerbungsfotos, Bewerbungsunterlagen, Internetkosten, Porto, Versand und ggf. Reisekosten zu einem oder mehreren Vorstellungsgesprächen[265] tätigen muss. Die Bewerbung zielt in erster Linie auf eine Vermögensvermehrung ab: Der Bewerber bewirbt sich auf die Stelle, um eine Arbeitsvergütung zu erzielen, aus der er seinen Lebensunterhalt bestreiten kann.

Beide Umstände zusammen, d.h. die Tatsache, dass die Chance erst durch Vermögenseinsatz geschaffen wird, und der Umstand, dass die Chance in erster

260 vgl. BeckOK/*Schubert*, § 249 BGB Rn. 43.
261 *Müller-Stoy*, Schadensersatz für verlorene Chancen, S. 184.
262 *Müller-Stoy*, Schadensersatz für verlorene Chancen, S. 184.
263 *Müller-Stoy*, Schadensersatz für verlorene Chancen, S. 185.
264 *Müller-Stoy*, Schadensersatz für verlorene Chancen, S. 185.
265 Wenn und soweit der Arbeitgeber die Erstattung von Reisekosten in zulässiger Weise im Einladungsschreiben ausgeschlossen hat.

Linie auf eine Vermögensvermehrung gerichtet ist, rechtfertigen es, die Chance eher der Vermögenssphäre zuzuordnen als den immateriellen Gütern[266]. Die Chance erscheint als „Keim“ künftiger Vermögensvermehrung und erhält von daher ihren Charakter[267]. Es handelt sich um den Ausgleich für den Verlust eines Gutes, das in seiner Entstehung und Zielrichtung von Beginn an mit dem Vermögen verknüpft ist. Geldersatz erscheint deshalb als ein diesem Verlust angemessenes Ausgleichsmittel[268].

(iii) Rationale Bestimmbarkeit des Vermögensschadens

Aus der Feststellung allein, dass es sich bei der Chance um ein Vermögensgut handeln kann, ergibt sich jedoch nicht unmittelbar, dass der Verlust dieser Chance auch einen ausgleichsfähigen Vermögensschaden darstellt. Für einen Vermögensschaden wird verlangt, dass der Geschädigte eine in Geld messbare Vermögenseinbuße erlitten hat[269]. Der Geldwert der Einbuße muss sich auf rationaler Grundlage bestimmen lassen, d.h der Vermögensschaden muss berechenbar sein[270].

Nach der zuvor entwickelten Berechnungsmethode ist der Wert der verlorenen Chance aus der Relation zwischen dem Verzögerungsschaden und der Erfolgswahrscheinlichkeit der Bewerbung im Falle eines benachteiligungsfreien Bewerbungsverfahrens herzuleiten. Diese Berechnungsmethode ist eine objektive und rationale Grundlage für die Wertschätzung, wenn die beiden ihr zugrundeliegenden Faktoren rational, d.h. objektiv bestimmbar sind.

Für den Verzögerungsschaden ist der Zeitraum zu ermitteln, den der Benachteiligte bis zum Antritt einer vergleichbaren Stelle bei einem anderen Arbeitgeber für gewöhnlich benötigen wird. Dieser lässt sich unter Heranziehung der Qualifikation und den Vorkenntnissen des Benachteiligten, dessen Alter und der Lage auf dem Arbeitsmarkt objektiv bestimmen. Hierfür kann z.B. eine von dem beweisbelasteten Benachteiligten beizubringende Auskunft der zuständigen *Agentur für Arbeit* über die geschätzte Dauer seiner Arbeitslosigkeit, eine Auskunft oder ein Gutachten einer Personalvermittlung oder auch entsprechende Statistiken des *Statistischen Bundesamtes* oder des *Instituts für Arbeitsmarkt- und Berufsforschung* (IAB) herangezogen werden.

---

266 *Müller-Stoy*, Schadensersatz für verlorene Chancen, S. 185.

267 *Müller-Stoy*, Schadensersatz für verlorene Chancen, S. 186.

268 *Müller-Stoy*, Schadensersatz für verlorene Chancen, S. 185.

269 MünchKomm/*Oetker*, § 249 BGB Rn. 28.

270 *Mertens*, Der Begriff des Vermögensschadens im Bürgerlichen Recht, S. 154.

Auf vergleichbare Art und Weise wird im deutschen Arbeitsrecht auch in anderen Fällen objektiv der Schaden bestimmt. Eine vergleichbare Bestimmung des Schadens erfolgt etwa im Falle eines Geschädigten, der gegenüber seinem früheren Arbeitgeber geltend macht, dass er wegen verspäteter oder unrichtiger Erteilung eines Zeugnisses einen Verdienstausfall erlitten hat, da ihn ein neuer Arbeitgeber aufgrund dessen nicht eingestellt hat. In diesen Fällen wird die Höhe des eingetretenen Schadens gemäß § 287 ZPO von den Gerichten bestimmt[271]. § 287 ZPO erleichtert die Feststellung, ob überhaupt ein Schaden eingetreten ist, welchen Umfang er hat und ob er auf dem verpflichtenden Verhalten (haftungsausfüllende Kausalität) beruht, so z.B. bei entgangenem Gewinn[272]. Es wird ermittelt, was der Geschädigte nach dem gewöhnlichen Lauf der Dinge im Hinblick auf seine Vorkenntnisse und die nachgewiesenen offenen Stellen verdient hätte, wenn ein Arbeitsvertrag zustande gekommen wäre[273]. Die Schätzungsgrundlagen als Anknüpfungstatsachen hat der Arbeitnehmer darzulegen und ggf. zu beweisen; hieran sind allerdings, soweit es um Erwerbsschäden geht, keine allzu hohen Anforderungen zu stellen[274]. Der Verzögerungsschaden lässt sich somit unter Heranziehung von § 287 ZPO objektiv bestimmen.

Die schwierigere Aufgabe stellt die objektive Bestimmung der Wahrscheinlichkeit des Erfolges der Bewerbung des Bewerbers ohne das diskriminierende Verhalten dar. Die Konkretisierung der Wahrscheinlichkeit eines hypothetischen Ereignisses mag zweifelsohne schwierig sein, gleichwohl ist sie nicht unmöglich. Dies zeigt sich schon daran, dass das deutsche Recht selbst von verschiedenen Wahrscheinlichkeitsgraden ausgeht, wenn es in § 286 ZPO einen so hohen Grad von Wahrscheinlichkeit verlangt, dass er „den Zweifeln Schweigen gebietet“[275] und für § 287 ZPO und § 252 BGB sich mit geringeren Wahrscheinlichkeitsgraden begnügt. Diese Differenzierung ergibt nur Sinn, wenn unterschiedlichen Wahrscheinlichkeitsgrade auch tatsächlich ermittelt werden können[276].

Die Rechtsprechung sieht sich derzeit ähnlichen Schwierigkeiten ausgesetzt, wenn sie bei der Bestimmung des entgangenen Gewinns nach § 252 BGB den erforderlichen Grad der Wahrscheinlichkeit feststellen muss. Die Methode zur Bestimmung der Wahrscheinlichkeit der Chancenrealisierung im Falle einer

---

271 vgl. Moll/*Eckhoff*, Münchener Anwaltshandbuch Arbeitsrecht, § 51 Zeugnis Rn. 24.

272 Musielak/*Foerste*, ZPO, § 287 Rn. 3.

273 BAG, Urteil vom 26.2.1976, AP § 252 BGB Nr. 3.

274 vgl. Musielak/*Foerste*, ZPO, § 287 Rn. 7.

275 BGH, Urteil vom 18.1.2000, NJW 2000, 953 (954).

276 *Müller-Stoy*, Schadensersatz für verlorene Chancen, S. 192.

Bewerbung ist grundsätzlich die Gleiche, nur dass die Gerichte nicht nur eine Wahrscheinlichkeitslinie wie bei 252 BGB zu prüfen haben, sondern mehrere. Die Methode bleibt dieselbe, nur der Arbeitsaufwand wird größer[277]. § 287 ZPO räumt dem Richter hierbei ein weites Bewertungsermessen ein. Die aus der mangelnden Exaktheit derartiger Wahrscheinlichkeitsurteile fließende Gefahr subjektiver Beliebigkeit wird dadurch gebannt, dass der jeweilige Richter die Grundlagen seines Wahrscheinlichkeitsurteils im Urteil darlegen und damit zu erkennen geben muss, welche Faktoren er bei seiner Beurteilung berücksichtigt und wie er sie bewertet hat[278].

Im Ergebnis kann die Chance auf eine Stelle somit einen ausgleichsfähigen Vermögensschaden darstellen, da sich der Geldwert der Einbuße auf rationaler Grundlage hinreichend bestimmen lässt.

Zutreffend ist indes, dass der Ersatz einer verlorenen Chance nicht mit der Differenzhypothese vereinbar ist, mit der die Höhe des materiellen Schadensersatzes im deutschen Schadensrecht grundsätzlich bestimmt wird. Der Grund hierfür liegt darin, dass ein Vergleich der tatsächlichen mit der – unter Ausschaltung des schädigenden Verhaltens – hypothetischen Vermögenslage zu keiner feststellbaren Vermögensdifferenz führt. Dies liegt darin begründet, dass die Chance grundsätzlich nur vorläufiger Natur ist: Im Erfolgsfall wird sie zu einem Gewinn, im Misserfolgsfall geht sie unter. In beiden Fällen scheidet der Wert der Chance selbst aus dem Vermögen aus[279].

Erkennt man aber an, dass der Verlust einer Chance einen Vermögensschaden darstellen kann und hält man einen Schadensausgleich in diesen Fällen für gerechtfertigt, so sollte man sich nicht auf die rein technisch funktionierende Differenzhypothese zurückziehen, sondern unabhängig davon den Ausgleichsgedanken unmittelbar verwirklichen[280]. Die Differenzhypothese hat zum Ziel, einen möglichst exakten und vollumfänglichen Schadensausgleich zu erreichen, was in den meisten Fallkonstellationen auch gelingt. Wenn die Differenzhypothese aber aufgrund besonderer Konstellationen ausnahmsweise an ihre Grenzen stößt, ist es gerechtfertigt, unmittelbar das leitende Ausgleichsprinzip selbst heranzuziehen[281].

Die nach Wahrscheinlichkeitsgraden abgestufte Rechtsfolge wird dem in § 249 BGB angelegten Ausgleichsprinzip in besonderer Weise gerecht. Der

277 *Müller-Stoy*, Schadensersatz für verlorene Chancen, S. 198.
278 *Müller-Stoy*, Schadensersatz für verlorene Chancen, S. 195.
279 *Müller-Stoy*, Schadensersatz für verlorene Chancen, S. 200.
280 *Müller-Stoy*, Schadensersatz für verlorene Chancen, S. 218.
281 *Müller-Stoy*, Schadensersatz für verlorene Chancen, S. 218.

Ausgleichsgedanke wird optimal verwirklicht: Der Bewerber enthält nicht mehr und nicht weniger als er nachweislich verloren hat[282].

(bb) Beweislast und Auskunftsansprüche des Benachteiligten

Die Kompensation für Chancenverlust kann nur dann ein wirksames Mittel zur Bestimmung des Verdienstausfalls darstellen, wenn der Benachteiligte überhaupt in der Lage ist, die Höhe des erlittenen Schaden darzulegen und zu beweisen. Wenn dem Benachteiligten dies nach den allgemeinen Darlegungs- und Beweislastregeln ohnehin regelmäßig nicht möglich ist, wird der Anspruch auf Ausgleich des materiellen Schadens gemäß § 15 Abs. 1 AGG trotz der hier entwickelten Formel weiterhin von keiner praktischen Relevanz sein[283].

Nach den allgemeinen Darlegungs- und Beweislastregeln hat der Benachteiligte die Höhe des Schadens darzulegen und zu beweisen. Zum Beweis des entgangen Gewinns ist es wegen § 287 ZPO ausreichend, wenn der Benachteiligte dem Gericht Schätzgrundlagen für die Bestimmung der Höhe des Schadens liefert. Wie bereits dargelegt[284], ist es dem Benachteiligten möglich, Schätzgrundlagen für die Dauer bis zur Aufnahme einer gleichwertigen Beschäftigung darzulegen. Bezüglich der Höhe des Verdienstes auf derjenigen Stelle, die ihm aus diskriminierenden Gründen verwehrt wurde, steht ihm ein Auskunftsanspruch gegen den Arbeitgeber zu. Mit diesen beiden Berechnungsgrößen ist es dem Benachteiligten möglich, den erlittenen Verzögerungsschaden darzulegen und zu beweisen.

Hingegen dürfte es sich für den Benachteiligten in der Regel als schwierig erweisen, die konkrete Erfolgswahrscheinlichkeit seiner Bewerbung darzulegen und zu beweisen. Die Schwierigkeit besteht darin, dass der Benachteiligte regelmäßig weder die anderen Bewerber kennen noch über deren Qualifikationen Kenntnisse haben wird. Fraglich ist, ob der Benachteiligte einen Auskunftsanspruch gegenüber dem Arbeitgeber bezüglich der erforderlichen Informationen über die anderen Bewerber hat, um so die Erfolgswahrscheinlichkeit bzw. Chance seiner Bewerbung im Falle eines benachteiligungsfreien Auswahlverfahrens darlegen zu können.

Das AGG sieht einen solchen Auskunftsanspruch nicht vor. Ebenso wenig kennt das BGB oder die ZPO eine nicht auf eine besondere Rechtsgrundlage

282 *Müller-Stoy*, Schadensersatz für verlorene Chancen, S. 218.

283 Soweit ersichtlich hat allein das LAG Berlin-Brandenburg Urteil vom 26.11.2008, NJOZ 2008, 5205 (nicht rechtskräftig), einer Anspruchstellerin Schadensersatz für erlittenen Verdienstausfall zugesprochen, vgl. unten unter 1. Kapitel, B. IV. 1. b) bb) (1) (a).

284 vgl oben unter B. IV. 1. a) bb) (1) (e) (aa) (iii).

gestützte allgemeine Auskunftspflicht[285]. Gewohnheitsrechtlich ist jedoch anerkannt, dass Auskunftsansprüche bestehen können, wenn die Rechtsbeziehungen zwischen den Parteien es mit sich bringen, dass der Berechtigte in entschuldbarer Weise über Bestehen und Umfang seines Rechts im Ungewissen ist und der Verpflichtete die zur Beseitigung der Ungewissheit erforderliche Auskunft unschwer geben kann[286].

Der Benachteiligte kann sich die Information nicht auf zumutbare andere Weise verschaffen, sondern befindet sich in entschuldbarer Unkenntnis. Der Arbeitgeber, der über die erforderlichen Informationen verfügt, kann unschwer Auskunft erteilen. Fraglich ist, ob auch die für einen solchen Anspruch erforderliche Sonderverbindung zwischen den Parteien besteht. Die Anbahnung eines Vertragsverhältnisses soll hierfür grundsätzlich ausreichend sein[287]. Benachteiligungen im Bewerbungsverfahren finden während der Anbahnung eines Arbeitsvertragsverhältnisses statt[288].

Im Regelfall setzt ein Auskunftsanspruch darüber hinaus einen dem Grunde nach feststehenden Leistungsanspruch voraus[289]. Ein Leistungsanspruch wird mit der Geltendmachung des materiellen Schadens verfolgt. Dieser steht dem Grunde nach fest, wenn seine Anspruchsvoraussetzungen erfüllt sind.

In diesem Zusammenhang ist der Auskunftsanspruch zur Darlegung der haftungsausfüllenden Kausalität von dem Auskunftsanspruch zur Darlegung der haftungsbegründenden Kausalität abzugrenzen. Im letzteren Fall ist ein Auskunftsanspruch abzulehnen, da ein Leistungsanspruch nicht dem Grunde nach feststeht, sondern die Auskunft gerade der Darlegung von Anspruchsvoraussetzungen dient[290]. Ein solcher Anspruch würde einer Ausforschung durch Behauptung „ins Blaue hinein“ gleichkommen, die mit der Beweislastregelung

---

285 Palandt/*Grüneberg*, § 260 BGB Rn. 1.

286 BAG, Urteil vom 1.12.2004, AP BGB § 242 Auskunftspflicht Nr. 38; BAG, Urteil vom 21.11.2000, AP BGB § 242 Auskunftspflicht Nr. 35; BAG, Urteil vom 7.9.1995, AP BGB § 242 Auskunftspflicht Nr. 24.

287 Palandt/*Grüneberg*, § 260 BGB Rn. 5 m.w.N.

288 Däubler/*Bertzbach*, AGG, § 22 Rn. 28b.

289 BAG, Urteil vom 20.5.2010, NZA 2010, 1006 ff.; BAG, Urteil vom 1.12.2004, AP BGB § 242 Auskunftspflicht Nr. 38; BAG, Urteil vom 27.6.1990, AP BGB § 242 Auskunftspflicht Nr. 27.

290 so iE auch BAG, Beschluss vom 20.5.2010, NZG 2010, 821; BAG, Urteil vom 25.4.2013, NJOZ 2013, 1699 (1704); so auch Rust/*Falke*, AGG, § 22 Rn. 107 ff.; *Bauer*/Göpfert/Krieger, Allgemeines Gleichbehandlungsgesetz, § 22 Rn. 11; *Grobys*, NZA 2006, 898 (903); a.A.: Däubler/*Bertzbach*, AGG, § 22 Rn. 28b.

in § 22 AGG gerade verhindert werden soll[291]. Der Arbeitgeber müsste auch dann, wenn keinerlei Indizien für ein unzulässiges Handeln vorlägen, klagebereiten Bewerbern letztlich die zur Schlüssigkeit ihres Begehrens möglicherweise erst noch erforderlichen Informationen erteilen, was unzumutbar ist[292]. Der EuGH hat dieses Ergebnis bestätigt und einen Auskunftsanspruch abgelehnt[293]. Ein Bewerber, der darlege, dass er die Voraussetzungen für eine von einem Arbeitgeber ausgeschriebene Stelle erfüllt, habe im Falle seiner Nichtberücksichtigung keinen Anspruch gegen den Arbeitgeber auf Auskunft darüber, ob dieser einen anderen Bewerber eingestellt hat. Eine Verweigerung jedes Zugangs zu Informationen durch einen Arbeitgeber könne allenfalls ein Gesichtspunkt sein, der im Rahmen des Nachweises von Tatsachen, die das Vorliegen einer unmittelbaren oder mittelbaren Diskriminierung vermuten lassen, heranzuziehen ist. Das BAG hat die Entscheidung des EuGH in nationales Recht umgesetzt und klargestellt, dass ein abgelehnter Stellenbewerber gegen den Arbeitgeber grundsätzlich keinen Anspruch auf Auskunft hat, ob dieser einen anderen Bewerber eingestellt hat und wenn ja, auf Grund welcher Kriterien diese Einstellung erfolgt ist[294].

Die Sach- und Rechtslage bei einem unzulässigen Auskunftsanspruch zur Darlegung der haftungsbegründenden Kausalität ist von derjenigen bei der Geltendmachung eines Auskunftsanspruchs zur Darlegung der haftungsausfüllenden Kausalität zu unterscheiden. In letzterem Fall steht der Anspruch dem Grunde nach bereits fest. Die Anspruchsvoraussetzungen hat der Benachteiligte bereits unter Berücksichtigung von § 22 AGG dargelegt. Die Haftungsvorrausetzungen sind erfüllt. Ihm geht es nur noch darum, die Höhe des Schadens feststellen zu können. § 22 AGG würde durch solch einen Auskunftsanspruch nicht negiert, da § 22 AGG lediglich für die Beweislastverteilung hinsichtlich der haftungsbegründenden Kausalität, nicht aber auf der Rechtsfolgenseite für die haftungsausfüllende Kausalität gilt[295]. Auch würde ein Auskunftsanspruch nicht zu einer unzumutbaren organisatorischen Belastung des Arbeitgebers führen, da dieser nicht jedem abgelehnten Bewerber, sondern nur demjenigen Bewerber Auskunft erteilen müsste, der die Anspruchsvoraussetzungen bereits dargelegt hat.

Dem Benachteiligten steht somit ein Auskunftsanspruch gegen den Arbeitgeber zu, mit dessen Hilfe er die hypothetische Erfolgswahrscheinlichkeit seiner Bewerbung rational darlegen kann.

---

291 *Grobys*, NZA 2006, 898 (903).

292 LAG Hamburg, Urteil vom 9.11.2007, BeckRS 2008 54040, nicht rechtskräftig.

293 EuGH, Urteil vom 19.4.2012, Rs. C-415/10 (Meister), NZA 2012, 493.

294 BAG, Urteil vom 25.4.2013, NJOZ 2013, 1699 (1704).

295 *Diller*, NZA 2007, 649 (650).

(f) Zwischenergebnis

Die in der Literatur diskutierten Vorschläge zur Berechnung des Verdienstausfalls lassen die besonderen Umstände des Einzelfalls außer Betracht und entschädigen alle Betroffenen nach einer starren Regel einheitlich. Solche Berechnungsweisen erlauben es nicht, den vollständigen Ersatz des individuellen Schadens sicherzustellen. Dies stellte der EuGH für das Unionsrecht ausdrücklich klar[296]. Eine Methode, die die besonderen Umstände der Situation des Bewerbers völlig außer Betracht lasse, um eine Regel anbieten zu können, die jeden Betroffenen für den Verlust seiner Einstellungschance einheitlich entschädigen soll, erlaubt es nicht, den *vollständigen* Ersatz des individuellen Schadens sicherzustellen, den der Bewerber aufgrund des besonderen, ihm gegenüber begangenen Rechtsverstoßes tatsächlich erlitten hat. Nach Ansicht des EuGH kann hingegen eine Kompensation für den Chancenverlust ein adäquates Mittel für einen vollumfänglichen und individuellen Schadensausgleich darstellen[297]. Da der EuGH im Hinblick auf die Gleichbehandlungsrichtlinien wiederholt einen *vollständigen* Schadensausgleich von den Mitgliedstaaten gefordert hat, erscheint es nicht fernliegend, dass der EuGH die derzeit herrschende Meinung, die eine Begrenzung des Verdienstausfalls bis zu dem ersten hypothetischen Kündigungstermin befürwortet, aus dem gleichen Grunde für nicht ausreichend erachten wird, wie er es im Unionsrecht bereits getan hat. Ein angemessener und gleichzeitig vollständiger Schadensausgleich ist hingegen durch einen am Chancenwert orientierten Schadensausgleich möglich. Die nach Wahrscheinlichkeitsgraden abgestufte Rechtsfolge wird dem in § 249 BGB angelegten Ausgleichsprinzip in besonderer Weise gerecht. Der Ausgleichsgedanke wird optimal verwirklicht: Der Bewerber enthält nicht mehr und nicht weniger als er nachweislich verloren hat. Zudem erreicht sie, dass nicht nur der Bestqualifizierte seinen Schaden ersetzt bekommt, sondern jeder Benachteiligte, der objektiv eine Chance auf die Stelle hatte.

(2) Sonstige materielle Schäden

Neben dem Verdienstausfall können andere materielle Schäden entstehen, die ohne das benachteiligende Verhalten nicht entstanden wären und für die der Arbeitgeber somit ersatzpflichtig ist, wie z.B. Personenschäden. Diese sind insbesondere im Zusammenhang mit Benachteiligungen durch (sexuelle)

---

296 EuGH, Urteil vom 21.2.2008, Rs. C-348/06 (Girardot), Slg. 2008 I-833, Rn. 76, wobei der EuGH hier speziell das pauschale Abstellen auf die Mindestkündigungsfrist ablehnte. Der Arbeitgeber war in diesem Fall die Europäische Kommission.

297 EuGH, Urteil vom 21.2.2008, Rs. C-348/06 (Girardot), Slg. 2008 I-833, Rn. 73.

Belästigung relevant, da sich ein feindliches Umfeld oder Angriffe auf die sexuelle Selbstbestimmung häufig nachteilig auf die Gesundheit der Betroffenen auswirken[298]. Als ersatzfähiger Schaden kommen unter anderem die ärztlichen Behandlungs- und Heilkosten in Betracht. Auch wenn der Hauptanwendungsfall für diese Benachteiligungsform im laufenden Arbeitsverhältnis zu finden sein dürfte, kann dieses Verhalten durchaus auch bei der Begründung eines Beschäftigungsverhältnisses, z.B. im Rahmen eines Vorstellungsgesprächs, auftreten.

Darüber hinaus kommen weitere zu ersetzende Schadenspositionen in Betracht. Zu denken ist beispielsweise an die Umzugskosten für die Aufnahme einer anderen Tätigkeit[299]. Es ist sachgerecht, den Arbeitgeber nur anteilig an diesen Kosten zu beteiligen und zwar im Verhältnis zu der Chance, die der Bewerber auf die Stelle ohne das diskriminierende Verhalten tatsächlich gehabt hätte. Dies kann freilich nicht für den Personenschaden gelten, der allein durch die Diskriminierungshandlung verursacht wurde und der ohne diese nicht aufgetreten wäre. Dieser ist vollumfänglich zu erstatten.

Zu einer Kompensation des vollen entstandenen Schadens, wie sie der EuGH fordert, muss notwendigerweise auch eine Kompensation des entstandenen Rentenversicherungsschaden gehören. Die Höhe der Leistungen der gesetzlichen Rentenversicherung bestimmt sich neben Faktoren wie dem Renteneintrittsalter auch nach der Höhe der geleisteten Beitragszahlungen.

Der Schaden besteht in Höhe der Beiträge zur gesetzlichen Rentenversicherung, die auf den Verdienstausfall zu zahlen gewesen wären, da diese die Höhe der späteren Rentenzahlung beeinflussen. Der Schadensersatzanspruch bezieht sich auf diejenigen Arbeitgeber- und Arbeitnehmeranteile der Rentenversicherungsbeiträge, die aus dem fiktiven Verdienst des Benachteiligten zu entrichten gewesen wären. Bei der Berechnung der Rentenversicherungsbeiträge ist der erlittene Verdienstausfall unter Berücksichtigung der individuellen Chance auf die Stelle zugrunde zu legen. Stellt das Gericht etwa fest, dass der Bewerber angesichts seiner Qualifikationen, seine Alters und der Arbeitsmarktsituation für gewöhnlich drei Monate nach der benachteiligenden Handlung eine andere gleichwertige Stelle hätte antreten können und seine Chance auf die verweigerte Stelle, die mit einem Bruttomonatsgehalt von 5.000,00 Euro dotiert war, im Fall eines benachteiligungsfreien Bewerbungsverfahrens 50% betragen hätte, ist der Rentenversicherungsschaden durch Abführung der Rentenversicherungsbeiträge

298 *Nollert-Borasio/Perreng*, AGG, § 15 Rn. 5.

299 *Schrader/Schubert*, Das neue AGG, Rn. 484.

für ein Bruttomonatsgehalt in Höhe von 2.500,00 Euro für einen Zeitraum von drei Monaten auszugleichen.

Dieser Anspruch geht gemäß § 119 Abs. 1 SGB X auf die Rentenversicherung über, wenn der Benachteiligte zum Zeitpunkt des Schadensereignisses oder danach in der gesetzlichen Rentenversicherung pflichtversichert war oder wird. Sie wird wie ein Treuhänder tätig, die fremde Interessen wahrnimmt, indem sie den entsprechenden Ersatzanspruch in Empfang nimmt und dem Beitragskonto des Versicherten zuführt[300]. § 119 SGB X ist hingegen nicht anwendbar, wenn der Benachteiligte - wäre es zum Schadensereignis nicht gekommen - eine versicherungspflichtige Tätigkeit erstmals aufgenommen hätte. Hier muss der Geschädigte selbst den Anspruch geltend machen[301]. Bei Bewerbern, die Leistungen der Bundesagentur für Arbeit beanspruchen, führt die Bundesagentur für Arbeit Rentenversicherungsbeiträge für den Benachteiligten ab[302]. Der Anspruch geht daher in Höhe der von der Bundesagentur geleisteten Beiträge zur gesetzlichen Rentenversicherung auf die Bundesagentur gemäß § 116 Abs. 1 S. 1, Abs. 10 SGB X über und der Rentenversicherungsträger, dem die Beiträge durch die Agentur zufließen, kann bis zu dieser Höhe nicht nochmals einen Anspruch nach § 119 Abs. 1 SGB X gegen den Arbeitgeber geltend machen[303].

(3) Schadenminderungspflicht

Nach allgemeinen Grundsätzen trifft den Bewerber eine Schadenminderungspflicht gemäß § 254 Abs. 2 BGB. Er ist mithin gehalten, eine andere zumutbare Beschäftigung aufzunehmen[304] oder sich um andere ausgeschriebene Stellen zu bewerben. Unterlässt es der Beschäftigte etwa eine zumutbare anderweitige Beschäftigung aufzunehmen oder sich hierum zu bemühen, muss er sich auf den Schadensersatzanspruch das anrechnen lassen, was er hätte verdienen können[305]. Außer der Anrechnung anderweitigen Verdienstes kommt hier insbesondere auch die Anrechnung etwaig bezogenen Arbeitslosengeldes in Betracht[306].

---

300 BGH, Urteil vom 10.12.1991, NJW 1992, 509.

301 von Wulffen/*Bieresborn*, § 119 SGB X Rn. 2.

302 Für Bezieher von ALG I führt die Agentur für Arbeit Rentenversicherungsbeiträge auf der Basis von 80% des vorherigen Bruttoarbeitsentgelts ab, bei Beziehern von ALG II führt sie keine Beiträge ab.

303 von Wulffen/*Bieresborn*, § 119 SGB X Rn. 2a.

304 *Seel*, MDR 2006, 1321 (1323).

305 *Bauer/Evers*, NZA 2006, 893 (895); *Wisskirchen*, DB 2006, 1491 (1499).

306 *Willemsen/Schweibert*, NJW 2006, 2583 (2589); *Bauer*/Thüsing/Schunder, NZA 2006, 774 (776).

b) Diskriminierung bei Aufstiegsentscheidungen

Ebenso schwierig wie die Bestimmung des materiellen Schadens bei der unterbliebenen Begründung eines Arbeitsverhältnisses, gestaltet sich die Bestimmung des materiellen Schadens bei der Versagung des beruflichen Aufstiegs[307].

aa) Negatives Interesse

Zunächst hat auch hier der Benachteiligte Anspruch auf Ersatz seiner Aufwendungen, die er im Vertrauen auf ein benachteiligungsfreies Auswahlverfahren getätigt hat, d.h. auf Ersatz der Kosten, die ihm im Zusammenhang mit der Bewerbung um die höher dotierte Stelle entstanden sind.

bb) Positives Interesse

(1) Ersatz der Vergütungsdifferenz

Hauptbestandteil des Erfüllungsschadens dürfte regelmäßig die wegen der Benachteiligung entgangene Vergütungsdifferenz darstellen. In diesem Zusammenhang stellt sich die Frage, für welchen Zeitraum diese Vergütungsdifferenz auszugleichen ist.

(a) Zeitlich unbegrenzter Anspruch

Möglicherweise könnte dem diskriminierten Aufstiegsbewerber ein zeitlich unbegrenzter Anspruch auf Zahlung der Vergütungsdifferenz zwischen seiner aktuellen Position und der Position, um die er sich beworben hat, zustehen[308]. Dies wäre der Fall, wenn die nationale Rechtsprechung in vergleichbaren Fällen einen zeitlich unbegrenzten Schadensersatzanspruch gewährt. Nach der Rechtsprechung des EuGH hat der nationale Gesetzgeber darauf zu achten, dass Verstöße gegen das Unionsrecht nach ähnlichen sachlichen und verfahrensrechtlichen Regeln geahndet werden, wie nach Art und Schwere gleichartiger Verstöße gegen das nationale Recht[309].

Einen gleichartigen Verstoß könnte der Verstoß gegen den Grundsatz der Bestenauslese gemäß Art. 33 Abs. 2 GG darstellen[310]. Ein solcher Verstoß kann

---

307 MünchKomm/*Thüsing*, § 15 AGG Rn. 31.

308 so LAG Berlin-Brandenburg, Urteil vom 26.11.2008, NJOZ 2008, 5205 (5222) – nicht rechtskräftig; MünchKomm/*Thüsing*, § 15 AGG Rn. 31; Däubler/Bertzbach/*Deinert*, AGG, § 15 Rn. 39c; *Simon*, BB 2007, 1782 (1787).

309 EuGH, Urteil vom 22.4.1997, Rs. C-180/95 (Draemphal), Slg. 1997, I-2195 (2212) Rn. 29.

310 so iE LAG Berlin-Brandenburg, Urteil vom 26.11.2008, NJOZ 2008, 5205 (5223) – nicht rechtskräftig.

eine Konkurrentenklage nach sich ziehen, die im Falle einer bereits vollzogenen Stellenbesetzung zu einem unbegrenzten Schadensersatzanspruch in Höhe der Gehaltsdifferenz zwischen aktueller und versagter Stelle für denjenigen, der gemäß Art. 33 Abs. 2 GG hätte ausgewählt werden müssen, führen kann.

Ein solcher Verstoß kann jedoch nicht als gleichartig in seiner Art bezeichnet werden.

Bei dem Anspruch aus Art. 33 Abs. 2 GG handelt es sich um einen Anspruch aus dem öffentlichen Recht. Einen solchen Anspruch können nur Beamte und im öffentlichen Dienst Beschäftigte geltend machen[311]. Anders als in der Privatwirtschaft besteht im Arbeitsrecht des öffentlichen Dienstes ein verfassungsrechtlich verbürgter Anspruch auf den Zugang zu einem öffentlichen Amt. Art. 33 Abs. 2 GG dient unter anderem dem öffentlichen Interesse an der bestmöglichen Besetzung der Stellen des öffentlichen Dienstes, dessen fachliches Niveau und rechtliche Integrität gewährleistet werden sollen[312]. Nach dem Grundsatz der Bestenauslese ist anhand der Auswahlkriterien des Art. 33 Abs. 2 GG der beste Bewerber auszuwählen und dieser einzustellen bzw. zu befördern. Aus Art. 33 Abs. 2 GG ergibt sich somit für den am besten geeigneten Bewerber ein Besetzungsanspruch[313]. Einen solchen Anspruch, der unmittelbar auf Beförderung gerichtet ist, sieht weder das AGG noch ein anderes Gesetz für einen Arbeitnehmer vor, der in einem Arbeitsverhältnis zu einem privaten Arbeitgeber steht, insbesondere besteht kein öffentliches Interesse an der Beförderung eines bestimmten Bewerbers wie es im öffentlichen Dienst der Fall ist.

Auch hinsichtlich der Schwere kann ein Verstoß gegen Art. 33 Abs. 2 GG nicht als gleichartig zu einem Verstoß gegen § 7 Abs. 1 AGG angesehen werden.

Im Falle von Art. 33 Abs. 2 GG verstößt der Dienstherr bzw. öffentliche Arbeitgeber gegen eine Verfassungsnorm, die dem besten Bewerber Anspruch auf Beförderung gibt. Ein Verstoß gegen eine Norm von Verfassungsrang wiegt ungleich schwerer als ein Verstoß gegen eine einfachgesetzliche Regelung, wie sie § 7 Abs. 1 AGG darstellt. Selbst wenn man einen Verstoß gegen die Diskriminierungsverbote in Art. 3 Abs. 3 GG und die unmittelbare Geltung von Grundrechten im Arbeitsrecht bejaht[314], bleibt festzustellen, dass sich aus einem Verstoß gegen Art. 3 Abs. 3 GG – anders als im Falle von Art. 33 Abs. 2 GG – kein verfassungsrechtliche Anspruch auf Einstellung oder Beförderung ergibt.

311 vgl. BAG, Urteil vom 19.2.2008, NZA 2008, 1016 (1018).

312 vgl. BAG, Urteil vom 19.2.2008, NZA 2008, 1016 (1018); BVerwG, Urteil vom 25.11.2004, NVwZ 2005, 702.

313 vgl. BAG, Urteil vom 19.2.2008, NZA 2008, 1016 (1018).

314 so *Linnenkohl/Rauschenberg/Schüttler*, BB 1988, 63.

Besteht hingegen ein gesetzlicher und zudem verfassungsrechtlicher Anspruch auf Beförderung, der verwehrt wurde, ist es angemessen, dem Anspruchsteller die Gehaltsdifferenz auf unbegrenzte Zeit zu ersetzen, wenn er die Stelle gemäß Art. 33 Abs. 2 GG hätte erhalten müssen und die Stelle schon besetzt ist. Dies gilt insbesondere vor dem Hintergrund, dass der Bewerber im Falle eines Verstoßes gegen Art. 33 Abs. 2 GG zunächst auf die Erhebung der Konkurrentenklage beschränkt ist und erst bei bereits erfolgter Besetzung der Stelle Schadensersatz geltend machen kann. Selbst bei erfolgter Besetzung der Stelle und gleichzeitiger Vereitelung effektiven Rechtsschutzes durch den Dienstherrn ist der übergangene Bewerber auf die Erhebung der Konkurrentenklage beschränkt[315]. Im Gegensatz hierzu kann der diskriminierte Bewerber unmittelbar Klage auf Schadensersatz erheben, da § 15 Abs. 6 AGG einen Anspruch auf beruflichen Aufstieg explizit ausschließt und dies selbst dann, wenn die zu besetzende Stelle noch nicht von dem möglicherweise zu Unrecht für die Stelle vorgesehenen Bewerber besetzt ist. Diese Möglichkeit, sogleich Schadensersatz verlangen zu können, lässt einen zeitlich unbegrenzten Schadensersatzanspruch im Vergleich zu einem Verstoß gegen das grundrechtsgleiche Recht aus Art. 33 Abs. 2 GG zusätzlich unverhältnismäßig erscheinen.

Ein Verstoß gegen § 7 Abs. 1 AGG kann daher weder von Art noch Schwere als gleichartig zu einem Verstoß gegen Art 33 Abs. 2 GG bezeichnet werden.

Letztlich setzt der Schadensersatzanspruch wegen Verstoßes gegen Art. 33 Abs. 2 GG ein Verschulden des öffentlichen Arbeitgebers bzw. Dienstherrn voraus[316]. Vor dem Hintergrund, dass der EuGH – entgegen der derzeitigen deutschen Regelung – eine verschuldensunabhängige Haftung des Arbeitgebers auch für den materiellen Schaden fordert[317], erscheint eine zeitlich unbegrenzte Haftung ebenfalls unverhältnismäßig.

(b) §§ 9, 10 KSchG als haftungsmäßige Obergrenze

Ähnlich wie im Fall von Diskriminierungen bei der Begründung von Arbeitsverhältnissen wird auch bezüglich einer auf einer Benachteiligung beruhenden negativen Aufstiegsentscheidung vertreten, zur Begrenzung des Schadensersatzanspruches den Rechtsgedanken der §§ 9, 10 KSchG heranzuziehen[318]. Dabei sei der Begriff des Monatsverdienstes in § 10 Abs. 1 KSchG

315 BAG, Urteil vom 19.2.2008, NZA 2008, 1016 (1018).

316 BAG, Urteil vom 19.2.2008, NZA 2008, 1016 (1018); BVerwG, Urteil vom 27.2.2003, NVwZ 2003, 1397.

317 EuGH, Urteil vom 22.4.1997, Rs. C-180/95 (Draemphal), Slg. 1997, I-2195 (2212) Rn. 19.

318 so *Bauer/Evers*, NZA 2006, 893 (895), die diesen Ansatz hilfsweise vertreten; *Seel*, MDR 2006, 1321 (1323).

allerdings als der Differenzbetrag zu verstehen, der sich aus der tatsächlich bezogenen Vergütung und der Vergütung im Fall der Beförderung ergebe[319].

Hier kann nichts Anderes gelten, als das bereits Ausgeführte zur Ermittlung des Verdienstausfalls bei diskriminierenden Einstellungsentscheidungen. Die §§ 9, 10 KSchG sind im Kern vergangenheitsbezogen und daher auf die hier vorliegende Fallkonstellation nicht übertragbar. Bei einer entsprechenden Heranziehung würde verkannt, dass es sich hier nicht um ein Problem des Bestandsschutzes handelt[320]. Eine analoge Anwendung muss daher ausscheiden.

(c) Erster hypothetischer (Änderungs-)Kündigungstermin als haftungsmäßige Obergrenze

In Anlehnung an die vergleichbare Problematik bei § 628 Abs. 2 BGB könnte man auch hier erwägen, die Rechtsprechung des BAG entsprechend heranzuziehen und auf den Zeitraum bis zum Wirksamwerden einer hypothetischen ordentlichen (Änderungs-)Kündigung abzustellen[321]. Eine entsprechende Heranziehung dieser Rechtsprechung und damit das Abstellen auf ein rechtmäßiges Alternativverhalten des Arbeitgebers muss jedoch in Beförderungsfällen schon deshalb ausscheiden, weil eine hypothetische (Änderungs-)Kündigung regelmäßig aufgrund der Anwendbarkeit des KSchG nicht möglich sein wird[322]. Arbeitnehmer, die für eine Beförderung in Betracht kommen, sind in der Regel mehr als sechs Monate bei ihrem Arbeitgeber beschäftigt. Dann müsste für eine wirksame (Änderungs-)Kündigung aber ein Kündigungsgrund i.S.d. § 1 KSchG vorliegen. Der Arbeitgeber wird in der Regel nicht die Wirksamkeit einer hypothetischen (Änderungs-)kündigung darlegen können, da er weder verhaltens- noch personenbedingte Kündigungsgründe wird vorbringen können. Das Gleiche gilt für eine hypothetische betriebsbedingte (Änderungs-)Kündigung. Der Arbeitsplatz, den der Benachteiligte ohne das diskriminierende Verhalten erhalten hätte, ist in der Regel weiterhin im Betrieb vorhanden und lediglich von einem anderen Arbeitnehmer besetzt. Auf einen Wegfall des Arbeitsplatzes wird sich der Arbeitgeber daher regelmäßig nicht berufen können.

Zudem genießt ein aufgestiegener Arbeitnehmer in der Regel einen Bewährungsbonus. Ein verständiger Arbeitgeber wird nicht die erste Möglichkeit zur Kündigung des Arbeitsverhältnisses nutzen, sondern die Leistung des Arbeitnehmers erst nach einer bestimmten Bewährungszeit beurteilen.

---

319 *Bauer/Evers*, NZA 2006, 893 (895).

320 Däubler/Bertzbach/*Deinert*, AGG, § 15 Rn. 39b.

321 *Bauer/Evers*, NZA 2006, 893 (895).

322 so iE auch MünchKomm/*Thüsing*, § 15 AGG Rn. 31.

Schließlich dürfte die abschreckende Wirkung des Schadensersatzes beeinträchtigt sein, da eine Orientierung an der individuellen Kündigungsfrist den Arbeitgeber dazu verleiten könnte, die Einhaltung des Diskriminierungsverbots gegen einen Rechtsverstoß abzuwägen, dessen Kosten ihm bereits vorab bekannt sind[323].

(d) Kompensation für Chancenverlust

Ein angemessener und vollumfänglicher Schadensausgleich könnte durch eine Kompensation des benachteiligten Aufstiegsbewerbers für den erlittenen Chancenverlust erzielt werden. Nach § 249 BGB ist der Benachteiligte in die Lage zu versetzen, die bestehen würde, wenn es zu der benachteiligenden Handlung nicht gekommen wäre. Wäre es zu der benachteiligenden Handlung nicht gekommen, hätte der Aufstiegsbewerber eine Chance auf die Stelle gehabt, die ihm durch die Diskriminierung genommen wurde. Ihm ist folglich der Erwartungswert der entgangenen Chance zu ersetzen. Wie aufgezeigt, kann eine verlorene Chance ein Vermögensgut im Sinne des deutschen Schadensrechts sein. Es müsste jedoch auch ein ausgleichsfähiger Vermögensschaden vorliegen. Hierfür müsste sich der Geldwert der Einbuße auf rationaler Grundlage bestimmen lassen[324]. Der Vermögensschaden muss berechenbar sein.

In Anlehnung an die Berechnungsmethode im Fall von Diskriminierungen bei der Begründung von Arbeitsverhältnissen, lässt sich für Benachteiligungen bei dem beruflichen Aufstieg folgende Formel aufstellen:

$$\frac{\textit{Vorauss. Dauer bis zu gleichwertiger Beförderungschance} \times \textit{Vergütungsdifferenz}^{325} \times \textit{Aufstiegschance ohne Benachteil.}^{326}}{100}$$

Diese Berechnungsmethode ist eine objektive und rationale Grundlage für die Wertschätzung, wenn die ihr zugrundeliegenden Faktoren objektiv bestimmbar sind. Der Schaden ergibt sich aus der Relation zwischen Verzögerungsschaden und der Chance, die der Arbeitnehmer ohne das diskriminierende Verhalten auf den beruflichen Aufstieg gehabt hätte. Durch die die Ersatzpflicht begründende

323 vgl. EuGH, Schlussanträge des Generalanwalts Mengozzi vom 22.11.2007 in der Rs. C-348/06, BeckEuRS 2007, 459643 Rn. 85.

324 *Mertens*, Der Begriff des Vermögensschadens im Bürgerlichen Recht, S. 154.

325 Wird die Dauer in Wochen bestimmt, ist die Netto-Gehaltsdifferenz einer Woche zu Grunde zu legen; wird die Dauer in Monaten bestimmt, ist die Netto-Differenz eines Monats zu Grunde zu legen usw.

326 in Prozent.

Diskriminierung verzögert sich der berufliche Aufstieg des Benachteiligten. Während dieses Verzögerungszeitraums wird sein Vermögen geschädigt. Ab dem Zeitpunkt, zu dem er befördert wird oder zumindest eine neue und gleichwertige Aufstiegschance erhält, entfällt der Vermögensschaden. Daher entspricht der Verzögerungsschaden dem Verdienstausfall, den der Benachteiligte durch die Verzögerung seines beruflichen Aufstiegs erleidet. Dieser lässt sich objektiv bestimmen, da der Arbeitgeber in der Regel Auskunft wird erteilen können, wann der Benachteiligte voraussichtlich eine neue Aufstiegschance erhalten wird. Da diese Auskunft den haftungsausfüllenden und nicht den haftungsbegründenden Tatbestand betrifft, hat der Arbeitnehmer gegen den Arbeitgeber einen entsprechenden Auskunftsanspruch[327].

Im Falle eines in wenigen Jahren anstehenden Eintritts in den Ruhestand und einer gleichzeitigen negativen Prognose hinsichtlich einer Aufstiegschance bis zu diesem Zeitpunkt, sollte der Zeitraum bis zum gesetzlichen Ausscheiden aus dem Arbeitsleben herangezogen werden. Um den „Wechselfällen des Lebens" gerecht zu werden, ist nach den jeweiligen Umständen des Einzelfalls eine angemessene Kürzung dieses Zeitraums vorzunehmen.

Nachdem die Dauer des Verzögerungsschadens objektiv bestimmbar ist, ist zu ermitteln, welche Vergütungsdifferenz dem Benachteiligten für diese Dauer entsteht. Zur Bestimmung dieses Differenzbetrages steht dem Benachteiligten gegen den Arbeitgeber ein entsprechender Anspruch auf Auskunft über die Vergütung auf der verwehrten Aufstiegsposition zu[328].

Der auf diese Weise ermittelte Betrag spiegelt jedoch nur den Verzögerungsschaden desjenigen wieder, der die Stelle mit hundertprozentiger Wahrscheinlichkeit erhalten hätte. Daher ist in einem letzten Schritt der Verzögerungsschaden in Relation zu der Chance des Bewerbers auf die Stelle bei Durchführung eines diskriminierungsfreien Auswahlverfahrens zu setzen. Diese Chance lässt sich ebenfalls objektiv bestimmen[329]. Zur Darlegung der Chance auf den beruflichen Aufstieg im Falle eines benachteiligungsfreien Auswahlverfahrens steht dem Benachteiligten ein Anspruch auf Auskunft über die Qualifikationen und Vorkenntnisse der anderen Aufstiegsbewerber zu[330].

Im Ergebnis ist der Wert der verlorenen Aufstiegschance somit objektiv bestimmbar, wodurch die verlorene Einstellungschance nach dem deutschen

---

327 vgl. oben unter B. IV. 1. a) bb) (1) (e) (bb).

328 vgl. oben unter B. IV. 1. a) bb) (1) (e) (bb).

329 vgl. oben unter B. IV. 1. a) bb) (1) (e) (aa) (ii).

330 vgl. zur vergleichbaren Rechtslage bei Benachteiligungen im Zusammenhang mit der Begründung von Arbeitsverhältnissen oben unter B. IV. 1. a) bb) (1) (e) (bb).

Schadensrecht einen ersatzfähigen Vermögensschaden darstellt. Die Kompensation für die verlorene Aufstiegschance ermöglicht einen individuellen und vollumfänglichen Schadensausgleich.

(2) Sonstige materielle Schäden

Der Arbeitgeber ist neben dem Verdienstausfallschaden für alle weiteren materiellen Schäden ersatzpflichtig, die dem Benachteiligten im Zusammenhang mit der diskriminierenden Ablehnung des beruflichen Aufstiegs entstanden sind. Hier kommen unter anderem Personenschäden durch (sexuelle) Belästigung in Betracht, zu denen es auch bei der Entscheidung über den beruflichen Aufstieg kommen kann. Als ersatzfähige Kosten ist hier insbesondere an ärztliche Heil- und Behandlungskosten zu denken, die in dem Umfang zu ersetzen sind, zu dem sie auf die Benachteiligung zurückzuführen sind.

Ferner kommen Aufwendungen für die Aufnahme einer anderen Tätigkeit, wie beispielsweise Umzugskosten, in Betracht. Auch hier gilt, dass die Kosten nur insoweit erstattungsfähig sind, als die Bewerbung im Falle eines benachteiligungsfreien Auswahlverfahrens Aussicht auf Erfolg gehabt hätte.

Des Weiteren hat der benachteiligte Aufstiegsbewerber Anspruch auf Ausgleich des Rentenschadens, der ihm durch die Benachteiligung entsteht. Dieser kann durch Abführung der Rentenversicherungsbeiträge des Arbeitgebers und Arbeitnehmers auf Basis des ermittelten Verdienstausfalls ausgeglichen werden. Liegt die Vergütung des Benachteiligten bereits ohne Berücksichtigung des Verdienstausfalls, d.h. auf seiner bisherigen und aktuellen Position, über der Beitragsbemessungsgrenze für die Rentenversicherung, entsteht dem benachteiligten Aufstiegsbewerber kein ersatzfähiger Rentenschaden durch die Benachteiligung.

cc) Schadenminderungspflicht

Der Arbeitnehmer ist gemäß § 254 BGB verpflichtet, den Schaden nach Möglichkeit zu mindern. So hat er sich insbesondere um andere ausgeschriebene und höher dotierte Stellen innerhalb des Unternehmens zu bewerben. Andernfalls hat er sich die Gehaltsdifferenz, die er hätte verdienen können, auf seinen Schadensersatzanspruch anrechnen zu lassen.

2. Entschädigung

Gemäß § 15 Abs. 2 AGG kann der oder die Beschäftigte wegen eines Schadens, der nicht Vermögensschaden ist, eine angemessene Entschädigung in Geld verlangen. Der Betroffene soll für die Persönlichkeitsverletzung entschädigt werden, den dieser durch die benachteiligende Handlung des Arbeitgebers erlitten hat. § 15 Abs. 2 AGG ist insoweit *lex specialis* zu § 253 BGB[331].

a) Diskriminierung bei der Begründung von Arbeitsverhältnissen

aa) Bemessung der Höhe

§ 15 Abs. 2 AGG enthält weder hinsichtlich möglicher Bemessungskriterien noch hinsichtlich der Höhe nähere Anhaltspunkte. Die Höhe der Entschädigung soll „angemessen" sein. Dies entspricht laut Gesetzesbegründung der „bewährten Regelung des Schmerzensgeldes in § 253 BGB". Die Höhe der im Einzelfall zu zahlenden Entschädigung steht im Ermessen des Gerichts[332].

(1) Höchstgrenze

Für den Bewerber, der die Stelle auch ohne das benachteiligende Verhalten nicht erhalten hätte, sieht § 15 Abs. 2 S. 2 AGG eine Höchstgrenze von drei Monatsgehältern vor. Zur Auslegung des Begriffs „Monatsgehalt" kann auf die Legaldefinition des „Monatsverdienstes" in dem früheren § 611a Abs. 3 S. 2 BGB zurückgegriffen werden. Danach handelt es sich um die Geld- und Sachbezüge, die dem Bewerber in seinem ersten Beschäftigungsmonat zugestanden hätten. Für die Tatsache, dass der Bewerber die Stelle auch ohne das benachteiligende Verhalten nicht erhalten hätte, ist der Arbeitgeber beweispflichtig[333].

Die Höchstgrenze von drei Monatsgehältern kann nicht über den Wortlaut der Norm hinaus ebenso auf denjenigen Bewerber angewendet werden, der ohne das benachteiligende Verhalten die Stelle möglicherweise erhalten hätte. Der immaterielle Schaden desjenigen Bewerbers, der ohne die Benachteiligung im Bewerbungsverfahren möglicherweise erfolgreich gewesen wäre, ist nicht ebenso hoch ist wie desjenigen, der allein aufgrund der diskriminierenden Auswahl nicht eingestellt worden ist[334]. Gerade die Ablehnung eines Bewerbers, der ohne die Benachteiligung eine konkrete Erfolgsaussicht auf die Stelle gehabt hätte, ist eine schwerer wiegende Persönlichkeitsverletzung[335]. Sie wirkt in

331 BT-Drs. 16/1780, S. 38.

332 BT-Drs. 16/1780 S. 38.

333 BAG, Urteil vom 19.8.2010, NZA 2010, 1412 (1416).

334 a.A.: ArbG Berlin, Urteil vom 13.7.2005, NZA-RR 2005, 608 (613); ArbG Frankfurt/Main, Urteil vom 29.5.2007, Az.: 11 Ca 8952/06, juris, Rn. 49.

335 KR/*Pfeiffer*, 9. Auflage 2009, § 15 AGG Rn. 143; a.A.: KR/*Treber*, § 15 AGG Rn. 35, der es nicht unmittelbar einsichtig findet, weshalb für den bestqualifizierten Bewerber eine höhere Entschädigung wegen einer Persönlichkeitsverletzung möglich sein soll.

besonderer Weise erniedrigend[336]. Aus der Systematik und dem Zweck des Gesetzes ergibt sich, dass die rein diskriminierungsbedingte Ablehnung eines Bewerbers, der eine reele Chance auf die Stelle gehabt hätte, der schwerste denkbare Verstoß gegen den Antidiskriminierungsgedanken darstellt. Aus diesem Grunde wurde die Begrenzung des Entschädigungsanspruchs für diese Fälle gerade nicht vorgenommen. Nicht zu folgen ist der in der Literatur vertretenen Ansicht, nach der die Regelung über die Entschädigung ohne Beschränkung ihre abschreckende Wirkung verliert, weil sie nicht kalkulierbar ist[337]. Gerade das, was nicht kalkulierbar ist, wirkt auf den Arbeitgeber abschreckend[338]. Dies bedeutet freilich nicht, dass der Anspruch „uferlos" ist; die Grenze bildet die „Angemessenheit" der Entschädigung[339].

Auch das BAG stellt in seiner jüngeren Rechtsprechung ausdrücklich klar, dass der Tatsachenrichter zunächst die Höhe einer angemessenen und der Höhe nach nicht begrenzten Entschädigung zu ermitteln hat und diese dann auf drei Bruttomonatsgehälter zu kappen hat, wenn feststeht, dass der Bewerber die Stelle auch ohne die benachteiligende Handlung nicht erhalten hätte[340]. Gelingt dem Arbeitgeber dieser Beweis nicht, ist die der Höhe nach grundsätzlich unbegrenzte Entschädigung nicht zu kappen. In diesem Fall gilt der Grundsatz, dass die Höhe der Entschädigung nur durch das Kriterium der Angemessenheit begrenzt wird[341]. Dies bedeutet gleichwohl nicht, dass selbst wenn der Benachteiligte die Stelle erhalten hätte, die angemessene Entschädigung drei Monatsverdienste oder darüber hinaus betragen muss[342]. Sie kann aber grundsätzlich mehr als drei Monatsverdienste betragen, wenn dies nach den Umständen des Einzelfalls angemessen erscheint.

(2) Monatsgehalt als Bemessungsgrundlage

Der Gesetzgeber stellt in § 15 Abs. 2 S. 2 AGG als Bemessungsgröße für die erlittene Persönlichkeitsverletzung auf das Monatsgehalt des Benachteiligten ab.

---

336 *Meinel/Heyn/Herms*, AGG, § 15 Rn. 73.

337 so aber *Thüsing*, NZA Sonderbeilage zu Heft 22/2004, 3 (15).

338 *Kamanabrou*, ZfA 2006, 327 (339), die aber aus Gründen der Rechtssicherheit eine Fortschreibung des § 611a Abs. 3 BGB begrüßt.

339 vgl. BAG, Urteil vom 19.8.2010, NZA 2010, 1412 (1416); *Jacobs*, RdA 2009, 193 (204); HWK/*Annuß/Rupp*, § 15 AGG Rn. 9.

340 vgl. BAG, Urteil vom 19.8.2010, NZA 2010, 1412 (1416), vgl. auch BAG, Urteil vom 17.8.2010, NZA 2011, 153 (159).

341 BAG, Urteil vom 19.8.2010, NZA 2010, 1412 (1416).

342 BAG, Urteil vom 17.8.2010, NZA 2011, 153 (158).

In der Begründung zum Entwurf des ADG führte der Gesetzgeber noch aus, das Monatseinkommen sei für den Ausgleich immaterieller Schäden keine sachgerechte Bemessungsgröße[343]. Dem ist zuzustimmen. Sie mag bei § 611a BGB noch gerechtfertigt gewesen sein, der eine Entschädigung vorsah, die sowohl den materiellen als auch den immateriellen Schaden umfasste. Dies ist bei § 15 AGG jedoch nicht der Fall, der zwischen dem Ersatz des materiellen Schadens (Abs. 1) und demjenigen des immateriellen Schadens (Abs. 2) streng unterscheidet[344].

Das Monatsgehalt und dessen Multiplikation mit einem bestimmten Faktor kann kein Gradmesser für die Intensität der durch Diskriminierung im Arbeits- und Berufsleben erlittenen Persönlichkeitsverletzung sein. Die Bemessung der Entschädigung am Maßstab von Monatsverdiensten hat zur Folge, dass Bewerber um hoch dotierte Stellen eine großzügige Entschädigung erhalten, während Bewerber für gering entlohnte Tätigkeiten vergleichsweise niedrig entschädigt werden[345]. Eine solche „soziale Schieflage" ist im Bereich des Vermögensschadensersatzes unvermeidlich und in der Sache begründet, im Bereich der Nichtvermögensschäden jedoch kaum nachvollziehbar[346].

Mit der Anknüpfung an den Monatsverdienst hat der Gesetzgeber ein Kriterium gewählt, das selbst diskriminierend ist[347]. Wie schwer eine Benachteiligung einen Bewerber verletzt, hängt nicht davon ab, wie viel dieser Bewerber hätte verdienen können. Maßgeblich ist allein die Intensität der Persönlichkeitsverletzung. Der immaterielle Schaden des türkischen Mechanikers, der auf Grund seiner ethnischen Herkunft nicht eingestellt wird, kann nicht von vornherein niedriger angesetzt werden als der immaterielle Schaden eines türkischen Ingenieurs, der das gleiche Schicksal erleidet[348]. Andernfalls würde der Wert der Persönlichkeit des Ingenieurs höher qualifiziert als die des Mechanikers.

(3) Angemessenheit

Gemäß § 15 Abs. 2 S. 1 AGG soll die Entschädigung angemessen sein. Hierbei sind alle Umstände des Einzelfalls zu berücksichtigen. Zu diesen zählen etwa die Art und Schwere der Benachteiligung, ihre Dauer und Folgen, der Anlass und der Beweggrund des Handelns, der Grad der Verantwortlichkeit des Arbeitgebers, etwa geleistete Wiedergutmachung oder erhaltene Genugtuung und das Vorliegen

343 BT-Drs. 15/4538, S. 87.

344 *Meinel/Heyn/Herms*, AGG, § 15 Rn. 66.

345 so iE auch LAG Rheinland-Pfalz, Urteil vom 16.8.2001, NZA-RR 2002, 121 (123).

346 *Wagner/Potsch*, JZ 2006, 1085 (1094).

347 *Busch*, AiB 2006, 467 (470).

348 *Kamanabrou*, ZfA 2006, 327 (338).

eines Widerholungsfalles[349]. So dürfte eine unmittelbare Benachteiligung regelmäßig schwerer wiegen als die mittelbare, die verschuldete schwerer als die unverschuldete, ein Verhalten eines zuvor geschulten (§ 12 AGG) Mitarbeiters oder Vorgesetzten schwerer als das eines ungeschulten Beschäftigten, ein Wiederholungsfall schwerer als eine Erstbegehung[350]. Auch wird etwa eine erhöhte Entschädigung geboten sein, wenn ein Beschäftigter aus mehreren Gründen unzulässig benachteiligt oder belästigt wird[351]. Letztlich ist der Sanktionszweck zu beachten, so dass die Höhe auch danach zu bemessen ist, was zur Erzielung einer abschreckenden Wirkung erforderlich ist[352].

Fraglich ist, ob als Bemessungskriterium für die Angemessenheit der Entschädigung auch die Leistungsfähigkeit des Arbeitgebers mit einbezogen werden darf[353]. Sollte die Entschädigung unter Berücksichtigung der Leistungsfähigkeit des Arbeitgebers bemessen werden, erhielten Benachteiligungsopfer in Abhängigkeit von den wirtschaftlichen Verhältnissen des Arbeitgebers für gleichwertige Benachteiligungen unterschiedliche Entschädigungszahlungen. Wenn die Entschädigung jedoch unabhängig von der wirtschaftlichen Leistungsfähigkeit des Arbeitgebers bemessen würde, wäre sie nicht geeignet, leistungsstarke Arbeitgeber von Benachteiligungen abzuhalten[354]. Gleichbehandlung meint aber auch, dass die Persönlichkeit eines Mitarbeiters eines Weltkonzerns nicht mehr wert sein darf, als die eines in einem mittelständischen Unternehmen beschäftigten Mitarbeiters, der die gleiche Tätigkeit verrichtet. Es existiert kein Erfahrungssatz, nach dem man sich umso stärker gekränkt fühlt, je vermögender derjenige ist, der einem persönliches Unrecht zufügt[355]. Während im Strafrecht die wirtschaftlichen Verhältnisse des Täters die Tagessatzhöhe bei der

349 BAG, Urteil vom 19.8.2010, NZA 2010, 1412 (1416).

350 ErfK/Schlachter, § 15 AGG Rn. 9; a.A.: *Bader*, Arbeitsrechtlicher Diskriminierungsschutz als Privatrecht, S. 248, der das Vorliegen eines Wiederholungsfalls als unzulässiges Kriterium ansieht.

351 BT-Drucks. 16/1780, S. 38.

352 BAG, Urteil vom 19.8.2010, NZA 2010, 1412 (1416).

353 so LAG Berlin-Brandenburg, Urteil vom 26.11.2008, NJOZ 2008, 5205 (5230) – nicht rechtskräftig; LAG Köln, Urteil vom 8.11.2000, NZA-RR 2001, 232 (233); ArbG Frankfurt/Main, Urteil vom 29.5.2007, Az.: 11 Ca 8952/06, juris, Rn. 50; *Annuß*, NZA 1999, 738 (743); *Bauer/Evers*, NZA 2006, 893 (896); *Wisskirchen*, AGG Allgemeines Gleichbehandlungsgesetz, S. 53; *Deinert*, DB 2007, 398 (401) *Lehmann*, Die Höhe des finanziellen Ausgleichs nach § 15 Abs. 1 und Abs. 2 AGG unter besonderer Berücksichtigung der Rechtsprechung des EuGH, S. 145.

354 *Kamanabrou*, ZfA 2006, 327 (336).

355 *Bader*, Arbeitsrechtlicher Diskriminierungsschutz als Privatrecht, S. 246.

Geldstrafe betimmen, kann diese Kriterium bei privatrechtskonformen Verständnis nicht berücksichtigt werden[356].

Eine angemessene Entschädigung muss ferner geeignet sein, eine abschreckende Wirkung auf den Arbeitgeber zu haben[357]. Eine abschreckende Wirkung dürfte die Anhebung der Haftungsobergrenze durch den Gesetzgeber auf drei Monatsgehälter für denjenigen Bewerber, der auch ohne das benachteiligende Verhalten nicht eingestellt worden wäre, darstellen. Die Vorgängerregelungen, § 611a Abs. 3 S. 1 BGB und § 81 Abs. 2 Nr. 3 SGB IX a.F., sahen ebenfalls eine Begrenzung der Entschädigung auf drei Monatsgehälter vor, jedoch umfasste diese neben dem immateriellen auch den materiellen Schaden. Da Letzterer nun von § 15 Abs. 1 AGG separat erfasst wird, ist der mögliche Haftungsrahmen bezüglich des immateriellen Schadens erweitert worden.

Fraglich ist, an welchem Maßstab sich die Höhe der Entschädigung orientieren soll, um dem Erfordernis der Angemessenheit i.S.d. § 15 Abs. 2 S. 1 AGG zu genügen.

(a) Entschädigung entsprechend §§ 9, 10 KSchG

Einen verlässlichen Maßstab zur Bestimmung der Höhe einer angemessenen Entschädigung könnten aufgrund der vergleichbaren Sachlage die Rechtsprechungsgrundsätze des BAG zu § 628 Abs. 2 BGB bieten. Danach kann der Arbeitnehmer bei Vorliegen eines Auflösungsverschuldens des Arbeitgebers außer der Vergütung bis zum Wirksamkeitszeitpunkt einer fiktiven ordentlichen Kündigung eine angemessene Entschädigung gemäß §§ 9, 10 KSchG verlangen[358]. Entsprechend könnte der Entschädigungsanspruch nach § 15 Abs. 2 AGG gemäß §§ 9, 10 KSchG betragsmäßig begrenzt werden[359]. Hierbei würde jedoch verkannt, dass die Entschädigung nach §§ 9, 10 KSchG vergangenheitsbezogen ist und zum Ziel hat, einen Ausgleich für den Verlust des Arbeitsplatzes zu schaffen. Der Arbeitnehmer verzichtet auf den Bestandsschutz des Arbeitsverhältnisses und dieser Verzicht beruht letztlich auf einem unrechtmäßigen Verhalten des Arbeitgebers. Für zukunftsbezogene Fallkonstellationen, in denen zu keinem Zeitpunkt ein Beschäftigungsverhältnis und damit Bestandsschutz bestand, lassen sich aus den §§ 9, 10 KSchG keine Kriterien gewinnen. Eine analoge Anwendung ist daher abzulehnen.

---

356 *Bader*, Arbeitsrechtlicher Diskriminierungsschutz als Privatrecht, S. 247; so iE wohl auch *Kamanabrou*, ZfA 2006, 327 (337).

357 vgl. BT-Drs. 16/1780 S. 38.

358 BAG, Urteil vom 26.7.2001, NZA 2002, 325 = AP Nr. 13 zu § 628 BGB.

359 so *Bauer/Evers*, NZA 2006, 893 (896); *Seel*, MDR 2006, 1321 (1324); *Besgen*, B + P 2006, Beihefter Nr. 1/2006 zu Heft Nr. 8, 8.

(b) Regelschadensersatz in Form von sog. „Einsatzwerten"

Möglicherweise ließe sich ein Regelschadensersatz in einer bestimmten Höhe als Mittelwert festlegen. Dieser Regelschadensersatz würde einer Entschädigung für eine „mittelschwere" Persönlichkeitsverletzung entsprechen, von dem je nach Schwere des Verstoßes nach oben oder unten abgewichen werden könnte.

Ein solcher Regelschadensersatz müsste von seiner Höhe her zunächst verhältnismäßig sein. Daran fehlt es bereits, wenn gefordert wird, dass vor dem Hintergrund der europarechtlichen Vorgaben für den Bestqualifizierten ein Regelschadensersatz von einem Bruttojahresgehalt anzusetzen sei, mindestens jedoch ein Betrag von 30.000 Euro, was dem durchschnittlichen Jahreseinkommen eines Arbeitnehmers entsprechen soll[360]. Bei schweren Verletzungen soll dieser Betrag noch erhöht werden können. Insbesondere wenn Vorsatz des benachteiligenden Arbeitgebers vorliege oder schwere Folgen auftreten (Behandlungsbedürftige Depressionen, Gesundheitsbeeinträchtigungen), sei der Betrag – auch bis zum Mehrfachen des Regelbetrags – zu erhöhen[361].

Diese Ansicht verkennt den kompensatorischen Charakter der Entschädigungszahlung. Sie kann zwar dem Erfordernis einer „abschreckenden Wirkung", nicht aber dem Erfordernis einer „angemessenen" Entschädigung, wie sie die Richtlinien[362] und der Gesetzgeber[363] gleichsam fordern, gerecht werden. Kleine Unternehmen dürften regelmäßig Probleme haben, eine solchen Regelschadensersatz überhaupt leisten zu können.

Zu Zeiten der alten Rechtslage wurde vertreten, folgendes System von „Einsatzwerten" anzuwenden, von denen in besonders schlimmen Fällen nach oben, in besonders geringfügigen Fällen auch nach unten abgewichen werden konnte: Für die diskriminierend nicht eingestellte Person vier Bruttomonatsgehälter, für sonstige bei der Einstellung diskriminierte Bewerber zwei Monatsgehälter[364].

Diese Ansicht lässt sich jedoch nicht auf die Entschädigung nach § 15 Abs. 2 AGG übertragen, da diese im Gegensatz zur Entschädigung nach § 611a Abs. 2 BGB den materiellen Schaden nicht mit umfasst. Daher wird vorgeschlagen, die „Einsatzwerte" der veränderten Gesetzeslage anzupassen. So

360 *Alenfelder*, Diskriminierungsschutz im Arbeitsrecht, Rn. 116; *Gutmann/Hüsgen*, Antidiskriminierung, S. 107.

361 *Alenfelder*, Diskriminierungsschutz im Arbeitsrecht, Rn. 116.

362 Art. 15 der RL 2000/43/EG; Art. 17 der RL 2000/78/EG; Art. 6, 8d der RL 2002/73/EG.

363 BT-Drs. 16/1780, S. 38.

364 *Zwanziger*, DB 1998, 1330 (1331).

seien für denjenigen, der die Stelle auch ohne das benachteiligende Verhalten nicht erhalten hätte, als Ausgangspunkt zwei Monatsgehälter heranzuziehen[365]. Für die Frage, wie eine Entschädigung für bestplatzierte Bewerber im Regelfall auszusehen habe, könne man einerseits annehmen, dass die Persönlichkeitsverletzung schwerer wiege als bei den übrigen Bewerbern, müsse jedoch zum anderen in Ansatz bringen, dass der Benachteiligte zusätzlich Schadensersatz nach § 15 Abs. 1 AGG verlangen könne[366]. Ein nach § 15 Abs. 1 AGG zu ersetzender Schaden sei bei der Bemessung der Entschädigung zu berücksichtigen. Daher sei es trotz einer möglicherweise schwerer wiegenden Persönlichkeitsverletzung des bestqualifizierten Bewerbers gerechtfertigt, auch bei diesem im Regelfall von zwei Monatsvergütungen auszugehen. Hier könne die Steigerung für „krasse" Fälle höher ausfallen, weil es keine Summenbegrenzung gibt[367].

Es erscheint wenig überzeugend, den materiellen Schaden im Rahmen der Bemessung des immateriellen Schadens zu berücksichtigen und daher für den Bestqualifizierten den gleichen „Einsatzwert" festzulegen wie für denjenigen, der die Stelle ohnehin nicht erhalten hätte. Der Benachteiligte hat nach der Rechtsprechung ded EuGH einen Anspruch darauf, dass sowohl seine materiellen als auch seine immateriellen Schäden in vollem Umfang ausgeglichen werden[368]. Diese beiden Ansprüche stehen nebeneinander, weshalb Schadensersatz und Entschädigung nicht miteinander verrechnet werden können[369]. Der materielle Schadensausgleich nach § 15 Abs. 1 AGG hat nicht den Zweck, den immateriellen Schaden auszugleichen. Insoweit ist es geboten, den materiellen und immateriellen Schaden getrennt voneinander zu ermitteln und anschließend zu kumulieren[370]. Die Persönlichkeitsverletzung des Bestqualifizierten kann nicht weniger stark entschädigt werden als die des Minderqualifizierten, nur weil der Bestqualifizierte zusätzlich einen Anspruch auf Ersatz des materiellen Schadens hat. Letzterer hat bezüglich beider Ansprüche einen Anspruch auf vollumfängliche Kompensation.

Im Übrigen ist ein bestimmter Regelschadensersatz in Form von Einsatzwerten, der sich an Monatsverdiensten orientiert, auch deshalb abzulehnen,

365 *Deinert*, DB 2007, 398 (401).

366 *Deinert*, DB 2007, 398 (402).

367 *Deinert*, DB 2007, 398 (402).

368 vgl. EuGH, Urteil vom 24.6.1988, Rs. C-177/88 (Dekker), Slg. 1990, I-3941 (3968) Rn. 25; EuGH, Urteil vom 22.4.1997, Rs. C-180/95 (Draemphal), Slg. 1997, I-2195 (2213) Rn. 18.

369 *Jacobs*, RdA 2009, 193 (203).

370 a.A.: *Nollert-Borasio/Perreng*, AGG, § 15 Rn. 11, die immaterielle Schäden nach Abs. 2 auf materielle Schäden nach Abs. 1 anrechnen wollen.

weil eine diskriminierte Führungskraft in der Regel durch die gleiche Benachteiligung keinen höheren immateriellen Schaden erleidet als ein einfacher Arbeiter, der einen niedrigeren Monatsverdienst hat. Die Heranziehung von Monatsverdiensten als Bemessungsgröße ist selbst diskriminierend[371].

(c) Orientierung an zivilrechtlichen Schmerzensgeldbeträgen in Fällen von Ehrverletzungen

Eine Orientierungshilfe könnten die bewährten Schmerzensgeldsätze darstellen, die Zivilgerichte in Fällen von Ehrverletzungen anwenden[372]. Hieran scheint auf den ersten Blick auch der Gesetzgeber gedacht zu haben, wenn er in der Gesetzesbegründung zur Angemessenheit der Entschädigung ausführt, dass dies der bewährten Regelung des Schmerzensgeldes in § 253 BGB entspreche[373]. Eine Durchsicht von Schmerzensgeldtabellen zeigt, dass für Persönlichkeitsverletzungen - soweit diese nicht in Presse, Internet oder Fernsehen mit großer Öffentlichkeitswirkung erfolgen - in der Regel Beträge im unteren dreistelligen Bereich zuerkannt werden, und zwar auch bei schweren Beleidigungen[374]. Schon aus diesem Grund muss eine Orientierung an diesen Werten ausscheiden. Denn der Gesetzgeber führt in der Gesetzesbegründung auch aus, dass die Entschädigung nicht nur angemessen zu sein, sondern ebenso eine wirklich abschreckende Wirkung haben müsse und weist diesbezüglich ausdrücklich auf die Entscheidung „Draemphal" des EuGH hin[375]. Ein Betrag im unteren dreistelligen Bereich dürfte regelmäßig einen Bruchteil eines Monatsgehalts darstellen und daher keine abschreckende Wirkung haben, wie sie sowohl der EuGH als auch der nationale Gesetzgeber fordert.

(d) Rechtsprechung des BAG

Das BAG hat in einer frühen Entscheidung zu § 611a BGB entschieden, dass die Entschädigung für die erlittene Persönlichkeitsverletzung im Normalfall in Höhe eines Monatsverdienstes zu gewähren sei[376]. Zum Zeitpunkt dieser Entscheidung sah § 611a Abs. 2 BGB noch die Beschränkung des Schadensersatzes auf das negative Interesse vor, so dass das BAG den Ersatz des immateriellen Schadens auf eine Verletzung des allgemeinen Persönlichkeitsrechts gemäß

371 siehe oben unter B. IV. 2. a) aa) (2).

372 so *Meinel/Heyn/Herms*, AGG, § 15 Rn. 67.

373 BT-Drs. 16/1780, S. 38.

374 *Meinel/Heyn/Herms*, AGG, § 15 Rn. 67 f. m.w.N.

375 BT-Drs. 16/1780, S. 38.

376 BAG, Urteil vom 14.3.1989, DB 1989, 2279 = NJW 1990, 65.

§ 823 Abs. 1 BGB stützte. Dass diese Rechtsprechung sich nur auf diese erste Fassung des § 611a Abs. 2 BGB bezog und nicht auf die Rechtslage bei § 15 Abs. 2 AGG übertragbar ist, zeigt folgender Passus der Entscheidung, der sich mit der Höhe der Entschädigung für den immateriellen Schaden in Höhe eines Monatsverdienstes auseinandersetzt:

> *„Dabei ist, wie der in seinen Rechtsfolgen zwar unzureichende, aber nach wie vor gültige § 611a Abs. 2 BGB zeigt, der bisher unveränderte Wille des nationalen Gesetzgebers nicht zu übersehen, geschlechtsspezifische Diskriminierungen* ***nur insoweit*** *zu sanktionieren,* ***als*** *dies nach EG-Recht* ***unbedingt erforderlich*** *ist.* ***Diese gesetzgeberische Grundentscheidung ist, solange sie gilt,*** *bei Festlegung der Entschädigung* ***in die Abwägung mit einzubeziehen.*** *Dies führt nach Auffassung des Senats dazu, dass die Entschädigung im Normalfall in Höhe eines Monatsverdienstes zu gewähren ist.“*[377]
>
> [Hervorhebungen durch den Verfasser]

Diese Argumentation ist im Lichte der acht Jahre später ergangenen Entscheidung „Draemphal“[378] nicht mehr vertretbar, zumal der dadurch veränderte gesetzgeberische Wille in der Gesetzesbegründung zum AGG klar zum Ausdruck kommt. Hier wird unter Hinweis auf die Draemphal-Entscheidung eine „wirklich abschreckende Wirkung“ in Bezug auf die Höhe der Entschädigung verlangt[379]. Eine Regelentschädigung von einem Monatsverdienst dürfte diesem Erfordernis nicht gerecht werden[380].

Den Entscheidungen des BAG zu § 15 Abs. 2 AGG lässt sich entnehmen, dass das BAG von dem Festlegen einer bestimmten Regelentschädigung abgerückt ist. Das BAG betont stattdessen, dass hinsichtlich der Höhe dem Tatrichter ein Beurteilungsspielraum eingeräumt werde, um bei der Prüfung der Angemessenheit der Entschädigung die Besonderheiten jedes einzelnen Falles angemessen berücksichtigen zu können[381]. Dabei komme für denjenigen Bewerber, der ohne die Benachteiligung im Bewerbungsverfahren hätte erfolgreich sein können, eine Entschädigung von mehr als drei Monatsverdiensten in Betracht[382]. Auch für denjenigen Bewerber, der die Stelle bei benachteiligungsfreier Auswahl

---

377 BAG, Urteil vom 14.3.1989, DB 1989, 2279 (2281) = NJW 1990, 65 (67).

378 EuGH, Urteil vom 22.4.1997, Rs. C-180/95 (Draemphal), Slg. 1997, I-2195 (2212).

379 BT-Drs. 16/1780 S. 38.

380 a.A.: KR/*Pfeiffer*, 9. Auflage 2009, § 15 AGG Rn. 151, der unter Berufung auf die BAG-Rspr. weiterhin auf die Höhe eines Monatsverdienstes als Orientierungsgröße zurückgreifen möchte.

381 BAG, Urteil vom 19.8.2010, NZA 2010, 1412 (1416).

382 vgl. BAG, Urteil vom 17.8.2010, NZA 2011, 153 (159).

nicht erhalten hätte, sei vom Tatgericht eine angemessene Entschädigung anhand aller Umstände des Einzelfalls festzulegen und diese, wenn sie drei Monatsverdienste übersteige, auf drei Monatsverdienste zu kappen[383]. Gleichzeitig stellt das BAG klar, dass die Festsetzung der angemessenen Entschädigung nur einer eingeschränkten Überprüfung durch das Revisionsgericht unterliege. Dabei sei revisionsrechtlich nur zu überprüfen, ob das Urteil das Bemühen um eine angemessene Berücksichtigung aller maßgeblichen Umstände erkennen lasse und ob es gegen Rechtssätze, Denkgesetze oder Erfahrungssätze verstoße[384].

Es ist folglich erkennbar, dass das BAG den Tatrichtern ein sehr weites Ermessen bei der Bestimmung der Höhe der Entschädigung einräumt und nicht wie in der Vergangenheit eine bestimmte Regelentschädigung für eine mittelschwere Persönlichkeitsverletzung vorgibt. Die Ausführungen des BAG, dass die Entschädigung zunächst ohne Beachtung der Höchstgrenze gemäß § 15 Abs. 2 S. 2 AGG individuell festzusetzen sei und im Fall desjenigen Bewerbers, der die Stelle auch bei benachteiligungsfreier Auswahl nicht erhalten hätte, bei drei Monatsverdiensten zu kappen sei, zeigt zudem, dass das BAG je nach den Umständen des Einzelfalls auch eine Entschädigung von mehr als drei Monatsverdiensten für angemessen erachtet.

(ε) Rechtsprechung der Instanzgerichte

Da die Entscheidung über die Höhe der jeweiligen Entschädigung grundsätzlich den Tatrichtern obliegt, denen das BAG einen weiten Ermessensspielraum einräumt und deren Entscheidung nur sehr eingeschränkt revisionsrechtlich überprüfbar ist, kann eine Analyse der Rechtsprechung der Instanzgerichte zu § 15 Abs. 2 AGG Anhaltspunkte dafür liefern, was nach der Rechtsprechung unter einer angemessenen Entschädigung zu verstehen ist und welche Umstände sich wie stark auf die Höhe einer Entschädigung auswirken können.

So entschied das ArbG Berlin bezüglich der Verletzung des Persönlichkeitsrechts einer Bewerberin, die bei benachteiligungsfreier Auswahl eingestellt worden wäre, auf eine Entschädigung von drei Bruttomonatsentgelten[385]. Vorliegend sei von der – nach der irrigen Ansicht des Gerichts auch für den Bestplatzierten geltenden – Höchstgrenze auszugehen, da das Verhalten des Arbeitgebers über eine leichte bzw. mittlere Fahrlässigkeit hinausgehe und

383 BAG, Urteil vom 19.8.2010, NZA 2010, 1412 (1416).

384 BAG, Urteil vom 22.1.2009, NZA 2009, 945 (952); BAG, Urteil vom 19.8.2010, NZA 2010, 1412 (1416).

385 ArbG Berlin, Urteil vom 13.7.2005, NZA-RR 2005, 608 ff.

erschwerend hinzukomme, dass der Betroffene den Arbeitgeber mehrfach auf das Diskriminierungsverbot erfolglos hingewiesen habe[386].

Ähnlich entschied das ArbG Frankfurt am Main, das einer 46-jährigen befristet angestellten Stewardess, deren Bewerbung um ein unbefristete Stelle allein mit dem aufgrund ihres Lebensalters verbundenen wirtschaftlichen Risiko krankheitsbedingter Ausfälle abgelehnt wurde, eine Entschädigung in Höhe von drei Bruttomonatsgehältern zusprach[387]. Im vorliegenden Fall sei die - nach der irrigen Ansicht des Gerichtes auch für den Bestplatzierten geltende - Höchstgrenze angemessen, da es sich um eine vorsätzliche und unmittelbare Diskriminierung handele, die eine unbefristete Einstellung der Klägerin unmöglich machte. Zudem seien bei der Bemessung der Entschädigung der Gedanke der Generalprävention und die wirtschaftlichen Verhältnisse der Beklagten zu berücksichtigen.

Das ArbG Hamburg sprach einer „Nicht-Christin" wegen Diskriminierung wegen der Religion ebenfalls eine Entschädigung in Höhe von drei Monatsgehältern zu[388]. Es verwies darauf, dass die Klägerin ohne das benachteiligende Verhalten gute Aussichten auf die Stelle gehabt hätte. Die Benachteiligung wiege umso schwerer, als sich die Beklagte bewusst über die Empfehlung des Zuwendungsgebers für ein Integrationsprojekt, die Auswahl von Mitarbeitern neutral durchzuführen, hinweg gesetzt habe und damit eine Bereitschaft, sich mit den europäischen Vorgaben im Diskriminierungsschutz auseinanderzusetzen, vermissen lasse.

Ferner sprach das ArbG Hamburg einem Bewerber wegen Diskriminierung aufgrund seiner ethnischen Herkunft eine Entschädigung in Höhe von drei Monatsgehältern zu[389]. Die Begrenzung des § 15 Abs. 2 S. 2 AGG fände keine Anwendung, da die Einstellung des Bewerbers bei benachteiligungsfreier Auswahl nicht ausgeschlossen gewesen wäre. Auf die Höhe wirke sich aus, dass es sich lediglich um eine mittelbare und keine unmittelbare Diskriminierung gehandelt habe, kein Wiederholungsfall vorliege und zu erwarten sei, dass die Zahlung der Entschädigung in Höhe von drei Monatsgehältern bereits zu einem veränderten Auswahlverfahren bei dem beklagten Unternehmen führen werde.

Das ArbG Düsseldorf hielt im Fall eines Bewerbers, der auch bei benachteiligungsfreier Auswahl die Stelle nicht erhalten hätte, eine Entschädigung

---

386 ArbG Berlin, Urteil vom 13.7.2005, NZA-RR 2005, 608 (613).

387 ArbG Frankfurt/Main, Urteil vom 29.5.2007, Az.: 11 Ca 8952/06, juris; *Oberwetter*, BB 2007, 1847 (1848).

388 ArbG Hamburg, Urteil vom 4.12.2007, BB 2008, 385.

389 ArbG Hamburg, Urteil vom 26.1.2010, ArbRB 2010, 337.

von eineinhalb Monatsgehältern für angemessen[390]. Ähnlich entschied das Arbeitsgericht Stuttgart, das einem Bewerber, der die Stelle ohnehin nicht erhalten hätte, eine Entschädigung von 1.500 Euro zusprach, was etwa der Höhe von zwei Monatsverdiensten (1.600 Euro) entsprach[391]. Bei der Festsetzung der Höhe der Entschädigung habe die Kammer berücksichtigt, dass es sich bei der ausgeschriebenen Stelle um eine nur befristete Stelle gehandelt habe.

Das ArbG Stuttgart sprach einer abgelehnten Bewerberin, die sich auf eine für Männer ausgeschriebene Stelle beworben hatte, eine Entschädigung in Höhe von einem Bruttomonatsgehalt zu. Es liege keine schwere Persönlichkeitsverletzung vor, da sich die Bewerberin selbst nur in einem geringen Maß diskriminiert fühlte, da sie lediglich „irritiert" gewesen sei[392].

Ein von einem katholischen Krankenhaus abgelehnter konfessionsloser Bewerber erhielt vom ArbG Aachen wegen religionsbedingter Benachteiligung eine Entschädigung in Höhe von einem Bruttomonatsgehalt zugesprochen. Die Schwere des Verstoßes sei wegen der schwierigen und weitgehend ungeklärten Rechtslage als gering einzustufen[393].

Das ArbG Bonn sprach einem abgelehnten Bewerber eine Entschädigung von unter einem Monatsgehalt zu[394]. Im Rahmen der immateriellen Entschädigungselemente sei zu würdigen, dass der Arbeitgeber nicht willkürlich gehandelt habe, sondern die Festlegung auf weibliche Bewerber dem Kläger zumindest verständlich machen konnte. Daher sei die persönliche Kränkung des Bewerbers auf ein relativ geringes Maß reduziert[395].

Das BAG bestätigte die Ermessensausübung des LAG München, das einem 1958 geborenen Bewerber um eine Stelle als „jungen Volljuristen" eine Entschädigung in Höhe von einem Bruttomonatsgehalt zusprach, als fehlerfrei[396]. Es liege keine besonders schwerwiegender Fall einer Diskriminierung vor,

---

390 ArbG Düsseldorf, Urteil vom 15.11.2000, PflR 2001, 437.

391 ArbG Stuttgart, Urteil vom 26.4.2007, Az.: 15 Ca 11133/06, juris.

392 ArbG Stuttgart, Urteil vom 5.9.2007, Az.: 29 Ca 2793/07, juris, wobei das ArbG Stuttgart unzutreffend davon ausgeht, dass die Höchstgrenze nach § 15 Abs. 2 S. 2 AGG im Fall einer nicht erfolgten Einstellung generell drei Bruttomonatsgehälter beträgt, unabhängig von der Erfolgsaussichten der Bewerbung.

393 ArbG Aachen, Urteil vom 14.12.2012, Az.: 2 Ca 4226/11, juris, wobei das ArbG Aachen unzutreffend davon ausgeht, dass die Höchstgrenze nach § 15 Abs. 2 S. 2 AGG im Fall einer nicht erfolgten Einstellung generell drei Bruttomonatsgehälter beträgt, unabhängig von der Erfolgsaussichten der Bewerbung.

394 ArbG Bonn, Urteil vom 31.3.2001, PflR 2001, 318.

395 ArbG Bonn, Urteil vom 31.3.2001, PflR 2001, 318 (321).

396 BAG, Urteil vom 19.8.2010, NZA 2010, 1412 (1416).

so das BAG. Das LAG habe sachgerecht zu Grunde gelegt, dass es außer einer nicht an den Kläger persönlich gerichteten Stellenanzeige, welche kraft Gesetzes die Vermutung einer Diskriminierung wegen des Alters begründe, kein zu beanstandendes Verhalten der Beklagten vorliege. Diese habe sich dem Kläger gegenüber wegen seines Alters weder abwertend noch beleidigend verhalten. Soweit das LAG folgere, die Beklagte habe wegen des nur begrenzt zur Verfügung stehenden Budgets einen sich noch nah am Berufseinstieg befindlichen Bewerber gesucht und dies unzulässig mit „jung" gleichgesetzt, sei auch dies vertretbar. Zutreffend habe das LAG den Verschuldensgrad in die Abwägung mit einbezogen. Der Umstand, dass der Kläger seine Chancen auf dem Arbeitsmarkt als schlecht einstufe, wirke sich nicht auf die Intensität der Persönlichkeitsverletzung aus.

Dem – soweit ersichtlich – bisher einzigen Urteil, in dem einer Bewerberin eine Entschädigung von mehr als drei Bruttomonatsverdiensten zugesprochen wurde, lag eine Diskriminierung wegen der Religion zugrunde. Eine evangelische Einrichtung lehnte die Verlängerung eines befristeten Arbeitsvertrages einer Mitarbeiterin als Heilerziehungshelferin wegen deren Mitgliedschaft in der neuapostolischen Kirche ab. Es liege eine unmittelbare und bewusste Benachteiligung vor und das Diskriminierungsmerkmal sei der ausschließliche Grund für die Ablehnung gewesen. Schließlich sei mit Blick darauf, dass die Problematik im Rahmen sämtlicher zeitlich befristeter Arbeitsverhältnisse der Einrichtung von Bedeutung sein dürfte, eine erhöhte Wiederholungsgefahr gegeben[397]. Es sei jedoch angemerkt, dass die ausgeurteilte Entschädigung in Höhe von fünf Monatsverdiensten in dem konkreten Fall lediglich einem Betrag von 1.853, 20 Euro entsprach.

bb) Ergebnis

Die in der Literatur diskutierten Vorschläge zur Bestimmung der Höhe einer angemessenen Entschädigung können allesamt nicht überzeugen. Ein Rückgriff auf §§ 9,10 KSchG verkennt, dass es sich nicht um ein Problem des Bestandsschutzes handelt. Es erscheint auch nicht angemessen, bestimmte Pauschalbeträge oder „Einsatzwerte" abstrakt und mit generellem Geltungsanspruch festzulegen. Eine Orientierung an zivilrechtlichen Schmerzensgeldbeträgen würde letztlich zu einer wenig abschreckenden Sanktion führen, da diese bei Ehrverletzungen regelmäßig im unteren dreistelligen Bereich liegen. Die Rechtsprechung des BAG aus dem Jahre 1989 muss als überholt angesehen

397 ArbG Hamburg, Urteil vom 28.8.2009, Az: 11 Ca 121/09, juris.

werden, nicht zuletzt da sie mit dem gesetzgeberischen Willen nicht in Einklang zu bringen ist. Zudem zeigt die jüngere Rechtsprechung des BAG, dass dieses nach Inkrafttreten des AGG von der Festlegung einer Regelentschädigung abgerückt ist und stattdessen betont, dass der jeweilige Tatrichter unter Berücksichtigung der Einzelfallumstände eine angemessene Entschädigung festzulegen hat, die im Fall des Bestqualifizierten auch drei Monatsverdienste überschreiten kann. Eine Analyse der Rechtsprechung der Instanzgerichte zu § 15 Abs. 2 AGG verdeutlicht, dass selbst die Entschädigung für denjenigen Bewerber, die die Stelle auch bei benachteiligungsfreier Auswahl nicht erhalten hätte, zumeist über der Regelentschädigung von einem Monatsgehalt des BAG aus dem Jahre 1989 liegt. Auffällig ist, dass die Instanzgerichte auch im Fall desjenigen Bewerbers, der die Stelle im Falle eines benachteiligungsfreien Auswahlverfahrens möglicherweise erhalten hätte, bei der Bemessung der Entschädigung in der Regel die für den Minderqualifizierten geltende Höchstgrenze von drei Monatsverdiensten nach § 15 Abs. 2 S. 2 AGG nicht überschreiten. Damit scheinen sich die Instanzgerichte bei allen Bewerbern an der gesetzlichen Höchstgrenze von drei Monatsgehältern zu orientieren, was jedoch im Falle des Bestqualifizierten nicht sachgerecht ist und auch im Widerspruch zur jüngeren Rechtsprechung des BAG steht. Darüber hinaus ist der Monatsverdienst des Benachteiligten als Bemessungsgröße ungeeignet, da dieses Kriterium selbst diskriminierend ist. Die Höhe des hypothetischen Monatsverdienstes sollte daher außer Acht gelassen und stattdessen eine an den konkreten Umständen des jeweils zu beurteilenden Einzelfalls ausgerichtete Ermittlung der dem benachteiligten Bewerber erwachsenen immateriellen Nachteile sowie eine individuelle Bewertung der erforderlichen Sanktion vorgenommen werden[398].

b) Diskriminierung bei Aufstiegsentscheidungen

Auch der Bewerber um einen beruflichen Aufstieg kann eine angemessene Entschädigung in Geld nach § 15 Abs. 2 AGG verlangen, wenn er bei der Auswahlentscheidung entgegen § 2 AGG benachteiligt worden ist.

aa) Bemessung der Höhe

Ebensowenig wie bei einem Bewerber um eine Einstellung definiert der Gesetzestext hinsichtlich des benachteiligten Aufstiegsbewerbers, was unter einer „angemessenen“ Entschädigung zu verstehen ist oder welche Kriterien für die Bestimmung einer solchen herangezogen werden sollen.

---

398 so iE auch *Annuß*, NZA 1999, 738 (742).

(1) Höchstgrenze

Die summenmäßige Beschränkung des Entschädigungsanspruch auf drei Bruttomonatsgehälter nach § 15 Abs. 2 S. 2 AGG betrifft *de lege lata* nur Einstellungsentscheidungen. Bei dem früheren § 611a BGB und § 81 SGB IX a.F. galt Entsprechendes kraft Verweisung auch für den beruflichen Aufstieg. Auch wenn es in § 15 Abs. 2 S. 2 AGG an einer solchen Verweisung nunmehr fehlt, wird man doch im Wege des Erst-Recht-Schlusses annehmen dürfen, dass die Summenbeschränkung für denjenigen Aufstiegsbewerber, die die Stelle auch im Fall eines benachteiligungsfreien Auswahlverfahrens nicht erhalten hätte, ebenfalls drei Monatsvergütungen beträgt[399]. Diese Auslegung lässt auch der Wortsinn des § 15 Abs. 2 S. 2 AGG zu, denn als Einstellung kann im weitläufigen Sinn auch die Übertragung einer anderen Arbeitsaufgabe im Rahmen einer Vertragsänderung bezeichnet werden[400].

Soweit in der Literatur vertreten wird, der Entschädigungsanspruch sei auf die dreifache Vergütungsdifferenz zwischen der innegehaltenen und der erstrebten Beschäftigung beschränkt[401], ist dies unzutreffend[402]. Weder der Gesetzeswortlaut noch der Gesetzeszweck kann eine solche Auslegung begründen[403]. Die Entschädigung erfolgt allein wegen des immateriellen Schadens. Die Persönlichkeitsverletzung muss im Fall der Auswahl bei Aufstiegsentscheidungen keine geringere sein als bei einer nicht erfolgten erstmaligen Einstellung[404]. Es ist daher zur Berechnung der Höchstgrenze die dreifache Monatsvergütung heranzuziehen, die der Benachteiligte auf der höheren Position bezogen hätte. Für denjenigen Bewerber, der bei benachteiligungsfreier Auswahl möglicherweise eingestellt worden wäre, gilt diese Grenze freilich nicht. Dessen Anspruch wird nur durch das Erfordernis der „Angemessenheit" der Entschädigung in § 15 Abs. 2 S. 1 AGG der Höhe nach begrenzt.

---

399 Däubler/Bertzbach/*Deinert*, AGG, § 15 Rn. 65; *Meinel/Heyn/Herms*, AGG, § 15 Rn. 72; *Kolmhuber/Schreiner*, Antidiskriminierung und Arbeitsrecht, Rn. 133; BAG, Urteil vom 17.8.2010, NZA 2011, 153 (158).

400 BAG, Urteil vom 17.8.2010, NZA 2011, 153 (158).

401 so *Wisskirchen*, DB 2006, 1491 (1499).

402 BAG, Urteil vom 17.8.2010, NZA 2011, 153 (158); Däubler/Bertzbach/*Deinert*, AGG, § 15 Rn. 65; *Meinel/Heyn/Herms*, AGG, § 15 Rn. 72.

403 BAG, Urteil vom 17.8.2010, NZA 2011, 153 (158); LAG Berlin-Brandenburg, Urteil vom 28.6.2011, BeckRS 2011, 75944.

404 BAG, Urteil vom 17.8.2010, NZA 2011, 153 (158); vgl. auch Däubler/Bertzbach/*Deinert*, AGG, § 15 Rn. 65; *Deinert*, DB 2007, 398 (402); *Deinert*, AiB 2006, 741 (744).

(2) Angemessenheit
In der Literatur wird vertreten, sowohl für den bestqualifizierten als auch für den minderqualifizierten Aufstiegsbewerber als angemessene Entschädigung einen Betrag in Höhe von zwei Bruttomonatsgehältern festzulegen, von denen je nach Intensität der Persönlichkeitsverletzung nach oben oder unten abgewichen werden könnte. Ein höherer „Einsatzwert" für den bestqualifizierten Bewerber müsse ausscheiden. Der Bestqualifizierte erhalte zusätzlich Schadensersatz nach § 15 Abs. 1 AGG, der bei der Entschädigung nach § 15 Abs. 2 AGG mit zu berücksichtigen sei, so dass bei diesem ein höherer „Einsatzwert" im Vergleich zu dem Minderqualifizierten nicht gerechtfertigt sei[405].

Unabhängig davon, dass die Richtlinien und die Rechtsprechung des EuGH einen vollumfänglichen Ausgleich des erlittenen Schadens fordern und dieser nicht erreicht wird, wenn man den materiellen und immateriellen Schaden miteinander verrechnen wollte, ist die Heranziehung von Monatsverdiensten als Bemessungsgrundlage für eine Regelentschädigung verfehlt, weil diese Bemessungsgröße selbst einen diskriminierenden Charakter hat.

Im Übrigen unterscheidet diese Ansicht nicht danach, ob es sich um eine Diskriminierung bei der Begründung eines Arbeitsverhältnisses oder bei einer Aufstiegsentscheidung handelt. Dies ist zwar zu begrüßen, da die Persönlichkeitsverletzung bei dem beruflichen Aufstieg keine andere als bei der Begründung eines Arbeitsverhältnisses ist. Die Begründung indes, wonach der gleiche Einsatzwert bei dem bestqualifizierten und minderqualifizierten Bewerber wegen des zusätzlichen Schadensersatzanspruchs des Bestqualifizierten gerechtfertigt sei, erscheint vor folgendem Hintergrund nicht schlüssig: Der bestqualifizierte Aufstiegsbewerber kann im Rahmen des Schadensersatzanspruches nach § 15 Abs. 1 AGG lediglich die entgangene Vergütungs*differenz* geltend machen, während der bestqualifizierte Bewerber um die Begründung eines Arbeitsverhältnisses die volle entgangene Monatsvergütung geltend machen kann. Im Ergebnis bedeutet dies, dass der Schadensersatz nach § 15 As. 1 AGG des bestqualifizierten Bewerbers um eine Neuanstellung regelmäßig weit höher ausfällt als der Schadensersatz des bestqualifizierten Aufstiegsbewerbers. Möchte man nun aber diese Schadensersatzansprüche bei der Bemessung der Entschädigung nach § 15 Abs. 2 AGG berücksichtigt wissen, müsste der „Einsatzwert" für die Entschädigung des bestqualifizierten Aufstiegsbewerbers denklogisch höher angesetzt werden als der des bestqualifizierten Einstellungsbewerbers, da bei Letzterem ein höherer Schadensersatzanspruch zu berücksichtigen ist.

405 *Deinert*, DB 2007, 398 (402); *Deinert*, AiB 2006, 741 (744).

Daher ist die Festlegung eines identischen „Einsatzwertes“ von zwei Bruttomonatsgehältern für beide Fälle dogmatisch verfehlt.

Mit Ausnahme der dargestellten Ansicht wird in Literatur und Rechtsprechung grundsätzlich nicht zwischen der Entschädigung für eine Diskriminierung bei Begründung eines Arbeitsverhältnisses und bei dem beruflichen Aufstieg differenziert. Dies ist sachgerecht. Wie bereits dargestellt, ist die Persönlichkeitsverletzung im Fall der Auswahl bei Aufstiegsentscheidungen keine andere als bei Einstellungsentscheidungen. Daher kann auf die obigen Ausführungen und Kriterien für die Bemessung einer angemessenen Entschädigung im Fall einer Benachteiligung bei der Begründung von Arbeitsverhältnissen vollumfänglich verwiesen werden[406].

Rechtsprechung zur Diskriminierung bei dem beruflichen Aufstieg wurde bisher – soweit ersichtlich – nur in einem Fall veröffentlicht. So sprach das LAG Berlin-Brandenburg einer wegen ihrer Schwangerschaft benachteiligten Aufstiegsbewerberin eine Entschädigung in Höhe von eineinhalb Bruttomonatsgehältern zu[407]. Bei der Bemessung der Entschädigung sei zu berücksichtigen, dass es sich um eine unmittelbare Benachteiligung gehandelt habe, die schwerer wiege als eine mittelbare. Ferner sei von einer vorsätzlichen und nicht nur fahrlässigen Benachteiligung auszugehen. Die Chance auf einen beruflichen Aufstieg, die damit verbundene berufliche Weiterentwicklung und die Steigerung des sozialen Ansehens seien beeinträchtigt worden. Zudem stelle es eine besondere Persönlichkeitsverletzung dar, wenn der Arbeitgeber der Benachteiligten vor Augen führe, dass sie gerade auch wegen ihrer Schwangerschaft berufliche Nachteile erleidet. Letztlich habe der Arbeitgeber sich weder bei der Benachteiligten entschuldigt noch ihr eine Genugtuung zukommen lassen.

3. *Strafschadensersatz*

In der Rechtssache „Draemphal“ führte der EuGH aus, dass er zur Durchsetzung des Diskriminierungsverbots eine Sanktion für geboten hält, die „eine wirklich abschreckende Wirkung gegenüber dem Arbeitgeber hat“[408]. Diese Rechtsprechung hat in den Richtlinien Niederschlag gefunden. Danach haben die Mitgliedsstaaten „wirksame, verhältnismäßige und abschreckende

406 siehe oben unter B. IV. 2. a) aa) (3).

407 LAG Berlin-Brandenburg, Urteil vom 28.6.2011, BeckRS 2011, 75944.

408 EuGH, Urteil vom 22.4.1997, Rs. C-180/95 (Draemphal), Slg. 1997, I-2195 (2212) Rn. 23.

Sanktionen" festzulegen[409]. Dieses Erfordernis hat der Gesetzgeber im Rahmen der Gesetzesbegründung zur Bemessung der Entschädigung nach § 15 Abs. 2 AGG ausdrücklich angeführt und hierbei auch explizit auf die Entscheidung „Draemphal" Bezug genommen[410]. Da die Gesetzesbegründung keine Anhaltspunkte liefert, wie dem Erfordernis einer „wirklich abschreckenden" Sanktion genügt werden soll, stellt sich die Frage, ob die Entschädigung gemäß § 15 Abs. 2 AGG auch ein punitives Element enthält.

a) Begriffsbestimmung

Das Instrument des Strafschadensersatzes, sog. *punitive* oder *exemplary damages*, hat seinen Ursprung in Amerika. Er kann nach dem Recht der meisten Einzelstaaten der USA als weiterer Geldbetrag zum rein ausgleichenden Schadensersatz zuerkannt werden. Hiermit werden die unterschiedlichsten Ziele verfolgt[411], im Vordergrund stehen aber *punishment and deterrence* (Bestrafung und Abschreckung)[412]. Der Schädiger soll für besonders rücksichtsloses Verhalten (*malice*) – was im deutschen Recht etwa Vorsatz und grober Fahrlässigkeit entspricht – bestraft und von künftigem sozialschädlichen Verhalten abgeschreckt werden[413]. Nach dem US Supreme Court erfüllt der zivilrechtliche Strafschadensersatz eine ähnliche Funktion wie die strafrechtliche Bestrafung[414]. Bestrafung, Abschreckung und Vergeltung werden als legitime staatliche Interessen verstanden, die auf dem Zivilrechtsweg durch die *powerful weapon* der *punitive damages* erfüllt werden können[415].

b) Kein punitives Element der Entschädigung nach § 15 Abs. 2 AGG

Teilweise wurde in der Literatur bereits § 611a Abs. 2 BGB aufgrund seiner Entstehungsgeschichte als „echte Strafschadensnorm" qualifiziert[416]. Auch

---

409 Art. 15 der RL 2000/43/EG; Art. 17 der RL 2000/78/EG; Art. 6, 8d der RL 2002/73/EG, Art. 18 der RL 2006/54/EG.

410 BT-Drs. 16/1780, S. 38.

411 *Hay*, US-Amerikanisches Recht, Rn. 421 f., wonach Strafschadensersatz der Abschreckung Dritter, der Bestrafung des Täters und dem Ausgleich für unzureichende Schadensbeseitigung dient.

412 *Körner*, NJW 2000, 241; *Steinbrück*, Jura 2004, 439 (444).

413 *Körner*, NJW 2000, 241.

414 State Farm Mutual Automobile Insurance Co. v. Campbell (No. 01–1289 vom 7. April 2003), abrufbar im Internet, URL: http://www.law.cornell.edu/supct/html/01-1289.ZO.html (1.7.2014).

415 *Steinbrück*, Jura 2004, 439 (444) m.w.N.

416 vgl. *Annuß*, NZA 1999, 738 (741).

hinsichtlich § 15 Abs. 2 AGG wird teilweise vertreten, dass das Kriterium der Präventionswirkung bei der Bemessung der Höhe der Entschädigung als wesentliches Kriterium mit heranzuziehen sei, obgleich § 15 Abs. 2 AGG dieses nicht unmittelbar benennt[417]. Während hierin jedoch teilweise ein – wenn auch zwangsläufig hinzunehmender – Fremdkörper in dem vom sog. Bereicherungsverbot geprägten deutschen Schadensersatzrecht gesehen wird[418], kann die Gegenmeinung keinen Systembruch ausmachen, da der BGH und das BVerfG bei der richterrechtlichen Fortentwicklung des Schmerzensgeldanspruches bei Persönlichkeitsverletzung eine Berücksichtigung von Präventionsgesichtspunkten ebenfalls für zulässig erachtet hätten[419].

Überwiegend wird ein überkompensatorisches Element als Teil der Entschädigung abgelehnt[420]. Nicht anders als der Schadensersatz für Vermögensschäden sei der Schadensersatz für Nichtvermögensschäden ein kompensatorischer Schadensersatz. Eben daher sei die Norm auch verfassungsgemäß. Es liege insoweit keine nach dem Rechtsstaatsprinzip bedenkliche Zivilstrafe vor[421]. Die Präventionswirkung werde vielmehr durch einen möglichst vollumfänglichen Schadensausgleich erreicht[422]. Der Sanktionszweck sei mithin durch den Schadensausgleichsgesichtspunkt begrenzt[423]. Dem ist zuzustimmen.

Nach deutschem Verständnis soll der Schadensersatz primär den tatsächlich erlittenen Schaden ausgleichen[424]. Lediglich nachrangig sind Genugtuung und

---

417 so Schleusener/Suckow/*Voigt*, AGG, § 15 Rn. 52; *Lehmann*, Die Höhe des finanziellen Ausgleichs nach § 15 Abs. 1 und Abs. 2 AGG unter besonderer Berücksichtigung der Rechtsprechung des EuGH, S. 153 f.

418 so schon zu § 611a BGB: *Annuß*, NZA 1999, 738 (741).

419 Schleusener/Suckow/*Voigt*, AGG, § 15 Rn. 52.

420 *Thüsing*, Arbeitsrechtlicher Diskriminierungsschutz, Rn. 528; *Meinel/Heyn*/Herms, AGG, § 15 Rn. 62 f.; *Deinert*, DB 2007, 398; *Wagner*, AcP 206 (2006), 352 (402); *Wagner/Potsch*, JZ 2006, 1085 (1088); *Bader*, Arbeitsrechtlicher Diskriminierungsschutz als Privatrecht, S. 213 ff.; so schon für § 611a BGB: KR/*Pfeiffer*, 7. Auflage 2004, § 611a BGB Rn. 104.

421 für die Behindertendiskriminierung BAG, Urteil vom 15.2.2005, AP SGB IX § 81 Nr. 7; für die Geschlechtsdiskriminierung BAG, Urteil vom 14.3.1989, AP BGB § 611a Nr. 5.

422 *Wagner*, AcP 206 (2006), 352 (402); *Wagner/Potsch*, JZ 2006, 1085 (1088).

423 *Deinert*, DB 2007, 398; so schon für § 611a BGB: KR/*Pfeiffer*, 7. Auflage 2004, BGB, § 611a Rn. 104.

424 MünchKomm/*Wagner*, Titel 27. Unerlaubte Handlungen, Vorbemerkungen, Rn. 38 m.w.N.

Prävention Gegenstand der Haftung[425]. Im Jahre 1992 erklärte der BGH ein US-amerikanisches Urteil, das eine Verurteilung zum Strafschadensersatz enthielt, wegen Verstoßes gegen den materiellen *ordre public* gemäß §§ 723 Abs. 2 S. 2, 328 Abs. 1 Nr. 4 ZPO für nicht vollstreckbar[426]. Die moderne deutsche Zivilrechtsordnung sehe als Rechtsfolge einer unerlaubten Handlung nur den Schadensausgleich, nicht aber eine Bereicherung des Geschädigten vor[427]. Anstelle des Staates trete hier der Einzelne als „privater Staatsanwalt" auf. Dies sei nach deutscher Rechtsauffassung mit dem Bestrafungsmonopol des Staates und den dafür eingeführten besonderen Verfahrensgarantien unvereinbar. Die Bestrafung und Abschreckung seien mögliche Ziele der Kriminalstrafe (§§ 46 ff. StGB), die als Geldstrafe an den Staat fließt, aber nicht Aufgabe des Zivilrechts[428].

Würde die Entschädigung nach § 15 Abs. 2 AGG ein punitives Element enthalten, würde dies einen evidenten Systembruch mit dem deutschen Haftungsrecht darstellen, das durch den Ausgleichsgedanken bestimmt wird und den Präventionsgedanken als selbstständigen Bemessungsfaktor nur in absoluten Ausnahmefällen, wie dem Presserecht, berücksichtigt. Ein solcher Ausnahmefall ist nicht gegeben. Im Presserecht bildet die Höhe der Entschädigung ein Gegenstück zur Verletzung der Persönlichkeitsrechte zur Gewinnerzielung[429]. In einem Diskriminierungsfall beabsichtigt der Arbeitgeber in der Regel jedoch keine Gewinnerzielung durch Verletzung des Persönlichkeitsrechts des Benachteiligten. Es wird statt des benachteiligten Bewerbers ein anderer Bewerber eingestellt oder befördert, so dass der Arbeitgeber keine wirtschaftlichen Vorteile durch die diskriminierende Handlung hat. Einen Gewinn erzielt der Arbeitgeber durch die Persönlichkeitsverletzung nicht. Somit geht es beim Schutz vermögenswerter Elemente der Persönlichkeit im Presserecht um ein qualitativ anderes Rechtsgut als bei rein ideellen Aspekten, die in Diskriminierungsfällen betroffen sind[430].

Auch der EuGH fordert nicht die Einführung eines Strafschadensersatzes. Der EuGH verlangt nicht nur eine „wirklich abschreckende Wirkung" des Ersatzanspruches, sondern betont gleichzeitig, dass der Betrag „in einem

425 vgl. Palandt/*Grüneberg*, Vorb v § 249 Rn. 2.

426 BGH, Urteil vom 4.6.1992, NJW 1992, 3096.

427 BGH, Urteil vom 4.6.1992, NJW 1992, 3096 (3103).

428 BGH, Urteil vom 4.6.1992, NJW 1992, 3096 (3103).

429 BGH, Urteil vom 15.11.1994, NJW 1995, 861; BGH, Urteil vom 5.12.1995, NJW 1996, 985.

430 *Steinbrück*, Jura 2004, 439 (441).

angemessenen Verhältnis zum erlittenen Schaden stehen" müsse[431]. In der Rechtssache „Marshall II"[432], der eine diskriminierende Kündigung eines Arbeitsverhältnisses zugrunde lag, forderte Generalanwalt *Van Gerven* ausdrücklich Strafschadensersatz. Er vertrat die Ansicht, dass zwischen „vollständigem Schadensersatz" und einem „angemessenen Schadensersatz", der „hoch genug ist, um als wirksame, verhältnismäßige und abschreckende Sanktion wirken zu können", zu unterscheiden sei[433]. Der Gerichtshof folgte der Auffassung des Generalanwalts nicht, sondern stellte klar, dass bei einer diskriminierenden Entlassung nur die vollständige Wiedereinsetzung der diskriminierten Person in den vorherigen Stand oder ersatzweise der vollständige Ersatz des erlittenen Schadens eine Gleichstellung gewährleisten können und den Erfordernissen gerecht werden, die dem Begriff einer angemessenen Sanktion zu Grunde liegen[434]. Der EuGH geht somit davon aus, dass der vollständige Ersatz des erlittenen Schadens das gebotene Maß an Abschreckung bewirkt. Nirgends ist in seinen Urteilen von Sühne und Vergeltung die Rede[435]. Dem Europarecht geht es nicht um „Bestrafung" im technischen Sinne und ebenso wenig um eine vom Schaden losgelöste Abschreckung des Täters, sondern um Prävention durch Schadensausgleich[436].

Außerhalb des Diskriminierungsrechts lässt der EuGH einen innerstaatlich vorgesehenen Strafschadensersatz im Rahmen der auf das Wettbewerbsrecht der Gemeinschaft gegründeten Klagen zu, wenn er im Rahmen vergleichbarer, auf das innerstaatliche Recht gegründeter Klagen zugesprochen werden kann, betont jedoch gleichzeitig, dass das Unionsrecht nicht einem nationalen Bereicherungsverbot entgegenstehe[437]. Selbst im Wettbewerbsrecht fordert der EuGH folglich keinen Strafschadensersatz, sondern erkennt nationale Bereicherungsverbote an. Die Anerkennung nationaler Bereicherungsverbote ist auch nur konsequent, hat sich der Gerichtshof doch in seinen bisherigen Entscheidungen außerhalb des Wettbewerbsrechts zu keinem Zeitpunkt vom

---

431 EuGH, Urteil vom 2.8.1993, Rs. C-271/91 (Marshall II), Slg. 1993, I-4367 (4408); EuGH, Urteil vom 22.4.1997, Rs. C-180/95 (Draemphal), Slg. 1997, I-2195 (2205).

432 EuGH, Urteil vom 2.8.1993, Rs. C-271/91 (Marshall II), Slg. 1993, I-4367 (43400).

433 Schlussanträge von Generalanwalt van Gerven vom 26.1.1993, Rs. C-271/91 (Marshall II), Slg. 1993, I-4367 (4381) Rn. 17.

434 *Duffy*, Entschädigung bei Diskriminierung - ein gemeinschaftsrechtlicher Ausblick, S. 10.

435 *Wagner*, AcP 206 (2006), 352 (394).

436 *Wagner*, AcP 206 (2006), 352 (402); *Wagner/Potsch*, JZ 2006, 1085 (1088).

437 EuGH, Urteil vom 13.7.2006, Rs. C-295/04 (Manfredi), Slg. 2006, I-6619 (6641) Rn. 99.

Ausgleichsprinzip des Schadensersatzrechts verabschiedet, sondern sich immer wieder zum schadensrechtlichen Bereicherungsverbot bekannt[438]: Die Mitgliedsstaaten müssten die Sanktionen so bemessen, „dass der Schutz der gemeinschaftsrechtlich gewährleisteten Rechte nicht zu einer ungerechtfertigten Bereicherung des Anspruchsberechtigten führt"[439].

Ein Anspruch auf Strafschadensersatz ist daher weder gefordert noch gewollt. Die geforderte Abschreckungswirkung wird vielmehr durch einen Anspruch auf vollumfängliche Kompensation des materiellen und immateriellen Schadens erreicht, wodurch der Sanktionszweck durch den Schadensausgleichsgesichtspunkt begrenzt wird[440].

4 Zinsen

Der benachteiligte Bewerber hat gemäß § 288 Abs. 1 BGB bis zum Zeitpunkt der Zahlung des geschuldeten Schadensersatzbetrags Anspruch auf Verzugszinsen. Das gleiche gilt für den Entschädigungsbetrag, unabhängig davon, ob diese beziffert oder unbeziffert geltend gemacht wird[441]. Der Verzug beginnt regelmäßig nach erfolgloser Aufforderung zur Zahlung unter Fristsetzung. Unahängig hiervon werden ab Rechtshängigkeit der Klage nach §§ 291 S. 2, 288 Abs. 1 BGB Prozesszinsen in Höhe der gesetzlichen Verzusgszinsen fällig. Die Rechtshängigkeit wird in der Regel durch Zustellung der Klage an den Schuldner begründet, §§ 253 Abs. 1, 261 Abs. 1 ZPO. Eine kumulative Geltendmachung von Prozesszinsen und Verzugszinsen ist ausgeschlossen[442].

Der Verzugszinssatz beträgt für das Jahr fünf Prozentpunkte über dem Basiszinssatz, § 288 Abs. 1 S. 2[443]. Der Basiszinssatz beträgt gemäß § 247 Abs. 1 BGB 3,62 Prozentpunkte und verändert sich zum 1. Januar und 1. Juli eines jeden Jahres um die Prozentpunkte, um welche die Bezugsgröße seit der letzten

---

438 vgl. *Wagner*, AcP 206 (2006), 352 (395).

439 EuGH, Urteil vom 20.9.2001, Rs. C-453/99 (Courage), Slg. 2001, I-6297 (6324) Rn. 30; vgl. auch EuGH, Urteil vom 4.10.1979, Rs. 238/78 (Ireks-Arkady), Slg. 1979, 2955 (2974) Rn. 14; EuGH, Urteil vom 27.2.1980, Rs. 68/79 (Just), Slg. 1980, 501 (523) Rn. 26; EuGH, Urteil vom 21.9.2000, Rs. C-441/98 und C-442/98 (Michailidis), Slg. 2000, I-7145 (7176) Rn. 3 f.

440 *Deinert*, DB 2007, 398; so schon für § 611a BGB: KR/*Pfeiffer*, 7. Auflage 2004, § 611a BGB Rn. 104.

441 BGH, Urteil vom 23.12.1964, NJW 1965, 531.

442 RG, Urteil vom 4.3.1918, RGZ 92, 283 (285).

443 Für Rechtsgeschäfte, an denen ein Verbraucher nicht beteiligt ist, beträgt der Zinssatz acht Prozentpunkte über dem Basiszinssatz, § 288 Abs. 2 BGB.

Veränderung des Basiszinssatzes gestiegen oder gefallen ist. Bezugsgröße ist der Zinssatz für die jüngste Hauptrefinanzierungsoperation der Europäischen Zentralbank vor dem ersten Kalendertag des betreffenden Halbjahrs. Im zweiten Halbjahr 2014 beträgt der Basiszinssatz -0,73 Prozentpunkte[444].

Ein Zinsabschlag für zukünftige Leistungen nimmt die Rechtsprechung grundsätzlich nicht vor. Im Fall der Festlegung einer Geldrente bezieht die Rechtsprechung die voraussichtliche Inflation mit ein, gewährt jedoch keine dynamische Rente, die sich am Lebenshaltungskosten-Index orientiert[445].

5. *Ausschluss der Naturalrestitution*

§ 15 Abs. 6 AGG bildet eine Ausnahme vom Grundsatz der Naturalrestitution nach § 249 BGB und schließt diese aus. Danach besteht kein Anspruch auf Begründung eines Beschäftigungsverhältnisses, eines Berufsausbildungsverhältnisses oder auf beruflichen Aufstieg. Durch die Vorschrift soll die Privatautonomie dadurch geschützt werden, dass dem Arbeitgeber kein von ihm missbilligter Vertragspartner aufgezwungen wird[446].

Eine Ausnahme besteht nur für den Fall, dass sich aus anderen – spezialgesetzlichen, d.h. nicht allgemeinen – Rechtsvorschriften ein derartiger Anspruch ergeben sollte. Zu denken ist insoweit an einen tariflichen Einstellungsanspruch für Auszubildende oder einen tariflichen Bewährungsaufstieg[447].

Der Ausschluss ist europarechtskonform. Bereits zu § 611a BGB hatte der EuGH entschieden, dass die Gleichbehandlungsrichtlinie 76/207/EWG keinen Kontrahierungszwang als Rechtsfolge einer Benachteiligung verlange[448]. Einen solchen sehen die nunmehr umgesetzten Richtlinien ebenso wenig vor.

6. *Ausschlussfristen*

Der Benachteiligte kann Schadensersatz- und Entschädigungsansprüche nach § 15 Abs. 1 und Abs. 2 AGG nur dann erfolgreich geltend machen, wenn

444 Deutsche Bundesbank, Mitteilung Nr. 1001/2014 vom 24.6.2014, BAnZ AT 26.6.2014 B5.

445 BGH, Urteil vom 3.7.1973, NJW 1973, 1653; OLG Köln, Urteil vom 19.5.1988, ZfSch 1989, 10.

446 *Wank*, Sonderbeilage NZA, Heft 22/2004, 16 (18); Steinkühler, Allgemeines Gleichbehandlungsgesetz, Rn. 396.

447 *Bauer/Göpfert/Krieger*, AGG, § 15 Rn. 68; vgl. auch Palandt/*Weidenkaff*, § 15 AGG Rn. 4.

448 EuGH, Urteil vom 10.4.1984, Rs. 14/83 (von Colson und Kamann), Slg. 1984, 1891 (1901) Rn. 19.

sie nicht durch das Verstreichen der Ausschlussfristen kraft Gesetzes untergegangen sind.

a) Frist zur schriftlichen Geltendmachung, § 15 Abs. 4 AGG

Die Ansprüche nach § 15 Abs. 1 und Abs. 2 AGG sind innerhalb einer Frist von zwei Monaten gegenüber dem Arbeitgeber schriftlich geltend zu machen, wobei die Frist im Falle einer Bewerbung oder eines beruflichen Aufstiegs mit dem Zugang der Ablehnung beginnt und in den sonstigen Fällen zu dem Zeitpunkt, in dem der Beschäftigte Kenntnis von der Benachteiligung erhält, § 15 Abs. 4 AGG. Die Bestimmung des Zeitpunkts der Ablehnung erfolgt nach den allgemeinen Vorschriften der §§ 130 ff. BGB[449]. Die Frist berechnet sich grundsätzlich nach den §§ 187, 188 BGB.

aa) Verstoß der Dauer der Frist gegen Europarecht

Bedenklich erscheint die Länge der Frist hinsichtlich des in den Richtlinien normierten Absenkungsverbotes, das den Mitgliedsstaaten eine Absenkung des bereits garantierten Schutzniveaus untersagt[450]. § 611a Abs. 4, Abs. 5 BGB bestimmte, dass der Entschädigungsanspruch infolge einer Benachteiligung wegen des Geschlechts innerhalb der im angestrebten oder bestehenden Arbeitsverhältnis vorgesehenen Ausschlussfrist, die mindestens zwei Monate zu betragen hatte, geltend gemacht werden musste. Bestand eine solche Frist nicht, so betrug die Frist sechs Monate.

Nunmehr beträgt die Frist zur Geltendmachung von Schadensersatz- und Entschädigungsansprüchen grundsätzlich zwei Monate. Hierin ist eine Verschlechterung der Rechtslage in Bezug auf das Diskriminierungsmerkmal Geschlecht zu sehen und somit ein Verstoß gegen das Absenkungsverbot in Art. 27 Abs. 2 der allgemeinen Geschlechterdiskriminierungsrichtlinie 2006/54/EG, in der die Richtlinien 76/207/EWG und RL 2002/73/EG zusammengefasst wurden[451]. Dieses Ergebnis steht auch nicht im Widerspruch zu der Rechtsprechung des EuGH, wonach das Absenkungsverbot in Art. 8 der RL 2000/78/EG dahin auszulegen ist, dass es einer zur Umsetzung der Richtlinie erlassenen nationalen Verfahrensvorschrift nicht entgegensteht, in deren Folge eine frühere Regelung geändert worden ist, die eine kürzere Frist für die

449 *Steinkühler*, Allgemeines Gleichbehandlungsgesetz, Rn. 388.

450 Art. 6 Abs. 2 der RL 2000/43/EG; Art. 8 Abs. 2 der RL 2000/78/EG; Art. 8e Abs. 2 der RL 76/207/EWG (eingefügt durch RL 2002/73/EG).

451 So auch *Perreng/Nollert-Borasio*, AiB 2006, 459 (464); *Busch*, AiB 2006, 467 (468); *Alenfelder*, Diskriminierungsschutz im Arbeitsrecht, Rn. 140.

Geltendmachung eines Entschädigungsanspruchs bei geschlechtsbezogener Diskriminierung vorsah[452]. Die Vorlagefrage bezog sich ausschließlich auf das Absenkungsverbot in der Richtlinie 2000/78/EG, die das Diskriminierungsmerkmal Geschlecht jedoch nicht umfasst. Folgerichtig entschied der EuGH, dass eine Absenkung des Schutzniveaus im Hinblick auf das Merkmal Geschlecht nicht vorliegen kann, wenn dieses Merkmal schon nicht von der Richtlinie geschützt ist. Zu der Frage, ob ein Verstoß gegen das Absenkungsverbot in Art. 8e Abs. 2 der RL 76/207/EWG vorliegt, das sich ausdrücklich auf das Merkmal Geschlecht bezieht, hat der EuGH nicht entschieden.

Hinsichtlich der übrigen Diskriminierungsmerkmale in § 1 AGG ist die zweimonatige Frist hingegen zulässig[453]. Für diese Merkmale sah das Gesetz vor Inkrafttreten des AGG keine Geltendmachungsfrist vor. Durch die erstmalige Schaffung einer solchen Geltendmachungsfrist konnte daher keine Absenkung des Schutzniveaus erfolgen.

Auch verstößt die zweimonatige Frist nicht gegen den Grundsatz der Äquivalenz des EuGH. Danach darf die Länge der Ausschlussfrist nicht weniger günstig sein als die für vergleichbare innerstaatliche Rechtsbehelfe. Das deutsche Recht kennt eine Reihe deutlich kürzerer Geltendmachungsfristen. Die Geltendmachungsfrist ist unter anderem mit den – deutlich kürzeren – Klagefristen für die Geltendmachung der Unwirksamkeit einer Kündigung oder Befristung und den Erklärungsfristen der § 626 Abs. 2 BGB, § 22 Abs. 4 S. 1 BBiG, § 12 S. 1 KSchG und § 9 Abs. 1 MuSchG vergleichbar[454].

Im Ergebnis verstößt die Länge der Ausschlussfrist somit nur in Bezug auf das Diskriminierungsmerkmal Geschlecht gegen das Absenkungsverbot, während sie in Bezug auf die anderen Diskriminierungsmerkmale grundsätzlich zulässig ist. Aufgrund des eindeutigen Wortlauts der Regelung ist eine richtlinienkonforme Auslegung in Bezug auf das Diskriminierungsmerkmal Geschlecht nicht möglich. Wo eine europarechtskonforme Auslegung scheitert, weil das nationale Recht klar den europäischen Vorgaben entgegengesetzt wertet, bleibt es bei der Gültigkeit des europarechtswidrigen nationalen Rechts, bis der nationale Gesetzgeber es ändert[455].

---

452 EuGH, Urteil vom 8.7.2010, NZA 2010, 869 (872).

453 vgl. zu dem Merkmal Alter: EuGH, Urteil vom 8.7.2010, Rs. C-246/09 (Bulicke), NZA 2010, 869 (871); vgl. zu den Merkmalen Rasse und ethnische Herkunft: BAG, Urteil vom 24.9.2009, NZA 2010, 387 (393).

454 BAG, Urteil vom 24.9.2009, NZA 2010, 387 (392); BAG, Urteil vom 15.3.2012, NZA 2012, 910 (913); Urteil vom 21.6.2012, NZA 2012, 1211 (1212).

455 vgl. MünchKomm/*Thüsing*, AGG, Einl. Rn. 32.

Eine Neuregelung könnte sich am Wortlaut der Fristenregelung des aufgehobenen § 611a Abs. 4 BGB orientieren. Dieser lautete wie folgt:

> *„Ein Anspruch auf Entschädigung nach den Absätzen 2 und 3 muss innerhalb einer Frist, die mit Zugang der Ablehnung der Bewerbung beginnt, schriftlich geltend gemacht werden.*
> *Die Frist bemisst sich nach einer für die Geltendmachung von Schadensersatzansprüchen im angestrebten Arbeitsverhältnis vorgesehenen Ausschlussfrist; sie beträgt mindestens zwei Monate.*
> *Ist eine solche Frist für das angestrebte Arbeitsverhältnis nicht bestimmt, so beträgt die Frist sechs Monate."*

Die festgelegte Mindestfrist von zwei Monaten in Bezug auf die im angestrebten Arbeitsverhältnis vorgesehene Ausschlussfrist ist aufgrund der BAG-Rechtsprechung zu arbeitsvertraglichen Ausschlussfristen[456] auf drei Monate zu erhöhen. Lediglich tarifvertraglich vereinbarte kürzere Fristen sind zulässig[457]. Im Hinblick auf das Absenkungsverbot sowie § 31 AGG, der ausweislich der Gesetzesbegründung auch auf die Frist für die Geltendmachung von Ansprüchen und damit auf § 15 Abs. 4 AGG Anwendung findet[458], darf die tarifvertragliche Geltendmachungsfrist jedoch eine Länge von zwei Monaten nicht unterschreiten.

Aus Gründen der Rechtseinheitlichkeit sollte sich die Fristenregelung auf alle Diskriminierungsmerkmale beziehen. In Anlehnung an den früheren § 611a Abs. 4 BGB könnte § 15 Abs. 4 AGG durch den Gesetzgeber wie folgt neu gefasst werden:

> *„Ein Anspruch nach den Absätzen 1 und 2 muss innerhalb einer Frist schriftlich geltend gemacht werden. Die Länge der Frist bemisst sich nach einer für die Geltendmachung von Schadenersatzansprüchen im angestrebten oder bestehenden Arbeitsverhältnis vorgesehenen Ausschlussfrist; sie beträgt mindestens drei Monate, es sei denn, die Tarifvertragsparteien haben eine abweichende Regelung getroffen, die eine mindestens zweimonatige Frist vorsieht. Ist eine solche Frist für das angestrebte Arbeitsverhältnis nicht bestimmt, so beträgt die Frist sechs Monate."*

---

456 vgl. BAG, Urteil vom 28.9.2005, NZA 2006, 795.

457 BAG, Urteil vom 13.12.2007, DB 2008, 1104, wonach tarifvertragliche Ausschlussfristen keiner AGB-Kontrolle zu unterziehen sind, § 310 Abs. 4 S. 1 BGB.

458 BT-Drs. 16/1780, S. 53; a.A.: Schiefer/Ettwig/Krych, Das Allgemeine Gleichbehandlungsgesetz, Rn. 576, die entgegen der Gesetzesbegründung kürzere Fristen für zulässig erachten, da die Gesetzesbegründung widersprüchlich zum deutlichen Wortlaut des § 15 Abs. 4 AGG sei.

bb) Verstoß des Fristbeginns gegen Europarecht

Die Ausschlussfristenregelung des § 15 Abs. 4 AGG ist ferner an dem Effektivitätsgrundsatz zu messen, den der EuGH in ständiger Rechtsprechung aus Art. 10 EG ableitet. Eine nationale Verfahrensvorschrift verstößt demnach gegen den Effektivitätsgrundsatz, wenn sie dazu führt, dass dem Einzelnen die Ausübung der ihm durch das Unionsrecht verliehenen Rechte praktisch unmöglich gemacht oder übermäßig erschwert wird[459].

Gemäß § 15 Abs. 4 S. 2 AGG beginnt die Frist im Falle einer Bewerbung oder eines beruflichen Aufstiegs mit dem Zugang der Ablehnung. Die fristauslösende Ablehnung vermittelt dem Betroffenen jedoch nur Kenntnis von dem Umstand, dass seine Bewerbung keinen Erfolg gehabt hat, aber nicht zugleich von dem Umstand, dass dies auf einer Benachteiligung beruht[460]. Dies kann dazu führen, dass die Frist bereits abgelaufen ist, bevor der Betroffene überhaupt bemerkt, dass ihm ein Anspruch gegen den Arbeitgeber zusteht. In dieser Fallkonstellation wird dem Einzelnen die Ausübung seiner Rechte praktisch unmöglich gemacht. Die Frist verstreicht, bevor überhaupt die Voraussetzungen für ihre Wahrung gegeben sind.

Eine teleologische Auslegung der Vorschrift führt jedoch zu dem Ergebnis, dass die Frist nicht zwangsläufig mit dem Zugang der Ablehnung, sondern mit dem Zeitpunkt beginnt, zu dem der Arbeitnehmer von der Benachteiligung Kenntnis erlangt[461]. Der Gesetzgeber hat mit der Bezeichnung „Zugang der Ablehnung" lediglich die „Kenntnis" konkretisieren wollen. Im Wege der richtlinienkonformen Auslegung ist davon auszugehen, dass die Frist frühestens mit Zugang der Ablehnung beginnt, jedoch nicht vor Kenntnisnahme der Diskriminierung, die wesentlich später liegen kann[462].

Der im Interesse der Rechtssicherheit eingeführten Sonderregelung für Einstellungs- und Beförderungsverfahren in § 15 Abs. 4 S. 2 AGG kommt nach der vom EuGH verlangten richtlinienkonformen Auslegung nur noch die Bedeutung einer Beweislastregel zu. Danach ist grundsätzlich davon

---

459 EuGH, Urteil vom 16.12.1976, Rs. C-33/76 (Rewe), Slg. 1976, 1989 Rn. 5; EuGH, Urteil vom 17.7.1997, Rs. C-90/94 (Haahr Petroleum), Slg. 1997, I-4085 (4142), Rn. 46; EuGH, Urteil vom 28.1.2000, Rs. C-88/99 (Frères), Slg. 2000, I-10465 (10481) Rn. 21.

460 ErfK/*Schlachter*, § 15 AGG Rn. 16.

461 EuGH, Urteil vom 8.7.2010, Rs. C-246/09 (Bulicke) Slg. 2010, I-7003; BAG, Urteil vom 15.3.2012, NZA 2012, 910 (916); BAG, Urteil vom 21.6.2012, NZA 2012, 1211 (1212).

462 BAG, Urteil vom 15.3.2012, NZA 2012, 910 (912); a.A.: *Deinert*, AiB 2006, 741 (744).

auszugehen, dass ein Bewerber mit Erhalt der Ablehnung Kenntnis von den die mögliche Benachteiligung begründenden Umständen hat und daher die Geltendmachungsfrist zu laufen beginnt. Kann der Bewerber aber nachweisen, dass er erst nachträglich von den entsprechenden Tatsachen erfahren hat, beginnt die Frist erst mit Kenntniserlangung[463].

b) Klagefrist, § 61b Abs. 1 ArbGG

Für eine „Klage auf Entschädigung nach § 15 AGG" sieht § 61b Abs. 1 ArbGG darüber hinaus eine Klagefrist von drei Monaten seit schriftlicher Geltendmachung vor. Hierbei handelt es sich um eine materiell-rechtliche Ausschlussfrist, die von Amts wegen zu beachten ist und deren Nichteinhaltung zum Verfall des Anspruchs führt. Umstritten ist, ob angesichts des Wortlauts der Regelung die Klagefrist lediglich für den Entschädigungsanspruch oder auch für den Schadensersatzanspruch nach § 15 Abs. 1 AGG gilt.

aa) Anwendbarkeit auf § 15 Abs. 1 AGG

Teilweise wird in der Literatur die Ansicht vertreten, § 61b Abs. 1 ArbGG erfasse über seinen Wortlaut hinaus auch den Schadensersatzanspruch nach § 15 Abs. 1 AGG[464]. Die Formulierung des § 61b Abs. 1 ArbGG sei insoweit zu eng[465]. Bei der Gesetzesformulierung sei von einem Redaktionsversehen auszugehen. Es könne nicht angenommen werden, dass der Gesetzgeber den mit § 61b ArbGG verfolgten Beschleunigungszweck nicht auch für den materiellen Schadensersatz wollte. Dies stünde im Widerspruch zu § 15 Abs. 4 AGG, wo ebenfalls die materielle Frist zum Zwecke der Beschleunigung auch für den Schadensersatzanspruch vorgesehen sei[466].

bb) Beschränkung auf § 15 Abs. 2 AGG

Dem wird entgegengehalten, die Klagefrist des § 61b ArbGG beziehe sich ausweislich ihres Wortlauts ausdrücklich nur auf den Entschädigungsanspruch

---

463 *Krieger*, ArbRAktuell 2010, 393.

464 *Kania/Merten*, ZIP 2007, 8 (15); *Annuß*, BB 2006, 1629 (1635); *Oberwinter/Ziegler*, FA 2006, 264 (264); *Bauer/Krieger*, AnwBl 2006, 800 (802); *Bauer/Göpfert/Krieger*, AGG, § 15 Rn. 57; *Bauer/Evers*, NZA 2006, 893 (897); Küttner/*Kania*, Diskriminierung, Rn. 135; *Roesner*, Das Allgemeine Gleichbehandlungsgesetz, S. 158; BeckOK/*Fuchs*, § 15 AGG Rn. 10; *Blessing*, Rechtsfolgen diskriminierender Kündigungen unter Geltung des AGG, S. 177 f.

465 *Bauer/Krieger*, AnwBl 2006, 800 (802); *Bauer/Göpfert/Krieger*, AGG, § 15 Rn. 57.

466 BeckOK/*Fuchs*, § 15 AGG Rn. 10.

in § 15 Abs. 2 AGG[467]. Trotz des allgemeinen Verweises auf § 15 AGG sei durch den Begriff „Entschädigung" klargestellt, dass sich der neue § 61b Abs. 1 ArbGG nur auf Forderungen auf Ersatz immaterieller Schäden nach Abs. 2 und 3 beziehe und nicht auf den Schadensersatzanspruch nach Abs. 1[468]. Da auch die Gesetzesbegründung keine weiteren Anhaltspunkte gebe, führe eine entsprechende Auslegung anhand des Wortlauts der Gesetzesregelung klar zu diesem Ergebnis[469]. Für den materiellen Schadensersatzanspruch würden daher die regelmäßigen Verjährungsvorschriften nach §§ 195, 199 BGB gelten[470].

cc) Stellungnahme und Lösungsvorschlag

Sowohl für die Anwendbarkeit als auch für die Nichtanwendbarkeit des § 61b Abs. 1 ArbGG auf den Schadensersatzanspruch gemäß § 15 Abs. 1 AGG sprechen gewichtige Argumente. So lässt ein vergleichender Blick auf die alte und die neue Fassung des § 61b ArbGG zunächst beide Auslegungen zu. § 61b ArbGG a.F. bezog sich ausweislich seines Wortlauts auf die „Entschädigung nach § 611a Abs. 2 BGB", während die Neufassung von der „Entschädigung nach § 15 AGG" spricht. Angesichts dessen ließe sich die Ansicht vertreten, der Gesetzgeber habe durch den Wegfall des „Abs. 2" deutlich machen wollen, dass sich die Klagefrist nunmehr auf alle Ansprüche in § 15 AGG beziehe[471]. Insofern könnte man das Beibehalten des Wortes „Entschädigung" als Redaktionsversehen einordnen, zumal die „Entschädigung" gemäß § 611a Abs. 2 BGB nach h.M. sowohl den materiellen als auch den immateriellen Schadensersatz umfasste und die Klagefrist somit bisher auch für die Geltendmachung des materiellen Schadens galt, den heute § 15 Abs. 1 AGG regelt. Gleichfalls könnte man vertreten, der Wortlaut des § 61b ArbGG sei eindeutig, wenn er von der „Entschädigung" spricht. Hier könnte man die redaktionelle Ungenauigkeit in der ungenauen Zitierung des § 15 Abs. 2 AGG sehen.

---

467 *Kock*, MDR 2006, 1088 (1092); *Wolff*, AuA 2006, 512 (516); *Schreiner/Kolmhuber*, ArbRB 2006, 314 (315); *Richardi*, NZA 2006, 881 (886); *Nollert-Borasio/Perreng*, AGG, § 15 Rn. 28; Palandt/*Weidenkaff*, § 15 AGG Rn. 9; *Friton/Bug*, Auswirkungen des Allgemeinen Gleichbehandlungsgesetzes auf die Regelungen wegen geschlechtsbezogener Benachteiligung im Arbeitsrecht, S. 18; *Bauer*, Das neue Diskriminierungsrecht in der Praxis für Personaldienstleister, S. 62.

468 *Nollert-Borasio/Perreng*, AGG, § 15 Rn. 28.

469 *Bauer*, Das neue Diskriminierungsrecht in der Praxis für Personaldienstleister; Allgemeines Gleichbehandlungsgesetz, S. 62.

470 *Wolff*, AuA 2006, 512 (516).

471 so auch *Blessing*, Rechtsfolgen diskriminierender Kündigungen unter Geltung des AGG, S. 177.

Die überzeugerenden Argumente sprechen dafür, dass die dreimonatige Klagefrist nach § 61b ArbGG ausschließlich auf den Entschädigungsanspruch gemäß § 15 Abs. 2 AGG anwendbar ist. Dies ergibt sich, neben der Heranziehung des Wortlauts der Norm, insbesondere aus einem Blick auf die Gesetzessystematik. Während der Schadensersatzanspruch gemäß § 15 Abs. 1 AGG ein Vertretenmüssen voraussetzt, wird der Entschädigungsanspruch verschuldensunabhängig gewährt. Aus diesem Grund besteht für den Entschädigungsanspruch ein berechtigtes Interesse an einer zweiten Ausschlussfrist, um schnell – insbesondere für den Arbeitgeber, der nicht schuldhaft diskriminiert hat – Rechtssicherheit zu schaffen, da diesem keinerlei Möglichkeit der Exkulpation gegeben wird und er damit der Haftung für immaterielle Schäden über Jahre hinweg schutzlos „ausgeliefert" wäre. Dies wäre über einen Zeitraum von drei Jahren ein nicht hinnehmbarer Zustand.

Die darin zum Ausdruck kommende Wertung, dass für eine für den Arbeitgeber verschuldensunabhängige Haftung ein Ausgleich durch kurze Verfallfristen geschaffen werden muss, hat in der neuen Fristenregelung Berücksichtigung gefunden.

Im Gegensatz zu dem Anspruch aus § 15 Abs. 2 AGG setzt der Schadensersatzanspruch gemäß § 15 Abs. 1 AGG ein Verschulden des Arbeitgebers voraus. Daher ist der Arbeitgeber hier – im Gegensatz zur Lage bei § 15 Abs. 2 AGG – nicht schutzbedürftig, da er eine Inanspruchnahme nicht zu befürchten hat, soweit er tatsächlich nicht diskriminiert und auch alle erforderlichen Maßnahmen und Vorkehrungen nach dem AGG getroffen hat. Gegen diese Ansprüche kann er sich zur Wehr setzen, indem er sein fehlendes Verschulden darlegt. Diese Wertung läuft auch nicht der Intention des Gesetzgebers zuwider, der mit der Ausschlussfristenregelung umfangreiche Dokumentationspflichten des Arbeitgebers über drei Jahre hinweg verhindern wollte. Aus der Gesetzesbegründung ergibt sich eindeutig, dass sich dieser Wille des Gesetzgebers allein auf die Frist zur schriftlichen Geltendmachung der Ansprüche gemäß § 15 Abs. 4 AGG bezieht, nicht jedoch auf die Klagefrist in § 61b Abs. 1 ArbGG[472]. Nach Ansicht des Gesetzgebers führt somit bereits die Frist zur schriftlichen Geltendmachung im Ergebnis dazu, dass nicht alle Dokumentationen über drei Jahre aufbewahrt werden müssen. Nur in Fällen, in denen ein vermeintlich diskriminierter Arbeitnehmer oder Bewerber innerhalb der Zweimonatsfrist des § 15 Abs. 4 AGG schriftlich Ansprüche gegenüber dem Arbeitgeber geltend macht, bestehen die Dokumentationspflichten bezüglich dieses bestimmten Arbeitnehmers oder Bewerbers fort.

472 BT-Drs. 16/1780, S. 38.

Dass die längere Haftungsdauer für materielle Schäden dem gesetzgeberischen Willen entspricht, folgt ferner aus der Gesetzgebungsgeschichte zum AGG. Bereits der Vorentwurf sah explizit zwei unterschiedliche Geltendmachungsfristen für den Anspruch auf materiellen Schadensersatz einerseits und immateriellen Schadensersatz andererseits vor[473]. Während für die Geltendmachung des immateriellen Schadens eine zweistufige Ausschlussfrist gelten sollte, sollte für die Geltendmachung des materiellen Schadens gemäß § 15 Abs. 4 ADG-E die regelmäßige Verjährungsfrist von drei Jahren gelten. Auch hier sollte somit für die Verschuldensunabhängigkeit des Entschädigungsanspruchs durch kurze Ausschlussfristen ein angemessener Ausgleich geschaffen werden. Später dehnte der Gesetzgeber die Ausschlussfrist auf beide Ansprüche aus, da offensichtlich erkannt wurde, dass durch die Unterscheidung das eigentliche Ziel einer verkürzten Dokumentationspflicht des Arbeitgebers nicht erreicht werden konnte. Dieses Ziel erreichte der Gesetzgeber, indem er die erste Stufe der Ausschlussfrist auf den materiellen Schadensersatzanspruch ausweitete und die Differenzierung zwischen verschuldensunabhängigem und verschuldensabhängigem Anspruch erst bei der zweiten Stufe, der Klagefrist, vornahm. Durch diese Konstruktion konnte das Ziel einer verkürzten Dokumentationspflicht für den Arbeitgeber erreicht werden und gleichzeitig eine längere Haftungsdauer für den verschuldensabhängigen Anspruch beibehalten werden.

Damit kommt der Gesetzgeber auch der Forderung des EuGH nach einer wirksamen, verhältnismäßigen und abschreckenden Sanktion nach. Denn ein Arbeitgeber, der schuldhaft diskriminiert, hat über drei Jahre die klageweise Geltendmachung des materiellen Schadens durch den benachteiligten Bewerber bzw. Arbeitnehmer zu befürchten, wenn der Benachteiligte die Frist zur schriftlichen Geltendmachung eingehalten hat. Diese Haftungsdauer dürfte durchaus abschreckende Wirkung auf potentiell diskriminierende Arbeitgeber haben. Zugleich ist die Sanktion aber auch verhältnismäßig, da der Diskriminierende keinen Schutz durch den Ablauf einer kurzen Klagefrist verdient, während die Haftungsdauer des Arbeitgebers, der nicht schuldhaft diskriminiert hat, durch die Ausschlussfristen begrenzt wird.

c) Ergebnis

Während der Anspruch auf Entschädigung nach § 15 Abs. 2 AGG einer zweistufigen Ausschlussfrist gemäß §§ 15 Abs. 4 AGG, 61b Abs. 1 ArbGG unterliegt, findet bezüglich des Anspruches auf Schadensersatz lediglich die einfache

473 BT-Drs. 15/4538, S. 7.

Ausschlussfrist gemäß § 15 Abs. 4 AGG Anwendung. Trotz der evidenten Europarechtswidrigkeit von § 15 Abs. 4 AGG im Hinblick auf das Diskriminierungsmerkmal Geschlecht wegen Verstoßes gegen das in den Richtlinien normierte Absenkungsverbot behält die Norm auch bezüglich des Merkmals Geschlecht ihre Geltung, bis eine Änderung dieser durch den nationalen Gesetzgeber vorgenommen wird.

C. Ansprüche außerhalb des AGG

Gemäß § 15 Abs. 5 AGG bleiben Ansprüche gegen den Arbeitgeber, die sich aus anderen Rechtsvorschriften ergeben, unberührt. Hiermit sind insbesondere Ansprüche nach dem BGB gemeint[474].

I. Unterlassung

Laut der Gesetzesmaterialien ist insbesondere an einen Unterlassungsanspruch gemäß § 1004 BGB zu denken[475].

Voraussetzung für einen solchen Anspruch ist zunächst ein beeinträchtigtes absolutes Recht. Als ein solches Recht wird hierbei regelmäßig das Persönlichkeitsrecht des Betroffenen in Betracht kommen. Bereits im Jahre 1989 entschied das BAG zu § 611a BGB, dass im Falle einer unmittelbaren geschlechtsbedingten Diskriminierung im Bewerbungsverfahren regelmäßig eine Verletzung des Persönlichkeitsrechts anzunehmen sei[476]. Gleiches entschied das BAG für Diskriminierungen wegen einer Schwerbehinderung[477]. Da das BAG zur Begründung seiner Auffassung das verfassungsrechtlich verankerte Diskriminierungsverbot in Art. 3 GG heranzog, kann bezüglich der übrigen in Art. 3 GG und in § 1 AGG normierten Diskriminierungsmerkmale im Ergebnis nichts Anderes gelten.

Der Unterlassungsanspruch setzt ferner als materielle Anspruchsvoraussetzung eine Wiederholungsgefahr voraus[478]. Ein bloßer Verdacht der Wiederholung reicht nicht; eine bevorstehende Benachteiligung muss konkret drohen[479]. Dies kann z.B. dann der Fall sein, wenn der Arbeitgeber hinsichtlich zukünftiger Aufstiegsentscheidungen gegenüber dem Benachteiligten bereits angekündigt hat, ihn erneut in gleicher Weise zu behandeln.

---

474 BT-Drs. 16/1780, S. 38.

475 BT-Drs. 16/1780, S. 38, gemeint ist wohl „§ 1004 BGB analog".

476 BAG, Urteil vom 14.03.1989, NZA 1990, 21 (22).

477 BAG, Urteil vom 15.02.2005, NZA 2005, 870 (871).

478 Palandt/*Bassenge*, § 1004 BGB Rn. 32.

479 Rühl/Schmidt/*Viethen*, Allgemeines Gleichbehandlungsgesetz, S. 83.

II. Schadensersatz und Entschädigung

§ 7 Abs. 3 AGG stellt klar, dass eine Benachteiligung eine Verletzung arbeitsvertraglicher Pflichten darstellt. Somit könnten vertragliche Schadensersatzansprüche gemäß § 280 Abs. 1 BGB, 241 BGB i.V.m. § 7 Abs. 3 AGG in Betracht kommen sowie bei Benachteiligungen im Rahmen von Einstellungsentscheidungen ein vorvertraglicher Schadensersatzanspruch gemäß §§ 280 Abs. 1, 241 Abs. 2, 311 Abs. 2 BGB i.V.m. § 7 Abs. 3 AGG. Beide Ansprüche sind von einem Verschulden des Arbeitgebers abhängig. Soweit diese Ansprüche jedoch allein auf einen Verstoß gegen ein Benachteiligungsverbot (§ 7 Abs. 1, Abs. 3 AGG) gestützt werden, verdrängt § 15 Abs. 1 AGG als speziellere Norm diese Ansprüche[480]. Auf diese Weise soll sichergestellt werden, dass die besonderen Voraussetzungen, die der Gesetzgeber an einen Anspruch gemäß § 15 Abs. 1 AGG knüpft (insbesondere die kurze Ausschlussfrist nach § 15 Abs. 4 AGG), nicht durch Gewährung eines Anspruchs aus § 280 Abs. 1 BGB umgangen wird[481].

Anspruchskonkurrenz besteht zum Schadensersatzanspruch aus § 823 Abs. 1 BGB i.V.m. Art. 2 Abs. 1, 1 Abs. 2 GG wegen Verletzung des allgemeinen Persönlichkeitsrechts. Schadensersatzansprüche aus unerlaubter Handlung können neben § 15 AGG geltend gemacht werden[482]. Das BAG hat schon im Jahre 1989 entschieden, dass eine Benachteiligung wegen des Geschlechts das Persönlichkeitsrecht grundsätzlich schwerwiegend verletze und sich die Beeinträchtigung in anderer Weise nicht befriedigend ausgleichen lasse[483]. Allein eine unter Verstoß gegen §§ 7 Abs. 1, 11 AGG verfasste Stellenausschreibung genügt jedoch für eine schwerwiegende Persönlichkeitsverletzung noch nicht, die eine Entschädigungspflicht nach § 823 Abs. 1 BGB i.V.m. Art. 2 Abs. 1, 1 Abs. 1 GG auszulösen vermag[484]. Grundsätzlich kommt auch ein Anspruch des Benachteiligten auf Schadensersatz gemäß § 823 Abs. 1 BGB i.V.m. Art. 2 Abs. 1, 1 Abs. 1 GG gegen den benachteiligenden Arbeitnehmer selbst in Betracht, sofern dieser die Benachteiligung vorsätzlich oder fahrlässig begangen hat.

In der Literatur umstritten ist die Frage, ob der Benachteiligte einen Anspruch auf Schadensersatz gemäß § 823 Abs. 2 BGB hat. Entscheidend kommt es darauf

---

480 BAG, Urteil vom 21.6.2012, NJW 2013, 555 (558).

481 BAG, Urteil vom 21.6.2012, NJW 2013, 555 (559).

482 BAG, Urteil vom 21.6.2012, NJW 2013, 555 (559); Schiek/*Kocher*, AGG, § 15 Rn. 67; *Bauer/Evers*, NZA 2006, 893 (897).

483 BAG, Urteil vom 14.3.1989, NZA 1990, 21 (22).

484 BAG, Urteil vom 21.6.2012, NJW 2013, 555 (557).

an, ob es sich bei § 7 Abs. 3 AGG um ein Schutzgesetz handelt[485]. Zum einen wird dies mit dem Hinweis darauf bejaht, dass § 7 Abs. 3 AGG ausdrücklich bestimme, dass eine verbotene Benachteiligung eine Vertragspflichtverletzung darstelle[486]. Zum anderen wird dies mit dem Hinweis darauf verneint, dass Schutzgesetze i.S.d. § 823 Abs. 2 BGB typischerweise Vorschriften seien, die Verhaltenspflichten für einen Schädiger normieren, der in keiner vertraglichen Beziehung zum Geschädigten stehe[487]. Hier sei ein Anspruch auf deliktischen Schadensersatz zum effektiven Rechtsschutz notwendig. Es dürfte angesichts des Wortlauts davon auszugehen sein, dass § 7 Abs. 3 AGG i.V.m. § 7 Abs. 1 AGG tatsächlich konkrete Verhaltenspflichten zum Schutze der Betroffenen aufgeben will[488]. Ein Anspruch gemäß § 823 Abs. 2 BGB i.V.m. § 7 Abs. 1 AGG kommt daher grundsätzlich in Betracht.

Es entspricht dem Sinn und Zweck des § 15 Abs. 4 AGG, die zweimonatige Ausschlussfrist auch auf konkurrierende Ansprüche aus unerlaubter Handlung anzuwenden, die auf denselben Lebenssachverhalt einer Benachteiligung wie der Schadensersatzanspruch des § 15 Abs. 1 AGG gestützt werden[489]. Da sowohl § 15 Abs. 1 AGG als auch die Ansprüche aus unerlaubter Handlung verschuldensabhängig ausgestaltet sind, tritt bei einer Verwirklichung des Haftungstatbestandes nach § 15 Abs. 1 AGG regelmäßig auch eine Verwirklichung der Haftungstatbestände nach § 823 BGB ein, wenn im Fall des § 823 Abs. 1 BGB i.V.m. Art 2 Abs. 1, 1 Abs. 1 GG eine schwerwiegende Persönlichkeitsverletzung vorliegt und im Fall des § 823 Abs. 2 BGB i.V.m. § 7 Abs. 1 AGG letzterer Norm Schutzgesetzcharakter zuzusprechen ist. Der Zweck des § 15 Abs. 4 AGG, innerhalb einer kurzen Frist Rechssicherheit und Rechtsklarheit in Bezug auf solche Ansprüche herbeizuführen, würde vereitelt, wollte man § 15 Abs. 4 AGG nicht auf alle Ansprüche erstrecken, die auf den besonderen gesetzlichen Schutz vor Diskriminierung gegründet werden[490].

---

485 diese Frage offen lassend: BAG, Urteil vom 21.6.2012, NJW 2013, 555 (559).

486 *Bauer/Krieger*, BB-Special 6/2004, 20 (22).

487 *Thüsing*, Arbeitsrechtlicher Diskriminierungsschutz, Rn. 568; MünchKomm/*Thüsing*, § 15 AGG Rn. 53.

488 *Schrader/Schubert*, Das neue AGG, Rn. 480.

489 BAG, Urteil vom 21.6.2012, NJW 2013, 555 (560); *Bauer/Göpfert/Krieger*, AGG, § 15 Rn. 67; a.A.: *Benzani/Richter*, Das Allgemeine Gleichbehandlungsgesetz, Rn. 292; *Blessing*, Rechtsfolgen diskriminierender Kündigungen unter Geltug des AGG, S. 176.

490 BAG, Urteil vom 21.6.2012, NJW 2013, 555 (560).

2. Kapitel: Schadensersatz und Entschädigung nach englischem Recht

Nachfolgend werden die Schadensersatz- und Entschädigungsansprüche des benachteiligten Bewerbers um eine Neuanstellung und des benachteiligten Aufstiegsbewerbers nach englischem Recht untersucht. Das engliche Recht konnte große Erfahrung mit Schadensersatz- und Entschädigungsansprüchen infolge von Diskriminierung während der vergangenen Jahrzehnte sammeln. Circa 35 Jahre nach Inkrafttreten der ersten Antidiskriminierungesetze, dem *Equal Pay Act 1970* und dem *Sex Discrimination Act 1975*, die eine Diskriminierung wegen des Geschlechts verboten, trat im Jahr 2010 der sog. *Equality Act 2010* (EqA 2010) in Kraft, der alle Diskrimierungsmerkmale, die zuvor in zahlreichen einzelnen Gesetzen geregelt waren, in einem Gesetz zusammenfasst. Dieser Schritt nutzte nicht nur der Harmonisierung des englischen Antidiskriminierungsrechts, sondern bot dem englischen Gesetzgeber gleichzeitig die Gelegenheit, die jüngsten europäische Vorgaben für alle Diskriminierungsmerkmale in einem Gesetz einheitlich umzusetzen.

Bevor mit der Darstellung des englischen Diskriminierungsrechts begonnen wird, scheint es zur Einführung in die Materie und zum besseren Verständnis der nachfolgenden Ausführungen geboten, zunächst auf die Bedeutung des Diskriminierungsrechts innerhalb des englischen Arbeitsrechts, den englischen Gerichtsaufbau in Arbeitssachen und auf die englische Form der Umsetzung europäischer Richtlinien einzugehen.

Das englische Arbeitsrecht *(industrial law, labour law oder employment law)* ist systematisch teilweise dem Vertragsrecht *(law of contract)*, teilweise dem Deliktsrecht *(tort)* zuzuordnen[491]. Aufgrund der steigenden Bedeutung dieses Rechtsgebiets und wegen der Schaffung einer Vielzahl von wichtigen Gesetzen und Verordnungen zum Arbeitsrecht und Arbeitsschutzrecht wird dieser Rechtsbereich inzwischen auch in England als eigenständige Materie betrachtet[492].

Das Arbeitsrecht erweist sich im Vergleich zu anderen Gebieten des englischen Rechts als außergewöhnlich stark kodifiziert. Das Antidiskriminierungsrecht, als Teil des englischen Arbeitsrechts, stellt insoweit keine Ausnahme dar. Allein die Umsetzung der 21 Artikel der Richtlinie 2000/78/EG nahm der

---

491 *Bernstorff*, Einführung in das englische Recht, S. 221.
492 *Bernstorff*, Einführung in das englische Recht, S. 221.

englische Gesetzgeber in über 100 Verordnungen *(Regulations)* vor[493]. Darüber hinaus existierten bereits vor Verabschiedung der europäischen Gleichbehandlungsrichtlinien 30 Gesetze *(Acts of Parliament)*, die Regelungen zur Antidiskriminierung zum Gegenstand hatten[494].

Nicht nur diese große Anzahl von Gesetzen und Verordnungen, wovon die Wichtigsten zum 1.10.2010 mehrheitlich im *Equality Act 2010* zusammengeführt wurden, zeigt die Bedeutung des Antidiskriminierungsrechts innerhalb des englischen Arbeitsrechts. Die wachsende Bedeutung zeigt sich ferner bei einem Blick auf die Statistik der Arbeitsgerichtsbarkeit. Wurden während des Berichtszeitraumes 2004/2005 vor den Arbeitsgerichten 28.870 Klagen vorrangig aus Gründen der Diskriminierung[495] erhoben[496], weist der Berichtszeitraum 2011/2012 einen Anteil von 57.350 solcher Klagen aus[497]. Dies entspricht einem Anstieg um rund 100 Prozent. Hinzu kommt eine Vielzahl von Kündigungsschutzklagen, die mitunter auch auf Diskriminierung gestützt werden, in der Statistik der Arbeitsgerichtsbarkeit jedoch unter der allgemeinen Bezeichnung *„Unfair Dismissal"* geführt werden.

Alle Klagen, die sich auf Diskriminierung stützen und im Zusammenhang mit einem (angestrebten) Arbeitsverhältnis stehen, sind vor dem sog. *Employment Tribunal* (ET) – früher *Industrial Tribunal* (IT) – zu erheben. Gegen Entscheidungen des ET kann Rechtsmittel zum *Employment Appeal Tribunal* (EAT) eingelegt werden, wovon eines seinen Sitz in London und eines seinen Sitz in Edinburgh (Schottland) hat[498]. Das Berufungsgericht erhebt grundsätzlich keine neuen Beweise, sondern prüft lediglich, ob die Entscheidung des Arbeitsgerichts (*Employment Tribunal*) aus rechtlichen Gesichtspunkten angreifbar ist[499]. Über Rechtsmittel gegen Entscheidungen des EAT entscheidet der *Court of Appeal* (CA), sofern das EAT die Berufung zum CA ausdrücklich zugelassen hat oder die Nichtzulassungsbeschwerde erfolgreich war[500]. Die höchste Instanz bildete bis zum 30.9.2009 das *House of Lords* (HL), dessen

---

493 *Gay*, Sonderbeilage zu NZA Heft 22/2004, 31 (32).

494 *Guild*, 29 ILJ, 416 (417).

495 Klagen auf Lohngleichheit *(Equal Pay)* eingeschlossen.

496 Department of Trade and Industry, Employment Tribunal Service, Annual Report and Accounts 2004/2005, Appendix 1.

497 Ministry of Justice, Employment Tribunals and EAT Statistics, 2011–12, Table 1, S. 8.

498 *Harth/Taggart*, Arbeitsrecht in Europa, S. 540.

499 *Stein/Rabe*, Arbeitsrecht in Großbritannien, Rn. 312.

500 *O'Cinneide*, Country Report on Measures to combat Discrimination, S. 73; *Stein/Rabe*, Arbeitsrecht in Großbritannien, Rn. 313.

judikativen Aufgaben seit 1.10.2009 durch den neu geschaffenen *Supreme Court of the United Kingdom* wahrgenommen werden. Nach den sog. *Doctrine of Stare Decisis* sind Entscheidungen der oberen Appellationsgerichte für die unteren Instanzen bindend[501]. Während der CA an eigene Entscheide gebunden ist (Ausnahmen vorbehalten), ist der *Supreme Court* an eigene Entscheide grundsätzlich nicht gebunden[502].

Für die Umsetzung europäischer Richtlinien sind zwei Möglichkeiten vorgesehen: die Umsetzung durch Primär- oder Sekundärgesetzgebung. Primärgesetzgebung meint die Umsetzung in Form eines nationalen Gesetzes *(Act of Parliament)*. Während das Verfahren für ein solches Gesetz in England in der Regel komplex und langwierig ist, stellt sich die Umsetzung durch Sekundärgesetzgebung in Form von Rechtsverordnungen *(Regulations)* als einfacher und zügiger dar[503]. Aus diesem Grund hatte sich der englische Gesetzgeber bei der Umsetzung der Antidiskriminierungsrichtlinien zunächst für letztere Alternative entschieden. Diese Vorgehensweise hat den Nachteil, dass der Regelungsgehalt der Verordnungen auf den der umzusetzenden Richtlinien beschränkt ist und nicht über diesen hinausgehen darf. Dies hat zur Folge, dass z.B. ein bereits bestehendes Gesetz, das in seinem sachlichen Anwendungsbereich umfassender ist als die Richtlinie, durch die Verordnung nur innerhalb des sachlichen Anwendungsbereichs der Richtlinie geändert werden darf, was im Ergebnis zur Unübersichtlichkeit und Uneinheitlichkeit des geänderten Gesetzes führen kann: Innerhalb des gleichen Gesetzes bestanden so je nach sachlichem Anwendungsbereich zwei verschiedene Rechtslagen. Um unter anderem diese Unübersichtlichkeit und Uneinheitlichkeit zu beseitigen, fasste der englische Gesetzgeber einige Jahre später alle Diskriminierungsmerkmale in einem Gesetz, dem *Equality Act 2010*, zusammen.

A. Rechtslage vor Inkrafttreten des *Equality Act 2010*

I. Schutz vor Diskriminierung

Vor Einführung des neuen Gleichbehandlungsgesetzes, dem *Equality Act 2010*, verfügte das englische Recht über ein komplexes und kaum überschaubares

---

501 vgl. *Stein/Rabe*, Arbeitsrecht in Großbritannien, Rn. 1; *Bernstdorff*, Einführung in das englische Recht, S. 252.

502 *Pärli/Caplazi/Suter*, Recht gegen HIV/Aids-Diskriminierung im Arbeitsverhältnis, S. 215.

503 *Gay*, Sonderbeilage zu NZA Heft 22/2004, 31 (32).

Regelungswerk zur Bekämpfung von Diskriminierung. Für nahezu jedes Diskriminierungsmerkmal existierte ein eigenes, sehr detailliertes und umfassendes Gesetz oder eine Verordnung, die sich jedoch inhaltlich und strukturell größtenteils sehr stark ähnelten. Die wichtigsten Gesetze und Verordnungen waren hierbei der *Equal Pay Act 1970* (EqPA 1970), der *Sex Discrimination Act 1975* (SDA 1975), der *Race Relations Act 1976* (RRA 1976), der *Disability Discrimination Act 1995* (DDA 1995), die *Employment Equality (Religion or Belief) Regulations 2003* (EE(RB)R 2003), die *Employment Equality (Sexual Orientation) Regulations 2003* (EE(SO)R 2003) und die *Equality (Age) Regulations 2006* (E(A)R 2006).

1. Verbote der Diskriminierung wegen des Geschlechts

Die zwei wichtigsten Rechtsquellen im Falle von Diskriminierungen wegen des Geschlechts stellten der *Sex Discrimination Act 1975* (SDA 1975) und der *Equal Pay Act 1970* (EqPA 1970) dar. Der SDA 1975 und der EqPA 1970 traten im Jahr 1975 im Rahmen eines Programms in Kraft, das die Gleichheit für Frauen und ethnische Minderheiten zum Ziel hatte[504]. Während der EqPA 1970 Lohngleichheit zwischen Männern und Frauen gewährleisten sollte, war der SDA 1975 das maßgebliche Gesetzeswerk, das unmittelbare und mittelbare Diskriminierung, Viktimisierung sowie (sexuelle) Belästigung aufgrund des Geschlechts in den Bereichen Beschäftigung und Beruf, der Versorgung mit Gütern, Dienstleistungen, Bildung und Wohnraum sowie bei der Ausübung von Amtsgeschäften verhindern sollte. Das Gesetz schützte dabei nicht nur Frauen und Männern vor Diskriminierungen wegen ihres Geschlechts[505], sondern schützte auch vor Diskriminierungen wegen einer beabsichtigten, stattfindenden oder durchgeführten Geschlechtsumwandlung[506], vor Diskriminierungen wegen Schwangerschaft[507] sowie vor Diskriminierungen verheirateter Personen und gleichgeschlechtlicher eingetragener Partner wegen ihres Familienstandes[508].

Im Erwerbsleben umfasste das Verbot der Diskriminierung sowohl das bestehende Arbeitsverhältnis, das unter anderem den beruflichen Aufstieg, Fortbildung und die Gewährung von Leistungen, aber auch die Begründung und Beendigung von Arbeitsverhältnissen umfasste. Section (s.) 65 des SDA

504 1970 c. 41; 1975 c. 65.
505 SDA 1975 s. 2.
506 SDA 1975 s. 2A.
507 SDA 1975 s. 3A.
508 SDA 1975 s. 3.

legte drei mögliche Rechtsfolgen wegen eines Verstoßes gegen das Diskriminierungsverbot fest. Danach konnte das Arbeitsgericht, wenn es in dem Verhalten des Beklagten eine ungerechtfertigte Benachteiligung feststellte, nach Recht und Billigkeit und je nach Einzelfall alternativ oder kumulativ

- feststellen, dass der Kläger durch die Handlung des Beklagten in seinen Rechten verletzt wurde;
- anordnen, dass der Beklagte dem Kläger Schadensersatz zu zahlen hat;
- eine Empfehlung aussprechen, wonach der Beklagte innerhalb einer bestimmten Frist eine Handlung vorzunehmen hat, die dem Gericht zur Beseitigung oder Verringerung der benachteiligenden Wirkung der Diskriminierung auf den Kläger zweckmäßig erscheint[509].

Der SDA 1975 unterlag im Laufe der Jahre einer Vielzahl von Gesetzesänderungen. So wurde im Jahre 2001 die Beweislastregelung geändert, um das Gesetz mit der Richtlinie 97/80/EG[510] über die Beweislast bei Diskriminierung wegen des Geschlechts in Einklang zu bringen[511]. Im Rahmen der Umsetzung der Gleichbehandlungsrichtlinie 2000/78/EG passte der Gesetzgeber die Definition von mittelbarer Diskriminierung im Bereich Beschäftigung den europäischen Vorgaben an und führte Belästigung und sexuelle Belästigung als eigenständige Tatbestände einer Diskriminierung ein[512]. Zuvor war (sexuelle) Belästigung zwar

---

509 *SDA 1975 s. 65 (1)* - Remedies on complaint under section 63:
"Where an employment tribunal finds that a complaint presented to it under section 63 is well-founded the tribunal shall make such of the following as it considers just and equitable—
(a) an order declaring the rights of the complainant and the respondent in relation to the act to which the complaint relates;
(b) an order requiring the respondent to pay to the complainant compensation of an amount corresponding to any damages he could have been ordered by a county court or by a sheriff court to pay to the com plainant if the complaint had fallen to be dealt with under section 66;
(c) a recommendation that the respondent take within a specified period action appearing to the tribunal to be practicable for the purpose of obviating or reducing the adverse effect on the complainant of any act of discrimination to which the complaint relates."

510 ABl. EG L 14 v. 20.1.1998, S. 6.

511 Sex Discrimination (Indirect Discrimination and Burden of Proof) Regulations 2001 (SI 2001/2660).

512 Employment Equality (Sex Discrimination) Regulations 2005 (SI 2005/2467); Sex Discrimination Act 1975 (Amendment) Regulations 2008 (SI 2008/656).

ebenfalls verboten, jedoch wurde diese in der Regel lediglich als ein Unterfall der unmittelbaren Diskriminierung angesehen und entsprach daher nicht den europarechtlichen Vorgaben.

Da die umgesetzte Richtlinie und die darauf beruhende Verordnung zur Änderung des SDA 1975 nur das Arbeitsrecht betraf, führte dies im Ergebnis zu der unerwünschten Folge, dass der SDA 1975 für den Bereich des Arbeitsrechts auf der einen und für die übrigen Anwendungsbereiche auf der anderen Seite verschiedene Definitionen für mittelbare Diskriminierung und (sexuelle) Belästigung vorsah. Dies korrigierte der Gesetzgeber im *Equality Act 2010*, mit dessen Inkrafttreten am 1.10.2010 der SDA 1975 außer Kraft trat.

2. Verbot der Diskriminierung wegen einer Behinderung

Der *Disability Discrimination Act 1995* (DDA 1995) vom 8.11.1995 diente der Bekämpfung von Diskriminierung wegen einer Behinderung im Bereich von Beschäftigung und Beruf, der Versorgung mit Gütern, Dienstleistungen, Bildung und Wohnraum sowie bei der Ausübung von Amtsgeschäften[513]. Der DDA 1995 löste die bis 1995 existierende Quotenregelung zur Einstellung Behinderter ab[514]. Er lehnte sich inhaltlich und strukturell stark an den SDA 1975 und den RDA 1976 an[515]. Im Gegensatz zu dem SDA 1975, verbot der DDA 1995 auch die Anweisung zur Diskriminierung. Im Gegensatz zu den übrigen Gesetzen und Verordnungen enthielt der DDA 1995 darüber hinaus die Verpflichtung des Arbeitgebers, „angemessene Vorkehrungen" innerhalb seiner Geschäftspraxis oder am Arbeitsplatz vorzunehmen. Dies galt bereits im Bewerbungsverfahren[516]. Eine Verletzung dieses Gebots stand einer Diskriminierung gleich. Als einziges Antidiskriminierungsgesetz enthielt der DDA 1995 keine Definition von mittelbarer Diskriminierung. Der DDA definierte den Begriff der unmittelbaren Diskriminierung jedoch in so umfassender Weise, dass auch die mittelbare Diskriminierung als mit eingeschlossen betrachtet werden konnte[517]. Die in s. 17A (2) geregelten Rechtsfolgen waren identisch mit denen des SDA 1975 und RDA 1976.

---

513 1995 c. 50.

514 *Detmers*, EuroAS 2004, 40 (43).

515 vgl. *Honeyball*, Honeyball & Bowers' Textbook on Labour Law, S. 252.

516 *Pärli/Caplazi/Suter*, Recht gegen HIV/Aids-Diskriminierung im Arbeitsverhältnis, S. 221.

517 *Pärli/Caplazi/Suter*, Recht gegen HIV/Aids-Diskriminierung im Arbeitsverhältnis, S. 221 m.w.N.

Infolge der Umsetzung der Richtlinie 2000/78/EG kam es zu einigen Gesetzesänderungen des DDA 1995, die am 1.10.2004 in Kraft traten[518]. Die wichtigsten Änderungen umfassten neue Definitionen von „Diskriminierung" und „Belästigung"[519], die Konkretisierung der Pflicht angemessene und behindertengerechte Arbeitsbedingungen zu schaffen[520], die Beweislastregelung[521] sowie die Entfernung der Ausnahmeregelung für Kleinbetriebe, nach der das Gesetz nur auf Arbeitgeber anwendbar war, die mindestens 15 Arbeitnehmer beschäftigten[522]. Der DDA 1995 trat zum 1.10.2010 mit Inkrafttreten des *Equality Act 2010* außer Kraft.

3. *Verbot der Diskriminierung wegen Religion oder Glaube und sexueller Orientierung*

Dem Schutz vor Diskriminierung wegen Religion oder Glaube in Beschäftigung und Beruf dienten die *Employment Equality (Religion or Belief) Regulations 2003* (EE(RB)R 2003), die infolge der Gleichbehandlungsrichtlinie 2000/78/EG erlassen wurden und am 2. Dezember 2003 in Kraft traten[523]. Zuvor war eine Diskriminierung wegen religiöser Überzeugung nur dann verboten, wenn sie zugleich eine mittelbare Rassen-Diskriminierung nach dem RRA 1975 darstellte. Ebenfalls im Rahmen der Umsetzung der Richtlinie 2000/78/EG erließ der englische Gesetzgeber am 1. Dezember 2003 die *Employment Equality (Sexual Orientation) Regulations 2003* (EE(SO)R 2003), die eine Diskriminierung wegen sexueller Orientierung verhindern sollten[524]. Die Verordnungen folgen im Wesentlichen der Struktur des SDA 1975 und des RDA 1976. Sie verboten unmittelbare und mittelbare Diskriminierung, Viktimisierung und Belästigung und sahen im Falle eines Verstoßes gegen dieses Verbot die gleichen Rechtsfolgen wie die Antidiskriminierungsgesetze vor, die insbesondere Schadensersatzansprüche des Benachteiligten umfassen konnten[525].

Mit der Verabschiedung des *Equality Act 2006* (EA 2006) erweiterte der Gesetzgeber den Schutzbereich der Verordnungen um die Versorgung mit Gütern, Dienstleistungen, Bildung und Wohnraum sowie die Ausübung von

---

518 Disability Discrimination Act 1995 (Amendment) Regulations 2003 (SI 2003/1673).
519 DDA 1995 s. 3A, s. 3B.
520 DDA 1995 s. 4, s. 4A.
521 DDA 1995 s. 8.
522 DDA 1995 s. 7.
523 SI 2003/1660.
524 SI 2003/1661.
525 EE(RB)R 2003 s. 30 (1); EE(SO)R 2003 s. 30 (1).

Amtsgeschäften und schaffte damit Konformität zu dem Schutzbereich der Diskriminierungsgesetze. Die EE(RB)R 2003 traten mit Inkrafttreten des *Equality Act 2010* zum 1.10.2010 außer Kraft.

4. *Verbot der Diskriminierung wegen des Alters*

Dem europarechtlich geforderten Schutz vor Diskriminierung wegen des Alters nach der RL 2000/78/EG war der englische Gesetzgeber mit den *Employment Equality (Age) Regulations 2006* (EE(A)R 2006), die am 1.10.2006 in Kraft traten[526], erst kurz vor Ablauf der Umsetzungsfrist[527] nachgekommen. Zuvor bestand kein gesetzlicher Schutz vor Diskriminierungen dieser Art. Während der Anwendungsbereich, die Diskriminierungsverbote – einschließlich des Verbots der Anweisung zur Diskriminierung – und die Rechtsfolgen[528] sich an die übrigen englischen Vorschriften zum Diskriminierungsrecht anlehnten, verfügten allein die *Age Regulations* über einen von der Richtlinie ausdrücklich zugelassenen Rechtfertigungsgrund. Danach war eine Ungleichbehandlung aufgrund des Alters dann zulässig, wenn diese ein „angemessenes Mittel zur Erreichung eines legitimen Ziels" darstellte[529], wobei die Rahmenrichtlinie 2000/78/EG hierfür exemplarisch rechtmäßige Ziele aus den Bereichen der Beschäftigungspolitik, des Arbeitsmarktes und der beruflichen Bildung nennt[530]. Die EE(A)R 2006 traten mit Inkrafttreten des *Equality Act 2010* zum 1.10.2010 außer Kraft.

5. *Verbot der Diskriminierung wegen der Rasse*

Der *Race Relations Act 1976* (RRA 1976), der am 22. November 1976 in Kraft trat[531], verbot unmittelbare und mittelbare Diskriminierung, Viktimisierung und Belästigung *„on racial grounds"*. Das Gesetz enthielt eine weite Definition des Begriffes *„racial grounds"*, die zusätzlich zu den in der Richtlinie 2000/43/EG enthaltenen Merkmalen der Rasse und der ethnischen Herkunft auch die Merkmale Hautfarbe, Nationalität sowie nationale Herkunft umfasste[532]. Die Struktur und der Inhalt des RRA 1976 entsprach im Wesentlichen denen des

---

526 SI 2006/1031.
527 Die Umsetzungsfrist lief zum 2. Dezember 2006 ab.
528 EE(A)R 2006 s. 38 (1).
529 EE(A)R 2006 s. 3 (1) (a) und (b).
530 Art. 6 RL 2000/78/EG.
531 1976 c. 74.
532 RRA 1976 s. 3 (1).

SDA 1975[533], insbesondere der Schutzbereich und die an eine Diskriminierung geknüpften Rechtsfolgen waren identisch[534]. Neben den Diskriminierungsformen nach dem SDA 1975 untersagte der RRA 1976 darüber hinaus auch die Anweisung zur Diskriminierung.

Im Rahmen der Umsetzung der Richtlinie 2000/43/EG erfolgte eine Gesetzesänderung des RRA 1976, die am 19.7.2003 in Kraft trat[535]. Um Richtlinienkonformität zu erreichen, passte der Gesetzgeber die Beweislastregelung[536] den Richtlinien-Vorgaben an und führte eine neue, zusätzliche Definition von mittelbarer Diskriminierung[537] ein, die keine Exkulpationsmöglichkeit des Arbeitgebers hinsichtlich der der durch die Richtlinie erfassten Merkmale Rasse und ethnische Herkunft mehr vorsah. Ferner wurde die Belästigung als eigenständiger Diskriminierungstatbestand eingeführt und die Definition des Rechtfertigungsgrundes, wonach eine Ungleichbehandlung zulässig war, wenn eine bestimmte Rasse, ethnische oder nationale Herkunft eine wesentliche und entscheidende berufliche Anforderung darstellte, allgemeiner und weiter gefasst, um den Vorgaben der Richtlinie zu genügen[538].

Da die umgesetzte Richtlinie 2000/43/EG lediglich die Merkmale Rasse und ethnische Herkunft betraf, galten die durch die Verordnung umgesetzten Änderungen nur für diese Merkmale, wohingegen für die Merkmale Hautfarbe und Nationalität die alte Rechtslage unverändert fortbestand. Allerdings dürften Diskriminierungen aufgrund von Hautfarbe oder Nationalität in der Regel gleichzeitig Diskriminierungen wegen der Rasse oder ethnischer Herkunft darstellen[539].

---

533 *Bourn/Whitmore*, Anti-Discrimination Law in Britain, S. 11: *"The RRA takes its form from the SDA; the two are substantially equivalent, except that in one case discrimination on grounds of gender is being dealt with, whereas in the other it is discrimination on racial grounds which are proscribed."*

534 RRA 1976 s. 56 (1).

535 Race Relations Act 1976 (Amendment) Regulations 2003 (SI 2003/1626).

536 RRA 1976 s. 54A.

537 RRA 1976 s. 1 (1), (1A).

538 RRA 1976 s. 4A.

539 vgl. *IDS*, Race and Religion Discrimination, S. 103; hinsichtlich Diskriminierungen wegen der Hautfarbe so ausdrücklich das EAT in Abbey National v Chagger, DLA Briefings 496–509, Vol 35 November 2008, 29 (30): *„[...] it is very hard to conceive of a case of discrimination on the ground of colour which cannot also be properly charcterised as discrimination on the ground of race and/or ethnic origin. It could indeed be said that colour is significant primarily as an outward and visible manifestation of race or ethnic origin. [...] In our view it is incoceivable that the Directive is not intended to apply to discrimination which is expressed as being on the grounds of colour: for the reasons already given, such discrimination is in practice"*

Der RRA 1976 trat mit Inkrafttreten des *Equality Act 2010* zum 1.10.2010 außer Kraft.

II. Zusammenfassung

Das englische Recht bot schon nach altem Recht einen umfassenden Schutz vor Diskriminierung, der hinsichtlich des Schutzbereichs sogar weiter reichte, als von den Richtlinien gefordert. Während die Gesetze im Rahmen der Umsetzung der Gleichbehandlungsrichtlinien verhältnismäßig wenig, gleichwohl aber wichtige Änderungen, insbesondere die Anpassung der Definition von „mittelbarer Diskriminierung", die Implementierung der Diskriminierungsform „Belästigung" als eigenständigen Tatbestand sowie die Einführung neuer Rechtfertigungsgründe erfuhren, mussten bezüglich der Merkmale Religion, Glaube, sexuelle Orientierung und Alter vollständig neue gesetzliche Regelungen geschaffen werden, für die die vorhandenen Gesetze Pate standen. Auch wenn sich das englische Antidiskriminierungsrecht auf zahlreiche Gesetze und Verordnungen erstreckte, so war deren Struktur und Inhalt mit einzelnen Ausnahmen im Wesentlichen ähnlich, teilweise sogar identisch.

B. Die Rechtslage nach Inkrafttreten des *Equality Act 2010*

I. Entstehungsgeschichte des *Equality Act 2010*

Im Juni 2007 legte die britische Regierung ein öffentliches Diskussionspapier zur Schaffung eines sog. *Equality Act* vor[540]. Ziel war es, die zahlreichen Antidiskriminierungsgesetze und -verordnungen in einem Gesetz zusammenzuführen und die je nach Diskriminierungsmerkmal teilweise unterschiedlichen Regelungen zu vereinheitlichen. Ein solches Gesetz sollte unter anderem die Probleme beseitigen, die durch die Umsetzung der europäischen Gleichbehandlungsrichtlinien aufgetreten waren. Diese betrafen insbesondere den SDA 1975 und den RRA 1976, die z.B. je nach betroffenem Lebensbereich bzw. verpöntem Merkmal verschiedene Definitionen von „mittelbarer Diskriminierung" und „Belästigung" vorsahen. Die britische Regierung brachte im Parlamentsjahr 2008/2009 einen entsprechenden Gesetzentwurf für ein Gleichbehandlungsgesetz in das

---

540 *Department for Education and Skills/Department of Trade and Industry/Department for Work and Pensions/Ministry of Justice/Department for Communities and Local Government: London*, Discrimination Law Review, A Framework for Fairness: Proposals for a Single Equality Bill for Great Britain, abrufbar im Internet, URL: http://www.communities.gov.uk/documents/corporate/pdf/325332.pdf (1.7.2014).

Unterhaus (*House of Commons*) ein. Die erste Lesung im Unterhaus fand am 24.4.2009 statt. Am 2.12.2009 leitet das Unterhaus den Gesetzentwurf an das Oberhaus (*House of Lords*) weiter, das am 23.3.2010 seine Zustimmung erteilte. Die Königin erteilte ihre königliche Zustimmung (*Royal Assent*) zu dem Gesetz am 8.4.2010, woraufhin das Gesetz zum 1.10.2010 in Kraft trat.

II. Systematik des *Equality Act 2010*

Der *Equality Act 2010* ist ein sehr umfangreiches Gesetz. Es enthält insgesamt 218 Paragraphen (*sections*), die in 16 Abschnitte unterteilt sind. Zusätzlich hat das Gesetz 29 Anhänge (*schedules*), auf die einzelne Paragraphen Bezug nehmen und in denen weitere Einzelheiten zu bestimmten Paragraphen geregelt werden.

Der erste Abschnitt des Gesetzes ist mit „sozioökonomischen Ungleichheiten“ (*Socio-economic Inequalities*) überschrieben und verpflichtet Behörden, soziale und ökonomische Ungleichheiten bei ihrer Entscheidungsfindung zu berücksichtigen und diese zu verringern. Abschnitt 2 (*Key Concepts*) gilt für alle nachfolgenden Abschnitte und enthält die gesetzlich geschützten Diskriminierungsmerkmale sowie Definitionen der verbotenen Handlungsweisen.

Die nachfolgenden Abschnitte sind unterteilt in verschiedene Lebensbereiche. So befasst sich Abschnitt 3 mit dem Dienstleistungsbereich und der Ausübung öffentlicher Aufgaben (*Services and Public Functions*), Abschnitt 4 mit der Überlassung und dem Verkauf von Räumlichkeiten (*Premises*), Abschnitt 5 mit dem Erwerbsleben (*Work*), Abschnitt 6 mit der Bildung (*Education*) und Abschnitt 7 mit Vereinigungen (*Associations*).

Der 8. Abschnitt regelt „Zusätzliches“ (*Ancillary*) und normiert z.B. die Haftung von Arbeitnehmern und Vertretern und enthält weitere verbotene Handlungsweisen, wie etwa die Anweisung zur Diskriminierung. Abschnitt 9 enthält allgemeine Regelungen zur Durchsetzung (*Enforcement*) der Diskriminierungsverbote, wie etwa Klagefristen und Rechtsfolgen eines Verstoßes gegen die Diskriminierungsverbote.

Abschnitt 10 regelt das allgemeine Verbot der Diskriminierung bei Vertragsbedingungen und Vertragsabschlüssen (*Contracts*), Kapitel 11 die „Förderung der Gleichstellung“ (*Advancement of Equality*) und Kapitel 12 das Verbot der Diskriminierung bei der Beförderung (*Transport*) behinderter Menschen. Weitere Regelungen zum Diskriminierungsmerkmal „Behinderung“ enthält darüber hinaus Abschnitt 13, der mit „Behinderung: Verschiedenes“ (*Disability: Miscellaneous*) überschrieben ist und z.B. Vorschriften zu „zumutbaren Anpassungen“ (*reasonable adjustments*) zur Unterstützung behinderter Menschen umfasst.

Der 14. Abschnitt normiert allgemeine Ausnahmen von dem Diskriminierungsverbot (*General Exceptions*) und Abschnitt 15 Regelungen zum Familienvermögen *(Family Property*). Abschnitt 16 regelt abschließend „Allgemeines und Verschiedenes" (*General and Miscellaneous*), wie etwa die Aufhebung des Verbots der Eingehung einer gleichgeschlechtlichen Partnerschaft in religiösen Räumlichkeiten.

Für den Bereich des Arbeitsrechts ist insbesondere Abschnitt 2 von Bedeutung, der die allgemeinen Diskriminierungsmerkmale und verbotenen Handlungsweisen enthält. Ferner sind die besonderen Regelungen zum Bereich Arbeitsrecht in Abschnitt 5 zu finden, der in die vier Kapitel „Beschäftigung, etc." (*Employment, etc.*), „Betriebliche Altersversorgung" (*Occupational Pension Scheme*), „Gleichheit von Arbeitsbedingungen" (*Equality of Terms*) und „Ergänzende Bestimmungen" (*Supplementary*) unterteilt ist. Schließlich betreffen auch die Abschnitte 8 und 9 das Arbeitsrecht, da hier einerseits die Haftung des Arbeitnehmers und des Vertreters und weitere verbotene Handlungsweisen - wie etwa die Anweisung zur Diskriminierung - geregelt (Kapitel 8) und andererseits die Regelungen zur Durchsetzung der Diskriminierungsverbote vor den Arbeitsgerichten normiert sind (Abschnitt 9, Kapitel 3). Einzelheiten, insbesondere zur Rechtfertigung von Diskriminierungen, sind für das Arbeitsrecht in den Anhängen 7 (Gleichheit der Arbeitsbedingungen: Ausnahmen), 8 (Beschäftigung: zumutbare Vorkehrungen) und 9 (Beschäftigung: Ausnahmen) geregelt.

III. Haftungsvoraussetzungen

Der EqA 2010 sieht im Fall eines Verstoßes gegen ein Diskriminierungsverbot einen Anspruch des Benachteiligten auf Schadensersatz vor. Hierbei ist neben der Haftung des Arbeitgebers auch eine persönliche Haftung seines Vertreters und des benachteiligenden Arbeitnehmers normiert. Die Haftungsvoraussetzungen divergieren je nach Täter.

1. Haftung des Arbeitgebers

Hauptadressat der englischen Antidiskriminierungsgesetzgebung ist der Arbeitgeber, der auch weit überwiegend alleiniger Klagegegner in Diskriminierungsfällen ist.

a) Verstoß gegen ein Benachteiligungsverbot

Zur Geltendmachung eines Anspruchs auf Schadensersatz und Entschädigung muss zunächst ein Verstoß des Arbeitgebers gegen ein Diskriminierungsverbot vorliegen. Geschützt sind nach Abschnitt 1 des EqA 2010 die Merkmale Alter, Behinderung, Rasse (einschließlich Nationalität und Hautfarbe), Religion, Glaube, Geschlecht und sexuelle Orientierung. Ferner schützt das Gesetz vor Diskriminierungen wegen einer Schwangerschaft, wegen Mutterschaft, wegen einer Geschlechtsumwandlung sowie vor Diskriminierungen verheirateter Personen und gleichgeschlechtlicher Lebenspartner wegen ihres Familienstandes. Eine Diskriminierung liegt bereits dann vor, wenn der Arbeitgeber das Vorliegen eines Diskriminierungsmerkmals bei der Diskriminierung nur annimmt, dieses aber in Wirklichkeit nicht vorliegt[541]. Damit entspricht der Schutz des EqA 2010 dem des deutschen AGG. Die letztgenannten Diskriminierungsmerkmale nach dem EqA 2010 sind zwar nicht ausdrücklich im AGG statuiert[542], sie lassen sich jedoch unter die Diskriminierungsmerkmale Geschlecht oder sexuelle Orientierung subsumieren. Auch eine Aufnahme der Diskriminierungsmerkmale Hautfarbe und Nationalität in das AGG ist weder von den Richtlinien gefordert, noch ist diese rechtspolitisch geboten, da sich eine Diskriminierung wegen Hautfarbe oder Nationalität regelmäßig ebenso unter eine Diskriminierung wegen der Rasse oder der ethnischen Herkunft subsumieren lässt[543].

Wie auch das AGG verbietet der EqA 2010 sowohl Diskriminierungen während des Bewerbungsverfahrens[544] als auch Diskriminierungen im Zusammenhang mit Beförderungen[545]. Als Diskriminierungsformen kommen unmittelbare und mittelbare Diskriminierung, Viktimisierung, (sexuelle) Belästigung sowie die Anweisung zur Diskriminierung in Betracht.

Der Tatbestand einer unmittelbaren Diskriminierung ist nach englischem Recht erfüllt, wenn eine Person wegen eines verpönten Merkmals ungünstiger behandelt wird, als andere Personen behandelt werden oder würden[546]. Um dies

---

541 EqA 2010 s. 24.

542 Mit Ausnahme der ungünstigeren Behandlung wegen Schwangerschaft oder Mutterschaft, die gemäß § 3 Abs. 1 S. 2 AGG eine unmittelbare Benachteiligung wegen des Geschlechts darstellt.

543 vgl. *IDS*, Race and Religion Discrimination, S. 103; hinsichtlich Diskriminierungen wegen der Hautfarbe: vgl. EAT in Abbey National v Chagger, DLA Briefings 496–509, Vol 35 November 2008, 29 (30).

544 EqA 2010 s. 39 (1), s. 40 (1); zur alten Rechtslage vgl. SDA 1975 s. 6 (1); RRA 1976 s. 4 (1); DDA 1995 s. 4 (1); EE (SO)R 2003 reg. 6 (1); EE(RB)R 2003 reg. 6 (1); E(A) R 2006 reg. 7 (1).

545 EqA 2010 s. 39 (2); zur alten Rechtslage vgl. SDA 1975 s. 6 (2) (a); RRA 1976 s. 4 (2) (b); DDA 1995 s. 4 (2) (b); EE(RB)R 2003 reg. 6 (2) (b); EE(SO)R 2003 reg. 6 (2); E(A)R 2006 reg. 7 (2) (b).

546 EqA 2010 s. 13 (1); zur alten Rechtslage vgl. SDA 1975 s. 1 (1) (a); RRA 1976 s. 1 (1) (a); DDA 1995 s. 3A (1); EE(SO)R 2003 reg. 3 (1) (a); EE(RB)R 2003 reg. 3 (1) (a); EE(A)R 2006 reg. 3 (1) (a).

darlegen zu können, ist grundsätzlich ein Vergleich zu einer – ggf. auch hypothetischen – Vergleichsperson notwendig, die das verpönte Merkmal nicht aufweist. Das diskriminierende Motiv muss dabei nicht der einzige Beweggrund für die Handlungsweise des Arbeitgebers sein, es muss aber einen wichtigen Grund für seine Entscheidung darstellen[547].

Eine mittelbare Diskriminierung ist gegeben, wenn der Arbeitgeber eine Regelung, ein Kriterium oder ein Verfahren gegenüber Personen mit einem bestimmten Diskriminierungsmerkmal anwendet, das er genauso auch gegenüber anderen Personen anwendet, das jedoch die Personen, die das Diskriminierungsmerkmal aufweisen, in besonderer Weise benachteiligt oder benachteiligen kann[548].

Viktimisierung meint nach englischem Recht die Benachteiligung eines Arbeitnehmers, weil dieser eine Diskriminierung behauptet oder einen Diskriminierungsanspruch verfolgt bzw. den Anspruch eines anderen Arbeitnehmers, etwa durch eine Zeugenaussage, unterstützt[549].

Eine Diskriminierung in Form einer Belästigung liegt schließlich im Fall einer unerwünschten Verhaltensweise vor, die mit einem Diskriminierungsmerkmal in Zusammenhang steht und bezweckt oder bewirkt, dass die Würde der betreffenden Person verletzt oder ein von Einschüchterungen, Anfeindungen, Erniedrigungen, Entwürdigungen oder Beleidigungen gekennzeichnetes Umfeld geschaffen wird[550].

Zum Beweis des Vorliegens einer Diskriminierung hat der Benachteiligte Tatsachen glaubhaft zu machen, die auf eine nicht gerechtfertigte Diskriminierung schließen lassen. Gelingt ihm dies, hat der Arbeitgeber zu beweisen, dass eine solche nicht vorliegt[551]. Hierfür genügt bereits eine Gegenglaubhaftmachung, da der Beweis im englischen Zivilrecht grundsätzlich *on the balance of probabilities*

---

547 Owen & Briggs v James [1982] IRLR 502, Rn. 21; Nagarajan v Agnew [1994] IRLR 61, Rn. 45.

548 EqA 2010 s. 19 (1); zur alten Rechtslage vgl. SDA 1975 s. 1 (2) (b); EE(SO)R 2003 reg. 3 (1) (b); EE(RB)R 2003 reg. 3 (1) (b); EE(A)R 2006 reg. 3 (1) (b); RRA 1976 s. 1 (1A), wobei für die Diskriminierungsmerkmale Hautfarbe und Nationalität die alte Definition nach s. 1 (1) (b), 57 (3) galt, wonach sich der Arbeitgeber exkulpieren konnte, soweit er nachweisen konnte, dass er mit der Regelung, dem Kriterium oder dem Verfahren keine Benachteiligung beabsichtigte.

549 EqA 2010 s. 27 (1); zur alten Rechtslage vgl. SDA 1975 s. 4; RRA 1976 s. 2; DDA 1995 s. 55 (1) (b); EE(SO)R 2003 reg. 4; EE(RB)R 2003 reg. 4; EE(A)R 2006 reg. 4.

550 EqA 2010 s. 26 (1); vgl. zur alten Rechtslage SDA 1975 s. 4A; RRA 1976 s. 3A; DDA 1995 s. 3B, s. 4 (3); EE(SO)R 2003 reg. 5; EE(RB)R 2003 reg. 5; EE(A)R 2006 reg. 6.

551 EqA 2010 s. 136 (2) (3); vgl. zur alten Rechtslage SDA 1975 s. 63A (2); RRA 1976 s. 54A; DDA 1995 s. 8 (4); EE(SO)R 2003 reg. 32 (2); EE(RB)R 2003 reg. 29, EE(A) R 2006 reg. 37.

und damit auf Grundlage überwiegender Wahrscheinlichkeit erbracht wird[552]. Im Rahmen der Beweisführung kommt dem Verhaltenskodex *(Equality Act 2010 Code of Practice[553])* nicht unerhebliche Bedeutung zu. Diese von der Gleichstellungs- und Menschenrechtskommission *(Equality and Human Rights Commission)* herausgegebenen Richtlinien beinhalten Handlungsanleitungen und -empfehlungen, um Ungleichbehandlung in Beschäftigung und Beruf zu vermeiden. Obwohl der *Code* nicht Gesetzesrang hat, können Verstöße gegen die Richtlinien von den Arbeitsgerichten im Rahmen der Beweiswürdigung berücksichtigt werden. Gleiches gilt für einen Fragebogen, der dem Arbeitgeber durch den Benachteiligten zur Vorbereitung des Verfahrens zur Beantwortung zugestellt und zum Gegenstand des Verfahrens gemacht werden kann. Der Fragebogen enthält die Darstellung des Sachverhaltes aus Sicht des Benachteiligten und Fragen an den Arbeitgeber, die mit dem ihm vorgeworfenen Verhalten in Verbindung stehen.

ac) Zurechnung des Verhaltens von Arbeitnehmern

Während sich nach deutschem Recht der Arbeitgeber neben eigenem Verhalten lediglich das Verhalten seiner Erfüllungsgehilfen, soweit diese die Benachteiligung im Zusammenhang mit der Ausübung ihres Weisungs- oder Direktionsrechts begangen haben, unmittelbar zuzurechnen hat, muss sich nach englischem Recht der Arbeitgeber das benachteiligende Verhalten sämtlicher Arbeitnehmer bei Ausübung der arbeitsvertraglichen Tätigkeit *(in the course of employment)* zurechnen lassen, unabhängig davon, ob diese die benachteiligende Handlung mit oder ohne sein Wissen oder sein Einverständnis ausgeführt haben[554]. Der

---

552 ausführlich zur Beweislastverteilung: Igen Ltd. (formerly Leeds Careers Guidance) and Others v. Wong, Chamberlain Solicitors and Anor v Emokpae, Brunel University v Webster [2005] IRLR 258, Rn. 14 ff.; *Cunningham*, 35 ILJ 2006, 279 ff.; *Linden/Wong*, 155 NLJ (18. März 2005) 400 ff.

553 im Internet abrufbar, URL: http://www.equalityhumanrights.com/uploaded_files/EqualityAct/employercode.pdf (1.7.2014).

554 EqA 2010 s. 109 (1) (3); SDA 1975 s. 41 (1); RRA 1976 s. 32 (1); DDA 1995 s. 58 (1); EE(SO)R 2003 reg. 22 (1); EE(RB)R 2003 reg. 22 (1); E(A)R 2006 reg. 25 (1).
EqA 2010 s. 109 — Liability of employers and principals:
(1) Anything done by a person (A) in the course of A's employment must be treated as also done by the employer.
(2) Anything done by an agent for a principal, with the authority of the principal, must be treated as also done by the principal.
(3) It does not matter whether that thing is done with the employer's or principal's knowledge or approval.

Begriff „*in the course of employment*“ umfasst sowohl vom Arbeitgeber gebilligte als auch nicht gebilligte Handlungen[555].

Die Frage, ob eine Handlung *in the course of employment* stattgefunden hat, ist eine Einzelfallentscheidung und hängt maßgeblich davon ab, ob ein erkennbarer Zusammenhang zwischen der benachteiligenden Handlung und der Arbeitstätigkeit vorliegt. Ob die benachteiligende Handlung innerhalb oder außerhalb der Arbeitszeit stattgefunden hat, ist grundsätzlich irrelevant, solange sie arbeitsbedingt stattgefunden hat[556]. Hierbei wird teilweise ein sehr großzügiger Maßstab angelegt. So wurde ein solcher Zusammenhang bei Arbeitnehmern bejaht, die unmittelbar nach der Arbeit gemeinsam Zeit in einem *Pub* verbrachten oder die an einer privaten Abschiedsfeier eines Kollegen in einem *Pub* teilnahmen[557]. Auch bei Firmenfeiern, die innerhalb oder außerhalb des Betriebes oder der Arbeitszeit stattfinden, dürfte ein Zusammenhang regelmäßig zu bejahen sein[558].

Andererseits wurde bei einer Diskriminierung durch einen Arbeitskollegen während einer vom Arbeitgeber organisierten gesellschaftlichen Veranstaltung ein Zusammenhang mit der Begründung verneint, dass die Veranstaltung außerhalb des Betriebes und der Arbeitszeit stattgefunden habe und die Mehrheit der Anwesenden eher Freunde und Familien der Arbeitnehmer als Arbeitnehmer selbst gewesen seien[559]. Ebenfalls wurde das Vorliegen dieser Voraussetzung im Hinblick auf eine sexuelle Belästigung einer Polizistin durch einen Arbeitskollegen abgelehnt, die in einer Polizeiunterkunft, aber außerhalb der Arbeitszeit stattfand[560].

Eine Abgrenzung erscheint bei Benachteiligungshandlungen außerhalb der Arbeitszeit mithin schwierig und die Rechtsprechung lässt diesbezüglich nicht immer eine klare Linie erkennen.

---

(4) In proceedings against A's employer (B) in respect of anything alleged to have been done by A in the course of A's employment it is a defence for B to show that B took all reasonable steps to prevent A—
(a) from doing that thing, or
(b) from doing anything of that description.

(5) This section does not apply to offences under this Act (other than offences under Part 12 (disabled persons: transport)).

555 vgl. Jones v Tower Boot Co Ltd [1997] IRLR 168.

556 *Rubenstein*, Discrimination: the New Law, S. 33.

557 Chief Constable of the Lincolnshire Police v Stubbs and others [1999] IRLR 81.

558 *Mulvaney*, Discrimination in Employment, S. 23.

559 Sidhu v Aerospace Composite Technology Ltd [2000] IRLR 602, Rn. 28.

560 Waters v Commissioner of Police of the Metropolis [1997] IRLR 589.

bb) Zurechnung des Verhaltens von Vertretern

Neben dem Verhalten seiner Arbeitnehmer hat sich der Arbeitgeber darüber hinaus das Verhalten seiner Vertreter *(agents)*, die mit seiner ausdrücklichen oder konkludenten Vollmacht *(express or implied authority)* handeln, zurechnen zu lassen[561]. *Agents* können z.B. Gesellschafter einer Personengesellschaft *(partnership)* sein oder auch eine Personalagentur *(employment agency)*, die vom Arbeitgeber beauftragt wird, für ihn neue Arbeitnehmer zu rekrutieren[562]. Im Zusammenhang mit der Richtlinie 2000/78/EG hat der EuGH jüngst klargestellt, dass auch öffentliche, diskriminiernde Äußerungen zur Einstellungspolitik durch eine Person, die sich als Hauptgeschäftsführers darstellt und in der Öffentlichkeit und den Medien als solche wahrgenommen wird, dem Arbeitgeber zuzurechnen ist, selbst wenn diese Person rechtlich nicht befugt ist, den Arbeitgeber zu binden oder bei Einstellungen zu vertreten. Dies gelte zumindest dann, wenn sich der Arbeitgeber nicht deutlich von diesen Äußerungen distanziere[563].

b) Rechtfertigungsgründe

Unter besonderen Voraussetzungen kann im englischen Recht eine Diskriminierung gerechtfertigt sein und eine Haftung des Arbeitgebers folglich ausscheiden.

Den wichtigsten Rechtfertigungsgrund stellt dabei die Ungleichbehandlung wegen *Genuine Occupational Requirements* dar.[564]. Danach ist eine Diskriminierung gerechtfertigt, wenn das betreffende Merkmal eine wesentliche und entscheidende berufliche Anforderung darstellt[565]. Dies kann etwa im Fall der Geschlechtsdiskriminierung aus Gründen der Authentizität (z.B. Besetzung einer männlichen/weiblichen Schauspielrolle) oder zur Wahrung des Anstandes und der Intimsphäre (Tätigkeit, die die körperliche Untersuchung des anderen Geschlechts umfasst; Tätigkeit in sanitären Einrichtungen des anderen Geschlechts) der Fall sein[566].

---

561 EqA 2010 s. 109 (2); SDA 1975 s. 41 (2); RRA 1976 s. 32 (2); DDA 1995 s. 58 (2); EE(SO)R 2003 reg. 22 (2); EE(RB)R 2003 reg. 22 (2); E(A)R 2006 reg. 25 (2).

562 *IDS*, Sexual Orientation Discrimination, S. 40.

563 EuGH, Urteil vom 25.4.2013, C-81/12 (Asociaţia ACCEPT/Consiliul Naţional pentru Combaterea Discriminării), EuZW 2013, 469 (472).

564 *Connolly*, Discrimination Law, Rn. 8-018.

565 EqA 2010 s. 83 (11) i.V.m. Schedule 9 Part 1 s. 1 (1); vgl. zur alten Rechtslage SDA 1975 s. 7, 7A; RRA 1976 s. 4A; EE(SO)R 2003 reg. 7; EE(RB)R 2003 reg. 7; EE(A)R 2006 reg. 8.

566 für weitere Bsp. vgl. den umfangreichen Katalog in SDA 1975 s. 7.

Darüber hinaus ist eine positive Diskriminierung bei der Begründung von Arbeitsverhältnissen und dem beruflichen Aufstieg zulässig, etwa wenn eine bestimmte Gruppe, die ein verpöntes Merkmal aufweist, unterrepräsentiert ist[567]. Ferner ist eine Ungleichbehandlung ausdrücklich gestattet, wenn diese zum Schutz der nationalen Sicherheit notwendig ist[568].

Eine mittelbare Diskriminierung kann gerechtfertigt sein, wenn es sich bei der diskriminierenden Regelung, dem Kriterium oder Verfahren um ein angemessenes Mittel zur Erreichung eines rechtmäßigen Zieles handelt[569]. Dies kann etwa der Fall sein, wenn Mitarbeiter, die einer gefahrengeneigten Tätigkeit nachgehen, aus Sicherheits- und Gesundheitsschutzaspekten ab dem 55. Lebensjahr sich in kürzeren Intervallen als jüngere Arbeitnehmer einer medizinischen Untersuchung zu unterziehen haben[570].

Spezielle Rechtfertigungsgründe sind für Diskriminierungen wegen des Alters und wegen der Religion oder des Glaubens vorgesehen. So hat sich der englische Gesetzgeber entschieden, Art. 6 Abs. 1 der Richtlinie 2000/78/EG umzusetzen, der eine Ungleichbehandlung aufgrund des Alters zulässt, sofern diese objektiv und angemessen und durch ein rechtmäßiges Ziel gerechtfertigt ist und die Mittel zur Erreichung dieses Ziels angemessen und erforderlich sind[571]. Die mit Inkrafttreten des EqA 2010 aufgehobenen EE(A)R 2006 benannten unter anderem hierauf beruhende Rechtfertigungsgründe, wie Altersunterschiede bei der Bemessung des nationalen Mindestlohnes oder an die Dauer der Beschäftigung gekoppelte Unterschiede bei Arbeitgeberleistungen[572]. Diese Beispiele dürften auf die Rechtslage nach dem EqA 2010, der keine Beispiele mehr nennt, übertragbar sein.

Ferner hat der englische Gesetzgeber Gebrauch von der Ausnahmeregelung für eine Ungleichbehandlung wegen Religion und Weltanschauung gemacht[573], die Art. 4 Abs. 2 der RL 2000/78/EG gestattet. Danach stellt eine Ungleichbehandlung

567 EqA 2010 s. 159 (1); vgl. zur alten Rechtslage EE(SO)R 2003 reg. 26; EE(RB)R 2003 reg. 25; EE(A)R s. 29.

568 EqA 2010 s. 192; vgl. zur altenRechtslage SDA 1975 s. 52; RRA 1976 s. 42; EE(SO)R 2003 reg. 24; EE(RB)R 2003 reg. 24; EE(A)R reg. 28.

569 EqA 2010 s, 19 (2) (d); vgl. zur alten Rechtslage SDA 1975 s. 1 (2) (b) (iii), RRA 1976 s. 1 (1A) (c); EE(SO)R 2003 reg. 3 (1) (b) (iii); EE(RB)R 2003 reg. 3 (1) (b) (iii); EE(A)R 2006 reg. 3 (1) (b).

570 *IDS*, Age Discrimination, S. 14.

571 EqA 2010 s. 13 (2); vgl. zur alten Rechtslage EE(A)R 2006 reg. 3 (1).

572 EE(A)R 2006, reg. 31–34.

573 EqA 2010 s. 83 (11) i.V.m. Schedule 9 Part 1 s. 3.

keine Diskriminierung dar, wenn die Religion oder die Weltanschauung dieser Person nach der Art dieser Tätigkeiten oder der Umstände ihrer Ausübung eine wesentliche, rechtmäßige und gerechtfertigte berufliche Anforderung angesichts des Ethos des Arbeitgebers darstellt.

Die Beweislast für das Vorliegen eines Rechtfertigungsgrundes liegt grundsätzlich beim Arbeitgeber[574].

c) Verschulden

aa) Das englische Recht

Für eine Haftung wegen diskriminierenden Verhaltens kommt es auf ein Verschulden des Arbeitgebers grundsätzlich nicht an[575], insbesondere ist irrelevant, ob der Schaden vorhersehbar war. Entscheidend ist allein die Frage, ob die Diskriminierungshandlung kausal für den Schaden war[576]. Gleiches gilt für die Haftung des Arbeitgebers für seine Vertreter *(agents)*, soweit diese mit ausdrücklicher oder konkludenter Vollmacht des Arbeitgebers gehandelt haben.

Etwas anderes gilt für die Haftung des Arbeitgebers für seine Arbeitnehmer. Hier räumen die englischen Gesetze dem Arbeitgeber die Möglichkeit der Exkulpation ein:

> *"In proceedings against A's employer (B) in respect of anything alleged to have been done by A in the course of A's employment it is a defence for B to show that B took all reasonable steps to prevent A—*
> *(a) from doing that thing, or*
> *(b) from doing anything of that description.*"[577]

Wenn der Arbeitgeber folglich nachweisen kann, dass er „angemessene Schritte" unternommen hat, um die in Frage stehende Diskriminierung oder Diskriminierungen dieser Art im Allgemeinen zu verhindern, soll eine Haftung für seine Arbeitnehmer ausscheiden.

Fraglich ist, wann er diese Pflicht erfüllt hat. Das EAT in *Canniffe v East Riding of Yorkshire Council* gibt in seinem Urteil eine Anleitung, wie eine Prüfung dieser

---

574 vgl. *Detmers*, EuroAS 2004, 40 (42).

575 R v Birmingham City Council, ex parte Equal Opportunities Commission [1989] IRLR 173, Rn. 13; eine Ausnahme gilt für mittelbare Diskriminierungen wegen der nicht von den Richtlinien umfassten Merkmale *colour* und *nationality*, bzgl. derer sich der Arbeitgeber weiterhin exkulpieren kann, RRA 1976 s. 57 (3).

576 Laing Ltd v Essa [2004] IRLR 313, Rn. 39, 44.

577 EqA 2010 s. 109 (4); vgl. zur alten Rechtslage SDA 1975 s. 41 (3); RRA 1976 s. 32 (3); DDA 1995 s. 58 (5); EE(SO)R 2003 reg. 22 (3); EE(RB)R 2003 reg. 22 (3); E(A) R 2006 reg. 25 (3).

Frage vorzunehmen ist[578]. Demnach sei zunächst zu prüfen, ob der Arbeitgeber überhaupt irgendwelche Maßnahmen getroffen habe, um den Arbeitnehmer von der benachteiligenden Handlung abzuhalten. Werde dies bejaht, sei in einem zweiten Schritt sodann zu prüfen, ob er weitere zumutbare Maßnahmen hätte treffen können. Eine Exkulpation soll möglich sein, wenn der Arbeitgeber nachweisen kann, dass er keine praktikablen Maßnahmen hätte ergreifen können, um die Diskriminierung zu verhindern[579].

Die erläuternden Anmerkungen *(explanatory notes)* zu dem EqA 2010, die von verschiedenen Ministerien gemeinsam erarbeitet und herausgegeben wurden, nennen keine Bespiele für solche Maßnahmen. Ein Blick auf die erläuternden Anmerkungen des Wirtschaftsministeriums zu den im Wesentlichen gleich lautenden Vorgängerregelungen in den EE(SO)R 2003 und EE(RB)R 2003 gibt jedoch Aufschluss darüber, was sich der Gesetzgeber unter einer solchen Maßnahme vorstellt. So soll für eine Exkulpation genügen, wenn der Arbeitgeber nachweisen kann, dass innerbetriebliche Antidiskriminierungsrichtlinien (*equal opportunities policy)* in seinem Betrieb Anwendung finden, die allen Arbeitnehmern bekannt sind und entsprechende Schulungen durchgeführt werden und/oder er in der Vergangenheit gegenüber Arbeitnehmern Disziplinarmaßnahmen ergriffen wurden, die gegen das Diskriminierungsverbot verstoßen haben[580].

bb) Europarechtliche Bewertung

De lege lata kann sich der Arbeitgeber der Haftung für seine Arbeitnehmer nach englischem Recht entziehen. Der Begriff „Arbeitnehmer" umfasst hierbei auch Erfüllungsgehilfen, die als Vorgesetzte das Weisungs- und Direktionsrecht des Arbeitgebers ausüben[581]. Fraglich ist, ob diese Möglichkeit der Exkulpation mit der Forderung des EuGH nach einer verschuldensunabhängigen Haftung vereinbar ist. Dieser hat festgestellt, dass jeder Verstoß

578 Canniffe v East Riding of Yorkshire Council [2000] IRLR 555, Rn. 14.

579 Balgobin and Francis v London Borough of Tower Hamlets [1987] IRLR 401, Rn. 18.

580 *DTI*, Explanatory notes for the EE(SO)R 2003 and EE(RB)R 2003, Rn. 149; vgl. auch *Sargeant*, Discrimination Law, S. 105.

581 vgl. Brennan v J H Dewhurst Ltd [1983] IRLR 357 Rn. 7, 13: Zurechnung des Verhaltens des *shop managers* und des *district managers* als *employees* nach SDA 1975 s. 41 (1); *IDS*, Sexual Orientation Discrimination, S. 38: *[...] particularly among lower level managerial and supervisory staff [...]*; *Stein/Rabe*, Arbeitsrecht in Großbritannien, Rn. 128: [...] Arbeitnehmer – vor allem in Führungspositionen - [...]; *IDS*, Race and Religion Discrimination, S. 144: *[...] employee [...], whether a colleague or a supervisor [...].*

gegen das Diskriminierungsverbot für sich genommen ausreichen muss, um die volle Haftung seines Urhebers auszulösen, ohne dass die im nationalen Recht vorgesehenen Rechtfertigungsgründe Berücksichtigung finden können[582]. In der Entscheidung *Draemphal* wiederholte der Gerichtshof diese Ansicht im Hinblick auf das Verschuldenserfordernis, das § 611a Abs. 2 BGB für einen Anspruch auf Schadensersatz normierte[583].

Der vom EuGH für europarechtswidrig erklärte § 611a Abs. 2 BGB umfasste auch die Haftung des Arbeitgebers für Erfüllungsgehilfen, mithin Arbeitnehmer. Nicht übersehen werden darf, dass insbesondere in größeren Betrieben das Bewerbungsverfahren in der Regel nicht durch die Organe, sondern durch Erfüllungsgehilfen mit entsprechender Personalverantwortung durchgeführt wird. Der Arbeitgeber könnte sich in diesem Fall regelmäßig der Haftung unter Verweis auf durchgeführte Präventionsmaßnahmen entziehen. Der Arbeitgeber muss jedoch das Risiko einer Benachteiligung tragen, wenn er sich bestimmter Arbeitnehmer bedient, denen er sein Weisungs- und Direktionsrecht übertragen hat. Er kann nicht nur die Vorteile dieser Arbeitsteilung für sich in Anspruch nehmen.

Dieser Grundsatz wird auch bei einem Blick auf Artikel 18 der Richtlinie 2006/54/EG deutlich, wo es im Zusammenhang mit Benachteiligungen bei der Begründung von Arbeitsverhältnissen heißt:

> *„[....] Dabei darf ein solcher Ausgleich oder eine solche Entschädigung nur in den Fällen durch eine im Voraus festgelegte Höchstgrenze begrenzt werden, in denen der* ***Arbeitgeber*** *nachweisen kann, dass der einem Bewerber durch die Diskriminierung im Sinne dieser Richtlinie entstandene Schaden allein darin besteht, dass die Berücksichtigung seiner Bewerbung verweigert wurde.“*[584]
>
> [Hervorhebung durch den Verfasser]

Trotz der Tatsache, dass der Arbeitgeber das Bewerbungsverfahren häufig nicht selbst durchführt, sondern Arbeitnehmer mit entsprechender Entscheidungsbefugnis diese Aufgabe für ihn übernehmen, wird durch die Bezugnahme auf diesen klargestellt, dass ihn grundsätzlich die Haftung für Benachteiligungshandlungen im Bewerbungsverfahren und somit für

---

582 EuGH, Urteil vom 8.11.1990, Rs. C-177/88 (Dekker), Slg. 1990, I-3941 (3968) Rn. 25; vgl. ausführlich zum unionsrechtlichen Erfordernis einer verschuldensunabhängigen Haftung nach der Rspr. des EuGH: Kapitel 1, B. III. 3. c).

583 EuGH, Urteil vom 22.4.1997, Rs. C-180/95 (Draemphal), Slg. 1997, I-2195 (2212) Rn 19.

584 vgl. auch Art. 6 Abs. 2 der durch die RL 2002/73/EG revidierten Gleichbehandlungsrichtlinie 76/207/EWG; beide RL wurden in der allgemeinen Geschlechterdiskriminierungsrichtlinie 2006/54/EG zusammengefasst.

Benachteiligungen durch seine Erfüllungsgehilfen trifft. Trifft den Arbeitgeber aber die Haftung, ist diese – wie der EuGH mehrfach bestätigt hat – verschuldensunabhängig auszugestalten. Die Möglichkeit der Exkulpation hinsichtlich der Erfüllungsgehilfen, denen der Arbeitgeber sein Weisungs- und Direktionsrecht übertragen hat, dürfte somit im Widerspruch zur Rechtsprechung des EuGH stehen, der eine verschuldensunabhängige Ausgestaltung der Sanktion fordert und dürfte mithin europarechtswidrig sein[585].

Da eine europarechtskonforme Auslegung angesichts des eindeutigen Wortlauts ausscheiden muss und die Nichtanwendung europarechtswidrigen Rechts gegenüber privaten Arbeitgebern gegenwärtig nicht möglich ist, dürfte sich der private Arbeitgeber nach englischem Recht weiter solange hinsichtlich des Verhaltens seiner Erfüllungsgehilfen exkulpieren können, bis der englische Gesetzgeber die Regelung verschuldensunabhängig und damit europarechtskonform ausgestaltet. Insbesondere können die Gerichte die Regelung nicht unangewendet lassen, da die Vorschrift lediglich der Durchsetzung des Diskriminierungsverbots dient, selbst aber keinen diskriminierenden Charakter hat und nicht unmittelbar gegen ein primärrechtliches Diskriminierungsverbot verstößt[586].

Eine verschuldensunabhängige Haftung für das Verhalten von Arbeitnehmern, die nicht Erfüllungsgehilfen sind, ist hingegen europarechtlich nicht gefordert. Sowohl der EuGH als auch die Richtlinien stellen einzig auf den Arbeitgeber ab. Der Arbeitgeber ist für sein Handeln und das Handeln derer, denen er sich zur Ausführung seiner Aufgaben durch Übertragung seines Weisungs- und Direktionsrechts bedient, verantwortlich. Benachteiligungshandlungen durch Arbeitnehmer, die keine Position bekleiden, für die ihnen entsprechende arbeitgeberseitige Entscheidungsbefugnisse eingeräumt sind, können nicht als Benachteiligungshandlungen aus der Sphäre des Arbeitgebers betrachtet werden, weshalb es durchaus legitim ist, den Arbeitgeber der Haftung für diese Arbeitnehmer zu entziehen, soweit er seiner Fürsorgepflicht für diese Arbeitnehmer insoweit nachgekommen ist, als dass er alle möglichen Schritte unternommen hat, um die Benachteiligung durch diese Arbeitnehmer, etwa durch Schulungen, zu verhindern.

---

585 vgl. auch *Connolly*, Discrimination Law, 1. Auflage 2006, Rn. 8–082, der es für vertretbar hält, diese Exkulpationsmöglichkeit als unvereinbar mit den Richtlinien anzusehen, die einen solchen Rechtfertigungsgrund nicht vorsehen; diese Problematik wird gesehen, aber nicht weiter vertieft in Canniffe v East Riding of Yorkshire Council [2000] IRLR 555, Rn. 24.

586 zu den Grenzen der europarechtskonformen Auslegung vgl. Kapitel 1, B. III. 3. e).

2. *Haftung des Arbeitnehmers und Vertreters*

Neben der Haftung des Arbeitgebers für benachteiligendes Verhalten seiner Arbeitnehmer und Vertreter, sieht das englische Recht darüber hinaus eine persönliche Haftung des benachteiligenden Arbeitnehmers bzw. Vertreters vor[587].

a) Verstoß gegen ein Benachteiligungsverbot, der dem Arbeitgeber zugerechnet wird

Voraussetzung für einen Anspruch des Benachteiligten gegen den Arbeitnehmer oder Vertreter ist zunächst ein Verstoß gegen das Benachteiligungsverbot, der dem Arbeitgeber zugerechnet wird oder für den Fall, dass dem Arbeitgeber die Exkulpation gelingt, zugerechnet worden wäre[588]. Im Ergebnis haftet der Arbeitnehmer somit, wenn er bei der Ausübung seiner arbeitsvertraglichen Tätigkeit ungerechtfertigt gegen ein Diskriminierungsverbot verstößt.

b) Möglichkeit der Exkulpation

Während die vorherigen Antidiskriminierungsgesetze und -verordnungen einen vorsätzlichen Verstoß des Arbeitnehmers für dessen persönliche Haftung verlangten[589], hat der englische Gesetzgeber sich entschieden, die Haftung des Arbeitnehmers im EqA 2010 nunmehr grundsätzlich verschuldensunabhängig auszugestalten[590]. Der Arbeitnehmer oder Vertreter kann sich jedoch exkulpieren, wenn er darlegen kann, dass er auf eine Aussage des Arbeitgebers, dass die

---

587 ***EqA 2010 s. 110 — Liability of employees and agents***
(1) A person (A) contravenes this section if—
(a) A is an employee or agent,
(b) A does something which, by virtue of section 109(1) or (2), is treated as having been done by A's employer or principal (as the case may be), and
(c) the doing of that thing by A amounts to a contravention of this Act by the employer or principal (as the case may be).
(2) It does not matter whether, in any proceedings, the employer is found not to have contravened this Act by virtue of section 109(4).
(3) A does not contravene this section if—
(a) A relies on a statement by the employer or principal that doing that thing is not a contravention of this Act, and
(b) it is reasonable for A to do so. […]"

588 siehe oben unter Kapitel 2, B. III. 2. a).

589 SDA 1975 s. 42; RRA 1976 s. 33; DDA 1995 s. 58; EE(SO)R 2003 reg. 23; EE(RB)R 2003 reg. 23; EE(A)R 2006 reg. 26.

590 Explanatory notes for the EqA 2010, Rn. 370.

Handlung nicht gesetzeswidrig sei, vertraut hat und hierauf auch vernünftigerweise vertrauen durfte[591].

c) Verhältnis zu deutschem Recht

Der englische Gesetzgeber hat neben der verschuldensunabhängigen Haftung des Arbeitgebers auch eine persönliche und verschuldensunabhängige Haftung des benachteiligenden Arbeitnehmers normiert. Eine solche Haftung wurde in das AGG nicht aufgenommen, was die deutsche Literatur teilweise heftig kritisierte[592].

Diese Kritik ist unangemessen. Das AGG sieht statt einer persönlichen Haftung des Arbeitnehmers arbeitsrechtliche Maßnahmen wie Abmahnung oder Kündigung als mögliche Konsequenzen einer Diskriminierung vor. So hat der Gesetzgeber in § 12 Abs. 3 AGG ausdrücklich normiert, dass der Arbeitgeber die im Einzelfall geeigneten, erforderlichen und angemessenen Maßnahmen zur Unterbindung der Benachteiligung wie Abmahnung, Umsetzung, Versetzung oder Kündigung zu ergreifen hat. Diese Konsequenzen dürften eine ausreichend abschreckende Wirkung auf den Arbeitnehmer haben. Eine persönliche Haftung des Arbeitnehmers ist europarechtlich nicht gefordert. Eine solche Haftung des Arbeitnehmers oder eine gesamtschuldnerische Haftung von Arbeitnehmer und Arbeitgeber könnte zudem die abschreckende Wirkung auf den Arbeitgeber schwächen und ihn möglicherweise verleiten, Maßnahmen zur Verhinderung von Diskriminierungen nicht mit der gebotenen Sorgfalt durchzuführen.

Zudem verkennen diejenigen Stimmen in der Literatur, die eine fehlende Anspruchsgrundlage für eine persönliche Haftung des Arbeitnehmers im AGG kritisieren, dass außerhalb des AGG auch nach deutschem Recht eine persönliche Inanspruchnahme des Arbeitnehmers grundsätzlich möglich ist. So kann der Arbeitnehmer gemäß § 823 Abs. 1 BGB i.V.m. Art. 2 Abs. 1, 1 Abs. 1 GG persönlich in Anspruch genommen werden. Hierfür sind die Hürden zwar höher als im englischen Recht, da der Arbeitnehmer die Benachteiligung im Gegensatz zum englischen Recht vorsätzlich oder fahrlässig begangen haben und zusätzlich eine erhebliche Persönlichkeitsverletzung vorliegen muss. Eine

591 EqA 2010 s. 110 (4).

592 vgl. Bauer/*Thüsing*/Schunder, NZA 2005, 32 (35): *Thüsing* kritisiert, dass man zwar eine Haftung des Arbeitgebers für Dritte normiert habe, nicht aber die Haftungsgrundlage für den unmittelbar handelnden Dritten selbst. Damit hafte der Arbeitgeber strenger als der, der selber diskriminiere. Dies sei ein eklatanter Wertungswiderspruch, der europarechtlich nicht vorgegeben sei.

verschuldensunabhängige Haftung des Arbeitnehmers – wie sie das englische Recht normiert – ist europarechtlich jedoch nicht gefordert.

3. Zusammenfassung

Das englische Antidiskriminierungsrecht sieht sowohl eine Haftung des Arbeitgebers für dessen persönliches Verhalten bei nicht gerechtfertigten Verstößen gegen das Benachteiligungsverbot vor als auch für ihm zurechenbares Verhalten von Arbeitnehmern und seiner Vertreter. Für eine Zurechnung ist entscheidend, dass die Benachteiligungshandlung im Zusammenhang mit der Ausübung der arbeitsvertraglichen Tätigkeit vorgenommen wurde bzw. dass der Vertreter eine vom Arbeitgeber autorisierte Handlung vorgenommen hat. Der Arbeitgeber kann sich der Haftung für seine Arbeitnehmer entziehen, indem er nachweist, dass er „angemessene Schritte" unternommen hat, um die Diskriminierung zu verhindern. Ist dem Arbeitgeber das Verhalten seiner Arbeitnehmer bzw. Vertreter zuzurechnen, haften diese grundsätzlich auch persönlich, es sei denn, sie durften vernünftigerweise auf die Aussage des Arbeitgebers vertrauen, dass die vorgenommene Handlung nicht gesetzeswidrig sei.

IV. Rechtsfolgen

Hat das das Arbeitsgericht das Vorliegen einer ungerechtfertigten Benachteiligung festgestellt, kann es nach dem EqA 2010 nach Recht und Billigkeit

- feststellen, dass der Kläger durch die Handlung des Beklagten in seinen Rechten verletzt wurde;
- anordnen, dass der Beklagte dem Kläger Schadensersatz zu zahlen hat;
- eine zweckdienliche Empfehlung aussprechen[593].

Eine „zweckdienliche Empfehlung" („*appropriate recommendation*") ist eine Anordnung, die den Arbeitgeber verpflichtet, innerhalb einer bestimmten Frist eine Handlung vorzunehmen, die dem Gericht zur Beseitigung oder Verringerung der benachteiligenden Wirkung der Diskriminierung auf den Kläger oder eine andere Person zweckmäßig erscheint[594]. Zur alten Rechtslage konnte das Gericht nur Maßnahmen anordnen, die die diskriminierende Wirkung gegenüber dem diskriminierten Arbeitnehmer verringerten, z.B. eine förmliche Entschuldigung des Arbeitgebers oder die Teilnahme eines Arbeitnehmers an einem *Equal Opportunities Training,* einer Schulung zum Thema Gleichbehandlung. Durch

593 EqA 2010 s. 124 (2).
594 EqA 2010 s. 124 (3).

die Erweiterung um „eine andere Person" im EqA 2010 kann das Gericht nun auch allgemeine Maßnahmen, die die gesamte Belegschaft betreffen, anordnen, wie etwa die Einführung einer betrieblichen Gleichbehandlungsrichtlinie oder die Schulung der gesamten oder von Teilen der Belegschaft zum Thema Gleichbehandlung. Kommt der Arbeitgeber der „Empfehlung" nicht innerhalb der vom Gericht gesetzten Frist nach, kann dieses eine zusätzlich zugesprochene Schadensersatzsumme nachträglich erhöhen oder - wenn es zunächst keinen Schadensersatz zugesprochen hatte - den Arbeitgeber erstmals zur Zahlung von Schadensersatz verurteilen[595]. Im Jahr 2011 sprachen die Gericht in lediglich 5,3 Prozent aller veröffentlichten Diskriminierungsfälle eine „Empfehlung" aus[596].

Entscheidet das Arbeitsgericht, dass dem Benachteiligten Schadensersatz zu zahlen ist, kann das Gericht entweder den Arbeitgeber allein zur Zahlung von Schadensersatz verurteilen oder eine gesonderte Zahlung des benachteiligenden Arbeitnehmers oder Vertreters anordnen. Möglich ist auch die Verurteilung zu einer gesamtschuldnerischen Haftung[597] des Arbeitgebers und Arbeitnehmers, wobei von dieser Möglichkeit in der Praxis nur sehr selten Gebrauch gemacht wird[598].

Der Schadensersatz ersetzt den durch die Benachteiligung erlittenen materiellen und immateriellen Schaden des Benachteiligten. Der Ersatz des materiellen Schadens soll die verletzten vermögenswerten Interessen, insbesondere den entgangenen Verdienst des Benachteiligten ausgleichen. Der Ersatz des immateriellen Schadens kann neben einer Entschädigung für „verletzte Gefühle" *(injury to feelings)*, auch sog. „erhöhten Schadensersatz"[599] für besonders verwerfliches Verhalten des Arbeitgebers *(aggravated damages)* sowie Schadensersatz für erlittene Gesundheitsverletzungen *(personal injury)* umfassen. Grundsätzlich ist der Schaden nur insoweit ersatzfähig, als er durch die Diskriminierungshandlung verursacht worden ist[600].

Eine Höchstgrenze für Schadensersatzzahlungen sieht das englische Diskriminierungsrecht nicht vor. Im Jahre 1993 wurde die summenmäßige

595 EqA 2010 s. 124 (7).

596 *Johnstone/Foster/Godwin*, EOR 227, 9 (12), in 12 von 226 veröffentlichten Entscheidungen.

597 Way and Anor v Crouch [2005] IRLR 603, Rn. 20.

598 *Mulvaney*, Discrimination in Employment, S. 183.

599 *Bugg/Simon*, Langenscheidt Alpmann Fachwörterbuch Kompakt Recht Englisch, S. 218.

600 *Korn/Sethi*, Employment Tribunal Compensation, Rn. 17.21.

Begrenzung des Schadensersatzanspruchs aufgehoben[601], nachdem der EuGH hierin einen Verstoß gegen die Gleichbehandlungsrichtlinie 76/207/EWG gesehen hatte, die eine vollständige finanzielle Wiedergutmachung des zugefügten Schadens fordert[602].

Seit dieser EuGH-Entscheidung ist in der englischen Rechtsprechung umstritten, was unter einer vollständigen finanziellen Wiedergutmachung zu verstehen ist. In *Ministry of Defence v Cannock* stellte das EAT klar, dass eine schlichte Addition sämtlicher vom Gericht zuvor einzeln festgestellter Schadensersatz- und Entschädigungsbeträge zu unterbleiben habe, sondern stattdessen auf die Verhältnismäßigkeit der Gesamtsumme zu achten sei[603]. In *Ministry of Defence v Hunt*[604] änderte das EAT seine Rechtsansicht. Es stellte fest, dass der Rechtsprechung des EuGH nur genügt werden könne, wenn die Schadenspositionen zunächst einzeln ermittelt, anschließend addiert und der entstandene Schaden somit dem Benachteiligten vollständig ersetzt werde. Das EAT sah in der Vermischung verschiedener Schadensersatzkategorien in *Ministry of Defence v Cannock* die Einführung einer judikativen Summenbegrenzung in einem Bereich, in dem es aufgrund von *Marshall No. 2* keine gesetzliche Summenbegrenzung mehr geben dürfe[605].

Tatsächlich dürfte die Bestimmung einer verhältnismäßigen Gesamtsumme einen Verstoß gegen die europarechtliche Forderung nach einer vollumfänglichen Kompensation des Schadens des Benachteiligten darstellen. Nach Ansicht des EuGH hat die finanzielle Wiedergutmachung angemessen zu sein, wobei sie den entstandenen Schaden in *vollem* Umfang auszugleichen hat[606]. Dieser Forderung kann nur genügt werden, wenn durch die Summierung aller einzelnen festgestellten Schadenspositionen der gesamte tatsächliche Schaden des Benachteiligten ausgeglichen wird. Die Verhältnismäßigkeit des Gesamtbetrages sollte bereits durch die Berücksichtigung des Verhältnismäßigkeitsgrundsatzes im Rahmen der Bestimmung der Höhe der einzelnen Schadenspositionen gewahrt sein, so dass es einer abschließenden Gesamtbetrachtung und ggf. Reduzierung des Gesamtbetrags nicht bedarf.

601 Sex Discrimination and Equal Pay (Remedies) Regulations 1993 (SI 1993/2798).

602 EuGH, Urteil vom 2.8.1993, C-271/91 (Marshall II), Slg. 1993, I-4367 (4400) Rn. 34.

603 Ministry of Defence v Cannock [1994] IRLR 509, Rn. 132.

604 Ministry of Defence v Hunt and others [1996] IRLR 139.

605 Ministry of Defence v Hunt and others [1996] IRLR 139, Rn. 31.

606 vgl. EuGH, Urteil vom 2.8.1993, C-271/91 (Marshall II), Slg. 1993, I-4367 (4400) Rn. 30.

1. *Schadensersatz*

Der materielle Schadensersatz ist grundsätzlich auf die gleiche Art und Weise zu berechnen, wie im englischen Recht Schadensersatz wegen unerlaubter Handlung bestimmt wird[607], d.h. nach dem Grundprinzip der *restitutio in integrum*. Danach ist der Kläger durch die Gewährung eines Geldbetrages in die Lage zu versetzen, in der er sich befinden würde, wenn die diskriminierende Handlung nicht stattgefunden hätte:

> *„It seems to us quite clear that the correct measure of damage is based on the principle that, as best as money can do it, the applicant must be put into the position she would have been in but for the unlawful conduct of [the discriminator]...*"[608]

Eine Unterteilung der Ersatzleistung in Naturalrestitution und Geldersatz, wie sie das deutsche Recht vornimmt, existiert im englischen Recht nicht. Der Ausgleich hat immer durch Geldersatz zu erfolgen[609].

Die Höhe der veröffentlichten Schadensersatzsummen zeigt, dass der Schadensersatz für materielle Schäden in arbeitsrechtlichen Diskriminierungsfällen in der Regel recht moderat ausfällt. So betrug der Mittelwert aller veröffentlichten Schadensersatz- und Entschädigungssummen im Jahr 2011 7.518 Pfund[610]. Reduziert man diesen Betrag um den Mittelwert für die Entschädigung für immaterielle Schäden (*injury to feelings* sowie *aggravated damages)* in Höhe von 5.000 Pfund[611], ergibt sich ein Mittelwert von lediglich 2.518 Pfund, was im Jahre 2011 einem Betrag von 2.791 Euro entsprach[612]. In diesem Wert sind neben sämtlichen materiellen Schäden auch die nicht bezifferbaren Beträge für die nachträgliche Erhöhung der Schadensersatzsumme wegen nicht ordnungsgemäß durchgeführtem Beschwerdeverfahrens vor Klageerhebung[613] sowie mögliche Ansprüche aus *personal injury*[614] enthalten. Es lässt sich somit im Ergebnis feststellen, dass der Mittelwert für Schadensersatz für materielle Schäden im Jahr 2011 sogar noch unter 2.791 Euro lag.

---

607 Anm. 403, Explanatory Notes to the Equality Act 2010.

608 *Ministry of Defence v Cannock [1994] IRLR 509, Rn. 60.*

609 *McGregor*, McGregor on Damages, Rn. 1.

610 *Johnstone/Foster/Godwin*, EOR 227, 9.

611 *Johnstone/Foster/Godwin*, EOR 227, 9.

612 Kurs vom 1.7.2011, Mittelkurs: 1,10830 EUR / Pfund, abrufbar im Internet, URL: http://www.oanda.com/converter/classic (1.7.2014).

613 vgl. hierzu ausführlich unter B. IV. 6.

614 vgl. hierzu ausführlich unter B IV. 4.

a) Diskriminierung bei der Begründung von Arbeitsverhältnissen

aa) Negatives Interesse

Zunächst ist dem Anspruchsteller der erlittene Vertrauensschaden zu ersetzen, d.h. diejenigen Aufwendungen, die ihm dadurch entstanden sind, dass er auf ein benachteiligungsfreies Bewerbungsverfahrens vertraut hat. Diese umfassen insbesondere Aufwendungen zum Zwecke der Vertragsanbahnung, wie etwa Kosten, die im Zusammenhang mit der Erstellung und Versendung der Bewerbung sowie durch die Anreise zu Vorstellungsgesprächen entstanden sind[615].

bb) Positives Interesse

Der Ersatz des positiven Interesses beschränkt sich bei der Begründung von Arbeitsverhältnissen im Wesentlichen auf den entgangenen und zukünftigen Verdienstausfall sowie die Kosten, die im Zusammenhang mit der Suche nach einer anderweitigen Beschäftigung entstanden sind. In Einzelfällen kann als materieller Schaden ferner der Ersatz von medizinischen Behandlungskosten in Betracht kommen.

(1) Verdienstausfall

Den Hauptbestandteil des materiellen Schadens bildet regelmäßig der Verdienstausfall, für dessen Berechnung die arbeitsgerichtliche Rechtsprechung mangels gesetzlicher Regelung eine Formel entwickelt hat.

(a) Berechnung im Allgemeinen

Nach der von der Rechtsprechung entwickelten Formel erfolgt die Berechnung des Verdienstausfalls in folgenden drei Schritten[616]:

(aa) 1. Schritt: (voraussichtlicher) Zeitraum bis zur Aufnahme einer gleichwertigen Tätigkeit

Zunächst ist zu ermitteln für welchen Zeitraum der abgelehnte Bewerber einen Verdienstausfall erlitten hat und ggf. aller Voraussicht nach noch erleiden wird, d.h. welcher Zeitraum bis zum Antritt einer gleichwertigen Stelle vergangen ist bzw. voraussichtlich noch vergehen wird.

Der in der Vergangenheit entgangene Verdienst (*past loss of earnings*) umfasst in der Regel den Zeitraum zwischen Besetzung der verwehrten Stelle und der

615 vgl. *Connolly*, Townshend-Smith on Discrimination Law: Text, Cases and Materials, S. 537.

616 vgl. *Mulvaney*, Discrimination in Employment, S. 186.

Entscheidung des Gerichts oder – für den Fall, dass der Benachteiligte inzwischen eine gleichwertige Stelle angetreten hat – den Zeitraum bis zum Antritt der neuen Stelle[617].

Zur Berechnung des in der Zukunft entgehenden Verdienstes (*future loss of earnings*) ist zu ermitteln, welcher Zeitraum bis zum Antritt einer gleichwertigen Stelle voraussichtlich noch vergehen wird, d.h. über welchen zukünftigen Zeitraum der Verdienstausfall sich noch erstrecken wird[618].

Zur Bestimmung der voraussichtlichen Dauer dieses Zeitraums können unter anderem die folgenden Faktoren Berücksichtigung finden[619]:

- Persönliche Faktoren, wie etwa die Qualifizierung des Klägers, die Berufserfahrung, das Alter[620], die Arbeits- und Karriereziele, die bisherige Dauer der Arbeitslosigkeit[621], familiäre Verpflichtungen[622] oder der Gesundheitszustand[623] einschließlich eines möglichen Vertrauensverlustes, der durch die Persönlichkeitsverletzung hervorgerufen wurde.

---

617 Es sei denn, der Benachteiligte hat seine Schadensminderungspflicht insoweit verletzt, als dass er bereits zu einem früheren Zeitpunkt eine neue Beschäftigung hätte finden können, vgl. hierzu nachfolgend unter 2. Kapitel, B. IV. 1. a) bb) (3).

618 L'Hermenier v Vida Research International Ltd, Urteil vom 4.2.2004, Az.: ET/3302132/2004, unveröffentlicht: zukünftiger Verdienstausfall von zwei Monaten; Mirikwe v St. Botoph's Project, Urteil vom 11.5.2004, Az.: ET/3201002/03, unveröffentlicht: zukünftiger Verdienstausfall von sechs Monaten; Mitchell v The Governing Body of Hayes School, Urteil vom 26.10.2004, Az.: ET/110812/04, unveröffentlicht: zukünftiger Verdienstausfall von zwölf Monaten.

619 vgl. *Mulvaney*, Discrimination in Employment, S. 185.

620 Whitehead v Copyplan West Midlands Ltd, Urteil vom 7.6.2004, Az.: ET/1304014/03, unveröffentlicht.

621 Pachappen v Accor (UK) Ltd t/a Ibis Hotel, Urteil vom 22.3.2004, Az.: ET/2203619/02, unveröffentlicht.

622 so werden etwa die Chancen einer alleinstehenden Bewerberin mit drei kleinen Kindern auf dem Arbeitsmarkt als sehr schlecht eingestuft, Ministry of Defence v Hunt [1996] IRLR 139, Rn. 55; Aufgrund der Schwierigkeit wegen ihrer Erziehungspflichten eine Beschäftigung zu finden, wurden einer Bewerberin bis zur Schulpflichtigkeit ihrer Tochter für 27 Wochen Ersatz zukünftigen Verdienstausfalls zugesprochen: Sousa v Shepherd t/a UK Cleaing Company, Urteil vom 2.3.2004, Az.: ET/1202162/03, unveröffentlicht.

623 Swanson v Team McLaren Marketing Services Ltd, Urteil vom 16.9.2004, Az.: ET/1806782/03, unveröffentlicht: 26 Wochen zukünftiger Verdienstausfall wegen einer Therapie, die medizinisch notwendig ist, damit die Benachteiligte wieder am Arbeitsleben teilnehmen kann zzgl. vier Wochen Verdienstausfall nach der Therapie, um eine Stelle zu finden.

- Externe Faktoren, wie die Lage des Arbeitsmarktes in der entsprechenden Branche, die Markttendenzen, die die Branche und die konkrete Position beeinflussen können oder Nachteile auf dem Arbeitsmarkt, die durch die Zugehörigkeit zu einer bestimmten Ethnie[624] oder durch die Durchführung des Gerichtsverfahrens entstehen können.

Häufig kommen dem Gutachten einer Personalagentur oder Statistiken des Arbeitsamtes eine wichtige Rolle bei der Bestimmung der voraussichtlichen Dauer bis zur Aufnahme einer gleichwertigen Beschäftigung zu[625].

Hat der Benachteiligte bereits eine neue Stelle angetreten, wird diese aber geringer entlohnt als die verwehrte Stelle, ist der Zeitraum zu schätzen, der voraussichtlich noch vergehen wird, bis der Benachteiligte das Lohnniveau der verwehrten Stelle erreichen wird. Hierüber hat der aktuelle Arbeitgeber dem Bewerber Auskunft zu geben.

(bb) 2. Schritt: Bestimmung der der Höhe der entgangenen Vergütung in dem ermittelten Zeitraum

Der in Tagen, Wochen oder Monaten ermittelte Zeitraum bis zur Aufnahme einer gleichwertigen Tätigkeit ist sodann mit der Netto-Vergütung zu multiplizieren, mit der die versagte Stelle pro Tag, Woche oder Monat dotiert ist[626]. Hat der Benachteiligte zwischenzeitlich eine neue, aber geringer entlohnte Stelle angetreten, ist der Zeitraum bis zum Erreichen des gleichen Lohnniveaus mit der täglichen, wöchentlichen oder monatlichen Vergütungsdifferenz zwischen aktueller und versagter Stelle zu multiplizieren[627]. Der so errechnete Betrag spiegelt das Erfüllungsinteresse desjenigen wider, der die Stelle ohne das diskriminierende Verhalten sicher erhalten hätte.

(cc) 3. Schritt: Reduzierung der Höhe des Verdienstausfalls durch Chancenberücksichtigung

Da sich regelmäßig mehr als ein Bewerber auf eine Stelle bewirbt, wird sich nur in absoluten Ausnahmefällen feststellen lassen, ob der Benachteiligte die Stelle

---

624 Brass v Best Advice Mortgage Centra Ltd and others, Urteil vom 8.11.2004, Az.: ET/2503683/04, unveröffentlicht: sechs Monate zukünftiger Verdienstausfall für einen farbigen Kläger, aufgrund der Schwierigkeit wegen seiner Hautfarbe eine Stelle zu finden (Arbeitslosenquote Farbiger/Asiaten: 11,4 Prozent, Arbeitslosenquote Weiße: 4,4 Prozent).

625 *Barnett*, 152 NLJ (5. April 2002) 509 (511).

626 vgl. Visa International Service Association v Paul [2004] IRLR 42, Rn. 39.

627 *Mulvaney*, Discrimination in Employment, S. 186.

ohne das diskriminierende Verhalten mit hundertprozentiger Sicherheit erhalten hätte. Um diesem Umstand gerecht zu werden, ist in einem letzten Schritt die Chance, die der benachteiligte Bewerber ohne das diskriminierende Verhalten auf eine Einstellung gehabt hätte, zu bestimmen[628]. Hierzu wird in der Regel ein Vergleich zu den Qualifikationen des Stelleninhabers gezogen und sodann nach freiem Ermessen des Gerichts die prozentuale Erfolgswahrscheinlichkeit der Bewerbung im Falle eines benachteiligungsfreien Bewerbungsverfahrens bestimmt[629]. Der im zweiten Schritt ermittelte Verdienstausfallschaden wird sodann entsprechend der hypothetischen Misserfolgswahrscheinlichkeit der Bewerbung im Falle eines benachteiligungsfreien Bewerbungsverfahrens gemindert.[630]. Befindet das Gericht unter Berücksichtigung der Qualifikationen etwa, dass der Benachteiligte ohne das diskriminierende Verhalten lediglich eine Chance auf die Stelle von 12 Prozent gehabt hätte, ist der zuvor ermittelte Betrag um 88 Prozent herabzusetzen[631]. Stellt das Gericht eine Diskriminierung fest, kommt aber zu dem Schluss, dass der Benachteiligte auch ohne das benachteiligende Verhalten keine Chance auf die Stelle gehabt hätte, hat der Benachteiligte keinen Anspruch auf Ersatz von entgangenem Verdienst[632].

(b) Ausnahme: voraussichtliche Arbeitslosigkeit bis zum Renteneintritt

Auch wenn die Rechtsprechung hinsichtlich des zukünftig entgehenden Verdienstes in der Regel einen Zeitraum von wenigen Monaten bis zu einem Jahr heranzieht, kann sie in absoluten Ausnahmefällen zu dem Schluss kommen, dass der Bewerber bis zum Renteneintritt keinen Arbeitsplatz mehr finden wird. Ein Verdienstausfall bis zum Renteneintrittsalter kommt im Falle von Diskriminierungen bei der Begründung von Arbeitsverhältnissen nur ausnahmsweise bei fortgeschrittenem

628 *Mulvaney*, Discrimination in Employment, S. 186; vgl. auch *Connolly*, Discrimination Law, Rn. 12–025.

629 Khan v Morgan Collins Group Ltd, Az.: EAT/389/97, unveröffentlicht; Y v Calderdale Council, Az.: ET/1806514/02, unveröffentlicht.

630 *Mulvaney*, Discrimination in Employment, S. 186.

631 so Haynes v E A Tailby Ltd, Urteil vom 24.11.1997, Az.: IT/1900587/97, unveröffentlicht; Mitchell v The Governing Body of Hayes School, Urteil vom 26.10.2004, Az.: ET/110812/04, unveröffentlicht: Reduzierung um 20 Prozent wegen 80-prozeniger Wahrscheinlichkeit; Cowlard v Metronet Rail BCV Ltd, Urteil vom 22.10.2004, Az.: ET/2204161/03., unveröffentlicht: Reduzierung um 50% wegen 50-prozentiger Erfolgswahrscheinlichkeit.

632 vgl. Sharifi v Strathclyde Regional Council [1992] IRLR 259 Rn. 8; M Roadburg v Lothian Regional Council [1976] IRLR 283, Rn. 14; Mitchelson v Essex Radio, Urteil vom 20.5.1998, Az.: IT/321226/96, unveröffentlicht.

Alter des Benachteiligten und bei Erreichen des Rentenalters binnen weniger Jahre in Betracht[633].

In diesem Fall stehen der Rechtsprechung zwei Möglichkeiten zur Bestimmung des Erfüllungsinteresses zur Verfügung:

Das Gericht kann seiner Berechnung die gesamte Dauer bis zum Erreichen des Rentenalters zu Grunde legen und diese nach eigenem Ermessen um eine bestimmte Anzahl von Monaten oder Jahren reduzieren, um den „Wechselfällen des Lebens" (*the vicissitudes of life*) Rechnung zu tragen. „Wechselfälle des Lebens" meint Unwägbarkeiten. So ist unter anderem ungewiss, ob und wie lange der Bewerber in dem Arbeitsverhältnis gestanden hätte (z.B. hätte er möglicherweise freiwillig oder durch Kündigung aus diesem ausscheiden können). Ferner hätte der Bewerber während der Dauer des hypothetischen Arbeitsverhältnisses schwer erkranken oder unerwartet versterben können.

Alternativ können die Gerichte die vom *Government Actuary's Department* herausgegebenen sog. *Ogden Tables*[634] heranziehen. Mit Hilfe dieser versicherungsmathematischen Tabellen, die originär der Bestimmung des Erwerbsausfallschadens eines durch *personal injury* erwerbsunfähigen Opfers dienen, aber in Diskriminierungsfällen entsprechend Anwendung finden, kann der gegenwärtige Kapitalwert zukünftigen Verdienstausfalls unter Berücksichtigung der voraussichtlichen zukünftigen Sterblichkeitsrate sowie weiterer Faktoren, wie etwa einer Behinderung oder des Bildungsabschlusses des Benachteiligten, bestimmt werden. Die Tabellen weisen einen entsprechenden Multiplikand aus, der zur Berechnung des zukünftigen Verdienstausfalls bis zum Renteneintritt heranzuziehen ist. Die Tabellen berücksichtigen hierbei zwar Faktoren wie die Sterblichkeitsrate oder eine Behinderung, nicht aber die hypothetische Möglichkeit einer Kündigung oder einer Krankheit des Benachteiligten bis zum Erreichen des Rentenalters. Um diesen „Wechselfällen des Lebens" Rechnung zu tragen, hat daher eine entsprechende Reduzierung des von den *Ogden Tables* ausgewiesenen Multiplikanden zu erfolgen[635]. Nachfolgendes Beispiel soll diese Berechnungsmethode veranschaulichen:

Im Falle eines diskriminierten 58jährigen Bewerbers kam das Gericht zu dem Schluss, dass der Bewerber bis zum Renteneintritt mit 65 Jahren keinen

---

633 so in Sheffield v Air Foyle Charter Airlines Ltd, Urteil vom 29.5.1998, Az.: IT/1200389/97, unveröffentlicht: Erreichen des Rentenalters in acht Jahren.

634 Ogden Tables, 7. Auflage 2011, abrufbar im Internet, URL: www.gad.gov.uk (28.3.2014).

635 *Korn/Sethi*, Employment Tribunal Compensation, Rn. 7.84.

Arbeitsplatz mehr finden wird[636]. Der Berechnung des zukünftigen Verdienstausfallschadens legte das Gericht das hypothetische Netto-Jahresgehalt in Höhe von 8.385,31 Pfund zugrunde, das der Arbeitnehmer bezogen hätte, wenn er nicht diskriminiert worden wäre. Das Gericht multiplizierte diesen Betrag mit dem Faktor, den die Ogden-Tabellen für die Berechnung des Verdienstausfallschadens vorsehen, den ein zum Zeitpunkt des Gerichtsprozesses 58jähriger männlicher Arbeitnehmer bis zur Vollendung des 65. Lebensjahres erleidet. Dieser Multiplikand betrug zum damaligen Zeitpunkt nach den Tabellen „6,21". Diesen Faktor multiplizierte das Gericht mit dem Faktor „0,9", um den „Wechselfällen des Lebens" Rechnung zu tragen. Diesen Faktor wiesen die Ogden-Tabellen zum damaligen Zeitpunkt als Mittelwert für die „Wechselfälle des Lebens" eines 58jährigen männlichen Arbeitnehmers aus, der mit 65 Jahren in die Rente eintritt. Die Multiplikation dieser beiden Faktoren führt zu einem Faktor von „5,589", mit dem das hypothetische Nettojahresgehalt zu multiplizieren war. Hieraus ergab sich ein zukünftiger Verdienstausfallschaden in Höhe von 46.865,55 Pfund. Im Ergebnis entspricht der Verdienstausfallschaden des 58jährigen Bewerbers nach dieser Berechnungsmethode somit dem hypothetischen Nettoverdienst für ca. 5,6 Jahre.

Das auf diese Weise ermittelte Erfüllungsinteresse wird schließlich von den Gerichten in einem letzten Schritt entsprechend der Misserfolgswahrscheinlichkeit der Bewerbung reduziert.

(2) Sonstige materielle Schäden

Soweit behandlungsbedürftige physische oder psychische Schäden durch die benachteiligende Handlung hervorgerufen wurden, hat der Benachteiligte Anspruch auf Ersatz der entstandenen Heilungskosten[637]. Diese sind nur zu dem Anteil erstattungsfähig, zu dem die benachteiligende Handlung die physischen oder psychischen Schäden verursacht hat.

Weitere durch die Diskriminierungshandlung verursachte materielle Schäden können Kosten umfassen, die im Zusammenhang mit der Suche nach einer anderweitigen Anstellung (Kosten für Personalvermittler[638], Kosten für die

636 Kennard v Royal British Legion Industries, Urteil vom 15.4.2002, Az.: 1100479/2001/R, unveröffentlicht.

637 vgl. *Mulvaney*, Discrimination in Employment, S. 193; X v (1) Y (2) Z Ltd, Urteil vom 6.5.2004, Az.: ET/2406427/02, unveröffentlicht: Ersatz von Therapiekosten in Höhe von 1.340 Pfund.

638 *Johnstone*, The EOR Guide to Compensation in Discrimination Cases, S. 6.

Anfertigung von Bewerbungsunterlagen[639], Reisekosten für Anreisen zu Bewerbungsgesprächen[640] etc.) entstanden sind.

Im Gegensatz zu Benachteiligungen bei der Bewerbung um eine Stelle als Beamter, der eine beitragsfreie Pension erhält, und im Gegensatz zu Fällen von Benachteiligungen, die zur Beendigung eines bestehenden Arbeitsverhältnisses führen, sprechen die Arbeitsgerichte im Fall von Benachteiligungen eines privaten Arbeitgebers bei der Begründung von Arbeitsverhältnissen – soweit ersichtlich – regelmäßig keinen Schadensersatz für den Verlust von Rentenansprüchen zu.

(3) Schadenminderungspflicht

Der Benachteiligte ist verpflichtet, den Schaden zu mindern, indem er sich in zumutbarer Weise um eine anderweitige Beschäftigung bemüht[641]. Bewerbungen allein um unbefristete Stellen genügen dieser Pflicht nicht. Der Bewerber hat sich vielmehr auch um zeitlich befristete oder Teilzeitstellen zu bewerben, um seiner Schadenminderungspflicht nachzukommen[642]. Hat der Benachteiligte zum Zeitpunkt der Entscheidung des Gerichts bereits eine neue Stelle angetreten, hätte er aber nach Ansicht des Gerichts bereits zu einem früheren Zeitpunkt eine neue Stelle finden können, kann zur Berechnung des Verdienstausfalls der Zeitraum bis zu diesem fiktiven Zeitpunkt verkürzt werden[643]. Gleiches gilt, wenn der Benachteiligte zum Zeitpunkt der gerichtlichen Entscheidung noch arbeitssuchend ist, er jedoch bereits zuvor innerhalb eines bestimmten Zeitraums eine neue Stelle hätte finden können[644]. Soweit ein Bewerber durch die Benachteiligungshandlung psychisch erkrankt oder einen schwerwiegenden Vertrauensverlust erlitten hat, verletzt er für die Dauer der notwendigen Behandlung seine Schadenminderungspflicht nicht[645].

---

639 Toney v Rainbow International and others, Urteil vom 15.11.2004, Az.: ET/1200618/03, unveröffentlicht.

640 Leaver v Department for Work and Pensions, Urteil vom 14.4.2004, Az.: ET/2900847/02, unveröffentlicht.

641 Larkin v Korean Airlines Co Ltd [1999] All ER (D) 987.

642 Toney v Rainbow International and others, Urteil vom 15.11.2004, Az.: ET/1200618/03, unveröffentlicht.

643 Taylor v Argyle House School Ltd, Urteil vom 5.8.2004, Az.: ET/2505563/03, unveröffentlicht.

644 Osmond v Paul Gordon Logistics Ltd, Urteil vom 30.1.2004, Az.: ET/2407654/02, unveröffentlicht: Begrenzung des vergangenen Verdienstausfalls auf vier Wochen nach der benachteiligenden Handlung.

645 Swanson v Team McLaren Marketing Services Ltd, Urteil vom 16.9.2004, Az.: ET/1806782/03, unveröffentlicht; McAdam v Sedgemoor College Ltd, Urteil vom 18.6.2004, Az.: ET/1701692/03, unveröffentlicht.

Ferner hat der benachteiligte Bewerber bezogenes Arbeitslosengeld oder das Unterlassen des Bezugs von Arbeitslosengeld sich auf den Schadensersatzanspruch anrechnen zu lassen[646]. Hat der Benachteiligte den Schaden teilweise gemindert oder hätte er ihn mindern können, ist der den Schaden mindernde Betrag zunächst vom Erfüllungsinteresse abzuziehen und erst anschließend die Reduzierung des Betrages um die prozentuale Misserfolgswahrscheinlichkeit der Bewerbung im Falle eines benachteiligungsfreien Auswahlverfahrens vorzunehmen[647]. Die Beweislast dafür, dass der Benachteiligte seine Schadenminderungspflicht verletzt hat, liegt grundsätzlich beim Arbeitgeber[648].

b) Diskriminierung bei dem beruflichen Aufstieg

aa) Negatives Interesse

Auch bei Diskriminierungen, die den beruflichen Aufstieg betreffen, hat der benachteiligte Bewerber zunächst einen Anspruch auf Ersatz des negativen Interesses, mithin auf den Schaden, der ihm im Vertrauen auf ein diskriminierungsfreies Auswahlverfahren entstanden ist. In erster Linie kommen hier Kosten, die im Zusammenhang mit der Teilnahme an dem Auswahlverfahren entstanden sind, in Betracht.

bb) Positives Interesse

Neben dem Ersatz des Vertrauensschadens hat der Benachteiligte Anspruch auf Ersatz des positiven Interesses. Hier können z.B. zu dem Ausgleich für entgangenen und zukünftigen Verdienstausfall der Ersatz von Kosten für notwendige Heilbehandlungen hinzukommen.

(1) Verdienstausfall

Den Hauptbestandteil des materiellen Schadensersatzes bildet auch bei Benachteiligungen im Zusammenhang mit Aufstiegsentscheidungen regelmäßig der Ersatz des Verdienstausfalls. Dieser errechnet sich – ähnlich wie bei der Begründung von Arbeitsverhältnissen – grundsätzlich in den folgenden drei von der Rechtsprechung entwickelten Schritten.

---

646 vgl. *Stein/Rabe*, Arbeitsrecht in Großbritannien, Rn. 200 m.w.N.

647 Ministry of Defence v Hunt and others [1996] IRLR 139, Rn. 28; Ministry of Defence v Wheeler [1998] IRLR 23, Rn. 29 ff.

648 Ministry of Defence v Hunt and others [1996] IRLR 139, Rn. 99.

(a) Berechnung im Allgemeinen

(aa) 1. Schritt: (voraussichtlicher) Zeitraum bis zur nächsten Aufstiegsmöglichkeit

Zunächst ist zu ermitteln, für welchen Zeitraum der abgelehnte Aufstiegsbewerber einen Verdienstausfall erlitten hat und ggf. aller Voraussicht nach noch erleiden wird.

Der entgangene Verdienstausfall in der Vergangenheit umfasst in der Regel den Zeitraum bis zur Entscheidung des Gerichts oder – für den Fall eines inzwischen erfolgten beruflichen Aufstiegs – den Zeitraum bis zum Zeitpunkt des vollzogenen Aufstiegs.

Um den zukünftigen Verdienstausfall zu ermitteln, ist der voraussichtliche Zeitraum zu bestimmen, der vergehen wird, bis der Benachteiligte eine neue Aufstiegschance oder eine gleichwertige Position erhalten wird[649].

(bb) 2. Schritt: Multiplikation des ermittelten Zeitraums mit der Vergütungsdifferenz zwischen aktueller und versagter Stelle

Der ermittelte Zeitraum ist sodann mit der Vergütungsdifferenz zwischen der aktuellen und der aus Diskriminierungsgründen versagten Stelle zu multiplizieren. Die so ermittelte Summe stellt das Erfüllungsinteresse des benachteiligten Aufstiegsbewerbers dar. Aufgrund individueller Unterschiede hinsichtlich der Qualifikation und Erfahrung der Bewerber ist die Differenz zu dem Arbeitsentgelt, das der Benachteiligte nach der Beförderung tatsächlich erhalten hätte und nicht die Differenz zu dem Entgelt des letztlich beförderten Stelleninhabers der Berechnung zugrunde zu legen[650]. Die Beweislast dafür, dass der Benachteiligte ein niedrigeres Entgelt als der aktuelle Stelleninhaber erhalten hätte, liegt dabei grundsätzlich bei dem Arbeitgeber.

(cc) 3. Schritt: Reduzierung der Höhe des Verdienstausfalls durch Chancenberücksichtigung

In einem letzten Schritt ist schließlich die Chance zu ermitteln, die der Benachteiligte ohne das diskriminierende Verhalten tatsächlich auf den beruflichen Aufstieg gehabt hätte. Hierfür wird ein Vergleich mit dem Stelleninhaber vorgenommen und die entsprechende Erfolgswahrscheinlichkeit der Bewerbung prozentual bestimmt. Das zuvor ermittelte Erfüllungsinteresse wird sodann um die in Prozent ermittelte Wahrscheinlichkeit des Misserfolges reduziert[651].

---

649 Capeling v Highways Agency, Az.: IT/1200938/97, unveröffentlicht: ein Monat.

650 Prestcold Ltd v Irvine [1980] IRLR 267, Rn. 8 ff.

651 Capeling v Highways Agency, Urteil vom 27.5.1998, Az.: IT/1200938/97, unveröffentlicht: Reduzierung um 25 Prozent wegen 75-prozentiger Erfolgswahrscheinlichkeit;

Kommt das Gericht ausnahmsweise zu dem Schluss, dass der Benachteiligte ohne das diskriminierende Verhalten die Stelle sicher erhalten hätte, ist ihm die Entgeltdifferenz in voller Höhe zu ersetzen[652].

(b) Ausnahme: keine Aufstiegschance bis zum Renteneintrittsalter

Ist unter Berücksichtigung aller Umstände zu erwarten, dass der Benachteiligte bis zum Renteneintritt nicht mehr befördert werden wird, hat der Benachteiligte Anspruch auf Ersatz seines Verdienstausfalls bis zum Renteneintrittsalter. Dies kommt jedoch nur in Ausnahmefällen und nach sehr gründlicher Prüfung der Berufs- und Beförderungsaussichten des Benachteiligten in Betracht[653]. Um den Verdienstausfall bis zum Rentenalter zu bestimmen, kann auf die vom *Government Actuary's Department* herausgegebenen *Ogden-Tables* zurückgegriffen werden[654]. Es steht im Ermessen des Gerichts, statt der *Ogden-Tables* den gesamten Zeitraum bis zum Erreichen des Renteneintrittsalters heranzuziehen, reduziert um einen Zeitraum, der den „Wechselfällen des Lebens" Rechnung trägt. In beiden Fällen ist wiederum das ermittelte Erfüllungsinteresse um die prozentuale Misserfolgswahrscheinlichkeit der Bewerbung im Falle eines benachteiligungsfreien Auswahlverfahrens zu reduzieren.

(2) Sonstige materielle Schäden

Neben dem Anspruch auf Ersatz des Verdienstausfalls kann der benachteiligte Bewerber die Erstattung der Behandlungskosten verlangen, die ihm infolge einer etwaigen gesundheitlichen Schädigung durch die Benachteiligung entstanden sind. Auch hier ist zu ermitteln, ob der Schaden allein durch die benachteiligende Handlung verursacht wurde oder ob auch andere Ereignisse zu der gesundheitlichen Schädigung geführt haben und die Behandlungskosten daher nur anteilig zu ersetzen sind.

cc) Schadenminderungspflicht

Der Benachteiligte ist verpflichtet, sich anderweitig um seinen beruflichen Aufstieg zu bemühen und so den Schaden zu mindern. Wird dem Benachteiligten wenig später diejenige Position durch den benachteiligenden Arbeitgeber

---

Love v Federal Mogul Aftermarket UK Ltd, Urteil vom 29.11.1999, Az.: ET/1803960/99, unveröffentlicht: 50-prozentiger Erfolgswahrscheinlichkeit.

652 vgl. Irvine v Prestcold [1981] IRLR 281, Rn. 6, 16.

653 London Borough of Ealing v Robinson and another, Urteil vom 29.10.2003, Az.: EAT/412/03, unveröffentlicht.

654 vgl. zu den *Ogden Tables* im Detail unter B. IV. 1. a) bb) (1) (b).

angeboten, die ihm vorher aus diskriminierenden Gründen verwehrt wurde, und lehnt er dieses Angebot ohne nachvollziehbaren Grund ab, entfällt der Anspruch auf Erstattung des Verdienstausfalls ab diesem Zeitpunkt in vollem Umfang[655].

2. *Entschädigung*

Neben dem Ersatz des materiellen Schadens sieht der EqA 2010 vor, dass dem Benachteiligten eine Entschädigung für *injury to feelings* zugesprochen werden kann[656]. *Injury to feelings* meint den immateriellen Schaden, der durch eine Persönlichkeitsverletzung hervorgerufen wird. Dem Benachteiligten wird damit die Möglichkeit eröffnet, auch wenn er keinen materiellen Schaden erlitten hat, eine Entschädigung für den erlittenen immateriellen Schaden geltend zu machen[657].

Dies bedeutet indes nicht, dass der Bewerber bei Vorliegen einer Benachteiligung zwangsläufig Anspruch auf eine Entschädigung hat. Der Bewerber muss vielmehr darlegen, dass „Wut, Kummer und Kränkung" (*anger, distress and affront*) durch die Diskriminierungshandlung verursacht wurden, obgleich diesbezüglich der Beweis regelmäßig leicht zu führen sein wird[658]. So urteilte das EAT, dass ein Anspruch auf Entschädigung so elementar für einen Diskriminierungsfall wegen des Geschlechts sei, dass er fast zwangsläufig zuzusprechen sei[659]. Notwendig sei lediglich, dass der Kläger erkläre, dass eine Kränkung vorliege. Es sei dann Aufgabe des Gerichts, das genaue Ausmaß der Persönlichkeitsverletzung

---

655 Fasuyi v Greenwich London Borough Council [2000] All ER (D) 2013: Der Arbeitnehmer lehnte das Angebot des Arbeitgebers unter Hinweis auf eingetretenen „Vertrauensverlust" ab. Das Gericht entschied, dass die Benachteiligung nicht einen derart großen Vertrauensverlust herbeigeführt habe, der es unzumutbar machte, das Angebot anzunehmen. Dies folge unter anderem daraus, dass sich der Arbeitnehmer nach wie vor in einem Arbeitsverhältnis zu dem Arbeitgeber befinde und dieses nicht wegen der Diskriminierung beendet habe.

656 EqA 2010 s. 124 (6); vgl. zur alten Rechtslage SDA 1975 s. 66 (4); RRA 1976 s. 57 (4); DDA 1995 s. 17A (4); EE(RB)R 2003 reg. 30 (2); EE(SO)R 2003 reg. 31 (3), EE(A)R reg. 39 (3).

657 vgl. British Judo Association v Petty [1981] IRLR 484.

658 Ministry of Defence v Cannock [1994] IRLR 509, Rn. 143.

659 Dies wird bestätigt durch die Analyse der *Compensation Awards 2011*, die belegt, dass im Jahr 2011 in keiner veröffentlichenten Entscheidung, der eine Diskriminierung wegen des Geschlechts zugrunde lag, keine Entschädigung ausgeurteilt wurde, vgl. *Johnstone/Foster/Godwin*, EOR 228, 7 (10).

zu prüfen und eine entsprechende Entschädigungssumme auszuurteilen[660]. Hierbei habe der Arbeitgeber das Risiko zu tragen, dass der Benachteiligte einen besonders sensiblen Charakter aufweise und durch die Benachteiligung möglicherweise stärker in seiner Persönlichkeit verletzt wurde als ein durchschnittlicher Bewerber[661].

a) Diskriminierung bei der der Begründung von Arbeitsverhältnissen

aa) Bemessung der Höhe

Dem *Equality Act 2010* lassen sich weder Vorschriften zu der Höhe der Entschädigung für „verletzte Gefühle" noch zu möglichen Kriterien für die Bestimmung ebendieser entnehmen.

Lord Justice Mummery äußerte zur Bemessung der Höhe in *Vento v Chief Constable of West Yorkshire Police*[662]:

> *"Verletzte Gefühle in harte Währung umzurechnen, ist zwangsläufig eine künstliche Aufgabe."*[663]

In *R (on the application of Elias) v Secretary of State for Defence* fügte er hinzu, dass das Bemessen der Höhe einer Entschädigung für verletzte Gefühle eher eine pauschale Schätzung als eine konkrete Berechnung, ein Vergleich mit Präzedenzfällen oder „kühle Logik" (*cool logic)* sein könne[664].

(1) Höchstgrenze

Eine Höchstgrenze sieht das englische Recht für eine Entschädigung für verletzte Gefühle infolge von Diskriminierung bei der Begründung von Arbeitsverhältnissen grundsätzlich nicht vor.

(2) Angemessenheit

In dem Fall *Armitage, Marsden and HM Prison Service v Johnson*[665] stellte das EAT folgende allgemeine Grundsätze auf, die von Arbeitsgerichten angewandt werden sollten, wenn sie über die Höhe einer Entschädigung zu entscheiden haben:

---

660 Murray v Powertech (Scotland) Ltd [1992] IRLR 257, Rn. 8.

661 Aciro v (1) Mitie Cleaning (South East) Ltd (2) Mr Bolade Akinbohun, Urteil vom 11.2.2004, Az.: EAT/2201632/03, unveröffentlicht.

662 Vento v Chief Constable of West Yorkshire Police (No. 2) [2003] IRLR 102, Rn. 50.

663 *"Translating hurt feelings into hard currency is bound to be an artificial exercise."*

664 R (on the application of Elias) v Secretary of State for Defence [2006] IRLR 934, Rn. 243.

665 Armitage, Marsden and HM Prison Service v Johnson [1997] IRLR 162, Rn. 27.

„Die Entschädigung für verletzte Gefühle hat kompensatorischen Charakter. Sie soll vollumfänglich kompensieren, ohne den Diskriminierenden zu bestrafen. Sie soll für beide Parteien angemessen sein."

Das EAT stellte damit klar, dass die Entschädigung ausschließlich kompensatorischen und keinen punitiven Charakter hat, ließ den Rechtsanwender jedoch im Unklaren darüber, was unter einer „angemessenen" Entschädigung zu verstehen ist.

(1) Orientierung an zivilrechtlichem Schadensersatz für Personenschäden

In dem Fall *Armitage, Marsden and HM Prison Service v Johnson*[666] äußerte das EAT, dass der Rahmen, in dem sich die Entschädigung bewegen soll, in etwa dem Rahmen entsprechen solle, der für Schadensersatz wegen Personenschäden zur Anwendung komme. Dies gelte im Hinblick auf die gesamte Spanne von Schadensersatzleistungen für Personenschäden und nicht für die Spanne bestimmter Arten von Personenschäden. Das entscheidende Gericht solle sich hierbei vor Augen führen, welchen Wert die Entschädigung im täglichen Leben habe. Hierbei sei die Kaufkraft oder das Einkommen zu berücksichtigen[667].

Der Verweis auf die gesamte Spanne von Schadensersatzsummen wegen Personenschäden erweist sich als wenig hilfreich. Die vom *Judicial College* herausgegebenen *Guidelines for the Assessment of General Damages in Personal Injury Cases* sehen eine Spanne von einigen hundert Pfund[668] bis 288.500 Pfund[669] für Schadensersatz wegen Personenschäden vor. Auch wenn die Grundsätze den kompensatorischen Charakter der Entschädigung ausdrücklich herausstellen und betonen, dass die Höhe angemessen sein soll, dürfte es sich im Einzelfall angesichts dieser großen Spanne als sehr diffizil erweisen, eine angemessene Entschädigung festzulegen. Darüber hinaus sind Fälle, in denen für eine Persönlichkeitsverletzung eine Entschädigung in Höhe von 288.500 Pfund angemessen sein könnte nur schwer vorstellbar, zumal diese Beträge üblicherweise

---

666 Armitage, Marsden and HM Prison Service v Johnson [1997] IRLR 162, Rn. 27.

667 vgl. Armitage, Marsden and HM Prison Service v Johnson [1997] IRLR 162, Rn. 27.

668 *Judicial College*, Guidelines for the Assessment of General Damages in Personal Injury Cases, S. 78: geringfügige Verletzungen mit einer vollständigen Heilung innerhalb von sieben Tagen.

669 *Judicial College*, Guidelines for the Assessment of General Damages in Personal Injury Cases, S. 5: schwerer Hirnschaden.

für Personenschäden, wie eine schwere Hirnschädigung[670] oder Quadriplegie[671] zugesprochen werden.

(2) Die Vento-Guidelines

Der Court of Appeal legte in *Vento v Chief Constable of West Yorkshire Police (No. 2)*[672] die sog. *Vento-Guidelines* fest. Hierbei handelt es sich um Richtlinien, an denen sich die Arbeitsgerichte orientieren sollen, wenn sie die Höhe einer Entschädigung wegen *injury to feelings* bestimmen.

In dem zugrunde liegenden Fall hatte der Court of Appeal über die Schadensersatzklage einer Polizeibeamtin zu entscheiden, die während der ersten zwei Jahre ihres Polizeidienstes gemobbt und sexuell belästigt wurde. Infolge dessen erlitt sie eine Depression und es wurde festgestellt, dass sie zukünftig aller Voraussicht nach nur noch einer Tätigkeit als Schreibkraft würde nachgehen können. Das Arbeitsgericht hatte der Klägerin eine Entschädigung von 50.000 Pfund zugesprochen. Der CA befand diese Summe für zu hoch, hob die Entscheidung auf und sprach der Klägerin eine Entschädigung in Höhe von 18.000 Pfund zu. Gleichzeitig nutzte er die Gelegenheit, allgemeine Richtlinien festzulegen, an denen sich die Arbeitsgerichte bei der Bemessung der Entschädigung zukünftig orientieren sollten. Danach lassen sich Persönlichkeitsverletzungen je nach Intensität in drei Kategorien einteilen[673]:

> *„(i) Der obere Rahmen sollte in der Regel zwischen £15,000 und £25,000 liegen. Beträge in diesem Rahmen sollten in den schwersten Fällen zugesprochen werden, wie z.B. im Falle einer lang andauernden diskriminierenden Belästigung. Nur in absoluten Ausnahmefällen sollte eine Entschädigung von mehr als £25,000 zugesprochen werden.*
> *(ii) Der mittlere Rahmen von £5,000 and £15,000 sollte in schweren* Fällen *angewendet werden, die keiner Entschädigung des oberen Rahmens bedürfen.*
> *(iii) Entschädigungen zwischen £500 and £5,000 sind angemessen in weniger schweren* Fällen, *wie z.B. im Falle einer isolierten oder einmaligen Diskriminierungshandlung. Im Allgemeinen sollten Entschädigungen von weniger als* £500 vermieden *werden, da die Gefahr besteht, dass sie als so niedrig angesehen werden, dass sie keine angemessene Entschädigung der verletzten Gefühle bewirken.“*[674]

670 *Judicial College*, Guidelines for the Assessment of General Damages in Personal Injury Cases, S. 5.

671 *Judicial College*, Guidelines for the Assessment of General Damages in Personal Injury Cases, S. 3.

672 Vento v Chief Constable of West Yorkshire Police (No. 2) [2003] IRLR 102.

673 Vento v Chief Constable of West Yorkshire Police (No. 2) [2003] IRLR 102, Rn. 65.

674 *„(i) The top band should normally be between £15,000 and £25,000. Sums in this range should be awarded in the most serious cases, such as where there has been a*

Der CA betonte, dass die Arbeitsgerichte innerhalb einer jeden Kategorie über einen erheblichen Ermessensspielraum verfügen, welchen Betrag sie im Einzelfall für „fair, angemessen und gerecht" (*fair, reasonable and just*) halten[675]. Nicht übersehen werden darf, dass diese Entscheidung aus dem Jahre 2003 rührt. Wegen der zwischenzeitlichen Inflation legte das EAT im September 2009 in *Da'Bell v NSPCC* die Obergrenzen der drei Kategorien neu fest. Die Obergrenze der unteren Kategorie hob das EAT von 5.000 Pfund auf 6.000 Pfund, die der mittleren Kategorie von 15.000 Pfund auf 18.000 Pfund und die der oberen Kategorie von 25.000 Pfund auf 30.000 Pfund an[676].

Wie restriktiv die englischen Gerichte die sog. *Vento-Guidelines* anwenden, verdeutlicht eine Analyse der Rechtsprechung aus dem Jahr 2011. Danach fiel mit 62 Prozent die Mehrheit der zugesprochenen Entschädigungssummen in die untere Kategorie, 32 Prozent in die mittlere und lediglich 2 Prozent in die obere Kategorie der *Vento-Bands*[677].

Der Mittelwert für eine Entschädigung wegen *injury to feelings* lag im Jahre 2011 bei 5.000 Pfund und ist damit der unteren der drei genannten Kategorien zuzuordnen[678]. Auffallend ist jedoch, dass der Mittelwert je nach Diskriminierungsmerkmal stark variiert. So betrug der Mittelwert bei Diskriminierungen wegen der Religion oder des Glaubens lediglich 1.000 Pfund, wegen des Alters 3.500 Pfund, wegen der Rasse 4.000 Pfund, wegen Behinderung oder sexueller Orientierung 5.000 Pfund und wegen des Geschlechts 6.000 Pfund[679]. Im Fall von Benachteiligungen aufgrund mehrerer Diskriminierungsmerkmale lag der Mittelwert bei 12.000 Pfund. Im Falle von

---

lengthy campaign of discriminatory harassment [...] Only in the most exceptional case should an award of compensation for injury to feelings exceed £25,000.
(ii) The middle band of between £5,000 and £15,000 should be used for serious cases, which do not merit an award in the highest band.
(iii) Awards of between £500 and £5,000 are appropriate for less serious cases, such as where the act of discrimination is an isolated or one-off occurrence. In general, awards of less than £500 are to be avoided altogether, as they risk being regarded as so low as not to be a proper recognition of injury to feelings."

675 Vento v Chief Constable of West Yorkshire Police (No. 2) [2003] IRLR 102, Rn. 66.

676 Da'Bell v NSPCC, Urteil vom 28.9.2009, [2009] IRLR 19, Rn. 44.

677 *Johnstone/Foster/Godwin*, EOR 227, 9 (11), in 4 Prozent der Fälle ließ sich dem Urteil nicht entnehmen, welcher Betrag der zugesprochenen Gesamtsumme auf die Entschädigung wegen *injury to feelings* entfiel.

678 hierin enthalten ist auch der Schadensersatz für *aggravated damages*, der in der Analyse nicht separat ausgewiesen wird; zu *aggravated damages* vgl. unter 2. Kapitel B. IV. 3.

679 *Johnstone/Foster/Godwin*, EOR 227, 9 (11).

Diskriminierungen bei der Begründung von Arbeitsverhältnissen und dem beruflichen Aufstieg fallen die Beträge regelmäßig etwas - wenn auch nicht wesentlich - geringer aus. Die Mittelwerte in diesem Anwendungsbereich liegen durchschnittlich 500 Pfund unter den jeweiligen Mittelwerten für alle Diskriminierungen wegen eines bestimmten Merkmals[680].

(3) Kriterien zur Bemessung des Höhe

Der CA gibt in den *Vento-Guidelines* verschiedene Entschädigungsrahmen für Persönlichkeitsverletzungen verschiedener Intensität vor. Der CA nennt exemplarisch als ein Kriterium zur Bestimmung, wann eine Persönlichkeitsverletzung in welche der drei Kategorien einzuordnen ist, die Dauer der Diskriminierung. So rechtfertige eine einmalige Diskriminierungshandlung in der Regel lediglich einen Entschädigungsbetrag der unteren Kategorie, während eine langwierige Diskriminierungshandlung einen Betrag der oberen Kategorie rechtfertige.

Unter Berücksichtigung dieses Kriteriums wurden einer Bewerberin wegen wiederholter Diskriminierung 12.500 Pfund zugesprochen, die zwei Mal nacheinander wegen einer Geschlechtsumwandlung nicht zu einem Vorstellungsgespräch für eine Stelle als Pilotin eingeladen wurde. Die Ablehnungen auf zwei Ausschreibungen des gleichen Arbeitgebers innerhalb kürzester Zeit habe die Intensität der Persönlichkeitsverletzung verstärkt, befand das Gericht[681].

Ungeachtet dieses Falles, ist das in den *Vento-Guidelines* exemplarisch genannte Kriterium der Dauer bzw. Häufigkeit der Benachteiligungshandlung im Falle der Diskriminierung bei der Begründung eines Arbeitsverhältnisses oftmals nicht heranziehbar, da es sich in diesen Fallgruppen häufig um einmalige Benachteiligungshandlungen handelt.

Da die *Vento-Guidelines* keine weiteren Kriterien zur Bemessung der Höhe der Entschädigung nennen, die ergangene Rechtsprechung vor und nach *Vento*

680 *Johnstone/Foster/Godwin*, EOR 167, 4 (11) (15): Die Zahlen beziehen sich auf das Jahr 2006 und auf die Merkmale Geschlecht und Rasse (insgesamt 11 berichtete Fälle). Für andere Merkmale liegen keine Zahlen vor. Die Zahlen für nachfolgende Jahre sind aufgrund der geringen Anzahl von veröffentlichten Entscheidungen nicht repräsentativ. Für das Jahr 2011 wurde eine entsprechende Analyse in der Studie nicht durchgeführt.

681 Sheffield v Air Foyle Charter Airlines Ltd., Urteil vom 7.10.1998, Az.: IT/1200389/97, unveröffentlicht; bei der Bemessung der Höhe der Entschädigung berücksichtigte das Gericht darüber hinaus das Verhalten des Arbeitgebers während des gerichtlichen Verfahrens, während dessen er sein Verhalten mit angeblich mangelnden Fähigkeiten der Benachteiligten zu rechtfertigen versuchte.

jedoch weitere Kriterien für die Ermessensausübung entwickelt hat, kann eine Analyse derjenigen Rechtsprechung, die Fälle von Diskriminierung bei der Begründung von Arbeitsverhältnissen zum Gegenstand hat, Aufschluss über die weiteren von der englischen Rechtsprechung berücksichtigten Kriterien geben.

(a) Rechtsprechung zur Benachteiligung bei der Begründung von Arbeitsverhältnissen

Bereits vor Aufstellung der *Vento-Guidelines* durch den CA wurde mehrfach klargestellt, dass eine Entschädigung von 500 Euro das Minimum in Diskriminierungsfällen darstellen solle[682]. Benachteiligte Bewerber, die auch ohne das diskriminierende Verhalten keine Chance auf die Stelle gehabt hätten und keine erhebliche Persönlichkeitsverletzung nachweisen können, haben in der Regel lediglich einen Anspruch auf eine Entschädigung in dieser Mindesthöhe[683].

Eine Entschädigungssumme von 750 Pfund wurde einem Polizeibeamten zugesprochen, dem die Möglichkeit verwehrt wurde, sich um eine vorübergehende Stelle in einer Spezialeinheit zu bewerben, da die Stelle nur für weibliche Polizeibeamte ausgeschrieben war. Das Gericht stellte keine erhebliche Persönlichkeitsverletzung fest, da es sich nur um eine mittelbare Diskriminierung gehandelt habe und die Beklagte ihn während des Bewerbungsverfahrens in einer anständigen und professionellen Art und Weise behandelt habe[684].

Eine Entschädigung in Höhe von 1.200 Pfund wurde einer Bewerberin zugesprochen, die nach einem erfolgreichen Vorstellungsgespräch mündlich ein Beschäftigungsangebot erhielt, das schriftlich wieder zurückgezogen wurde, nachdem sie mitgeteilt hatte, dass sie schwanger sei. Der Arbeitgeber begründete dies mit Gesundheits- und Sicherheitsrisiken für die werdende Mutter und das ungeborene Kind. Das Gericht konnte diese nicht in ausreichendem Maße erkennen, hielt dem Arbeitgeber jedoch zu Gute, dass das Motiv seines Verhaltens der Schutz der Bewerberin gewesen sei. Gleichzeitig habe jedoch die Art und Weise der Rücknahme des Angebotes, nämlich in schriftlicher Form nach mündlicher Zusage, die Persönlichkeitsverletzung intensiviert. Eine mündliche

---

682 vgl. nur Ministry of Defence v Hunt [1996] IRLR 139, Rn. 113; Deane v London Borough of Ealing [1993] IRLR 209, Rn. 31.

683 Hatherley v Bounty Services Ltd, Az.: IT/1701750/97, unveröffentlicht; Pearce v Pentre Steel Drums Ltd, Urteil vom 21.1.1998, IT/2602180/97, unveröffentlicht.

684 Jones v Chief Constable of Northamptonshire Police, Az.: ET/1201171/98, unveröffentlicht; vgl. auch Moyhing v Barts and London NHS Trust [2006] IRLR 860, Rn. 27.

Absage unter Darlegung der Gründe hätte die Persönlichkeitsverletzung nach Ansicht des Gerichts abschwächen können[685].

Ähnlich urteilte ein Gericht in dem Fall einer abgelehnten Bewerberin, die sich zusammen mit ihrem Ehemann um eine Stelle als Kurierfahrer beworben hatte. Während ihr Ehemann von dem Arbeitgeber in einem Telefongespräch als geeignet für ein Vorstellungsgespräch befunden wurde, äußerte der Arbeitgeber bezüglich der Ehefrau, dass die Tätigkeit mit Anheben schwerer Lasten verbunden sei. Das Gericht stellte fest, dass die Bewerberin „aufgebracht und äußerst verärgert" (*angry and extremely annoyed*) über die ihr widerfahrene Behandlung gewesen sei und sprach ihr eine Entschädigung in Höhe von 1.500 Pfund zu. Es hob hervor, dass es sich um eine einmalige Benachteiligungshandlung und zudem nur um eine mittelbare Benachteiligung gehandelt habe. Darüber hinaus habe die echte - wenn auch unbegründete - Sorge des Arbeitgebers, ob die Bewerberin die Tätigkeit werde ausführen können, zu dem diskriminierenden Verhalten geführt.[686].

Auf die Höhe der Entschädigung kann sich ferner auswirken, ob die Persönlichkeitsverletzung durch die Geschäftsführer eines Unternehmens persönlich begangen wird, die allgemein eine besondere Verantwortung trifft[687]. Noch schwerer soll eine Persönlichkeitsverletzung wiegen, wenn die Geschäftsführer während des Bewerbungsverfahrens von erfahrenen Mitarbeitern der Personalabteilung unterstützt werden[688].

(b) Sonstige Rechtsprechung

Die Anzahl der veröffentlichten Entscheidungen zu Diskriminierungen bei der Begründung von Arbeitsverhältnissen ist sehr begrenzt. Jedoch kann Rechtsprechung, die sich mit Diskriminierungen im laufenden Arbeitsverhältnis befasst, aber Kriterien für die Bestimmung der Höhe der Entschädigung heranzieht, die grundsätzlich auch auf Fälle von Diskriminierung bei der Begründung eines Arbeitsverhältnisses anwendbar sind, Aufschluss über weitere mögliche Kriterien geben, die auf die Angemessenheit der Entschädigung Auswirkungen haben können.

---

685 Richardson v Vickery and Company Ltd, Urteil vom 9.3.2004, Az.: ET/2306645/03, unveröffentlicht.

686 Osmond v Paul Gordon Logistics Ltd, Urteil vom 30.1.2004, Az.: ET/2407654/02, unveröffentlicht.

687 Brass v Best Advice Mortgage Centra Ltd and others, Urteil vom 8.11.2004, Az.: ET/2503683/04, unveröffentlicht.

688 Watson v Aviva Employment Services Ltd, Urteil vom 28.7.2004, Az.: ET/1805563/03, unveröffentlicht.

So kann etwa eine einmalige – auch im Bewerbungsverfahren grundsätzlich mögliche – sexuelle Belästigung, die für sich genommen in die untere Vento-Kategorie einzuordnen wäre, eine Entschädigung der mittleren Vento-Kategorie rechtfertigen, wenn weitere verwerfliche Umstände vorliegen, wie etwa das besonders junge Alter der Benachteiligten und das wesentlich höhere Alter des Täters[689].

Auch die Art der Beschäftigung kann sich auf die Höhe der Entschädigung auswirken. So befand das EAT, dass der Verlust einer Teilzeitstelle regelmäßig weniger Schmerz und Frustration hervorruft als der Verlust einer Vollzeitstelle[690]. Entsprechend dürfte die benachteiligende Ablehnung eines Bewerbers um eine Teilzeit- oder Aushilfsstelle in der Regel zu einer geringeren Entschädigung führen als die Benachteiligung eines Bewerbers um eine Vollzeitstelle.

Auch das Verhalten des Arbeitgebers nach der Benachteiligungshandlung kann sich auf die Entschädigungshöhe auswirken. So kann die Entschädigungshöhe geringer ausfallen, wenn der Arbeitgeber umgehend auf eine Beschwerde des Benachteiligten reagiert und entsprechende Maßnahmen einleitet[691]. Eine Reduzierung der Entschädigungssumme kommt ferner in Betracht, wenn der Arbeitgeber gewillt ist, einzugestehen, dass er gegen ein Diskriminierungsverbot verstoßen hat und dem Benachteiligten so die erneute Erniedrigung erspart, vor Gericht die Art und Weise der Benachteiligung im Detail darzustellen[692]. Auch eine Entschuldigung des Arbeitgebers gegenüber dem Benachteiligten vermag die Persönlichkeitsverletzung zu verringern. Eine Abschwächung der Persönlichkeitsverletzung kann zudem in Kündigungsfällen angenommen werden, wenn der Arbeitgeber dem Benachteiligten ein Angebot zur Wiedereinstellung unterbreitet und es dem Benachteiligten nach den konkreten Umständen zumutbar ist, dieses anzunehmen. Entsprechendes dürfte für ein Einstellungs- bzw. Beförderungsangebot des Arbeitgebers gelten[693].

---

689 Harwood v Sargent t/a Brewers Arms Hotel, Az.: ET/1801300/05, IDS Employment Law Brief 808, Juli 2006, 14, Entschädigungssumme: 6.000 Pfund.

690 Orlando v Didcot Power Station Sports and Social Club [1996] IRLR 262, Rn. 6; *Napier/Tether* in: Harvey on Industrial Relations and Employment Law, Bd. 2, Rn. 534.

691 British Telecommunications plc v Reid [2004] IRLR 327; vgl. auch Hall v Broadacres Housing Association Ltd, Az.: ET/2506939/03, IDS Employment Law Brief 808, Juli 2006, 13.

692 Orlando v Didcot Power Station Sports & Social Club [1996] IRLR 262, Rn. 681.2.

693 Boateng v GMB Services Ltd, Urteil vom 7.12.2004, Az.: ET/2305117/04, unveröffentlicht.

Ebenso wie das Verhalten des Arbeitgebers kann auch das Verhalten des Benachteiligten auf die Entschädigungshöhe Einfluss nehmen. So kann etwa die „knappe und provokative" Kleidung einer Benachteiligten, die einen Anspruch wegen sexueller Belästigung geltend macht, die Höhe der Entschädigung verringern[694]. Gleiches gilt, wenn sich herausstellt, dass sich der Benachteiligte mehr um sein finanzielles Wohlergehen zu sorgen und die erlittene Persönlichkeitsverletzung für ihn in den Hintergrund zu treten scheint[695].

Das Prestige des benachteiligenden Arbeitgebers kann sich nach Ansicht der Rechtsprechung ebenfalls auf die Höhe der Entschädigung auswirken. So erleide ein Benachteiligter eine intensivere Persönlichkeitsverletzung, wenn ihm diese durch einen hoch angesehenen Arbeitgeber zugefügt werde[696].

Im Gegensatz zu den oben genannten Kriterien sollen die Größe und die finanziellen Ressourcen des Betriebes, von dem die benachteiligende Handlung ausgeht, grundsätzlich nicht bei der Bemessung der Höhe der Entschädigung als Kriterium Berücksichtigung finden[697].

b) Diskriminierung bei dem beruflichen Aufstieg

Section 124 (6) des EqA 2010 regelt neben der Entschädigung des diskriminierten externen Bewerbers um eine ausgeschriebene Stelle auch den Entschädigungsanspruch wegen *injury to feelings* des diskriminierten internen Aufstiegsbewerbers.

Die Schwere der Persönlichkeitsverletzung wiegt im Fall des beruflichen Aufstiegs grundsätzlich gleich schwer wie die Persönlichkeitsverletzung bei der Begründung eines Arbeitsverhältnisses. Das englische Recht nimmt insoweit keine Differenzierung vor, insbesondere existiert auch im Fall einer Diskriminierung bei dem beruflichen Aufstieg keine Höchstgrenze für die Entschädigung. Die Persönlichkeitsverletzung wird vom Tatgericht jeweils anhand der besonderen Umstände des Einzelfalls festgelegt, wobei es sich auch im Fall des beruflichen Aufstiegs an den Vento-Guidelines orientieren

---

694 Wileman v Mimilec Engineering Ltd [1988] IRLR 144, Rn. 15.

695 Bartley v Raven Building Services, Az.: ET/2305483/01, was sich im konkreten Fall durch die Rückkehr eines wegen der Rasse diskriminierten Arbeitnehmers an die gleiche Baustelle, wo der diskriminierende Vorgesetzte arbeitete, zeigte; Entschädigungssumme: 4.000 Pfund.

696 Dhesi v Glasgow City Council, Urteil vom 4.2.2004, Az.: ET/106773/00, unveröffentlicht.

697 Evans v Oaklands Nursing Home Group Ltd [1999] All ER (D) 1525; Corus Hotels plc v Woodward and anor [2006] All ER (D) 100.

kann. Grundsätzlich kann daher auf die entsprechenden Ausführungen zur Bemessung der Höhe im Fall einer Diskriminierung bei der Begründung von Arbeitsverhältnissen verwiesen werden.

Rechtsprechung zur Entschädigung für *injury to feelings* wegen eines aus Benachteiligungsgründen verwehrten Aufstiegs ist in noch geringerer Zahl veröffentlicht als im Fall der aus Benachteiligungsgründen verwehrten Begründung eines Arbeitsverhältnisses. Die sehr wenigen veröffentlichten Entscheidungen betreffen ausschließlich Fälle schwerer Persönlichkeitsverletzungen.

So wurde einer Ärztin eine Entschädigung in Höhe von 15.000 Pfund zugesprochen, der aufgrund von Geschlechtsdiskriminierung über einen Zeitraum von annährend elf Jahren mehrfach Beförderungen verwehrt wurden. Die Klägerin habe die Behinderung ihrer Karriere über lange Zeit hinnehmen müssen, was die Persönlichkeitsverletzung verstärkt habe, so das Gericht[698].

Einer Soldatin der britischen Marine wurde mit 20.000 Pfund eine Entschädigung innerhalb der obersten Vento-Kategorie zugesprochen[699]. Sie wurde nicht befördert, da sie nicht über die notwendige Erfahrung auf See verfügte, die in der Marine jedoch ausschließlich männliche Soldaten haben konnten. Die Benachteiligung habe zu erheblicher „Enttäuschung, Angst, Ärger, Kummer und Frustration" (*disappointment, anxiety, anger, distress and frustration*) bei der Bewerberin geführt. Sie litt an Schlaflosigkeit und musste sich Schlafmittel verschreiben lassen. Darüber hinaus habe das Gericht den Umgang der Arbeitgeberin mit der Beschwerde der Bewerberin bei der Festlegung der Höhe der Entschädigung berücksichtigt. So sei das Beschwerdeverfahren intern verzögert worden und Aufzeichnungen zeigten, dass die Arbeitgeberin selbst Zweifel an der Rechtmäßigkeit ihres Verhaltens hatte. Ferner habe die Arbeitgeberin während des gerichtlichen Verfahrens behauptet, der wahre Grund für die unterbliebene Beförderung seien mangelnde Verdienste (*merit*) der Klägerin gewesen. Diese Behauptung sei nachweislich unwahr und verschlimmere die Persönlichkeitsverletzung. Letztlich habe die Klageerhebung die Klägerin zusätzlich nervlich belastet, da in den britischen Streitkräften eine Klage gegen die Dienstherrin verpönt sei[700].

---

698 Dr A Martin v (1) Unilever UK Central Resources Ltd (2) Hugh Stirk, Urteil vom 1.3.1999, Az.: IT/64272/95, unveröffentlicht.

699 einschließlich *aggravated damages*, vgl. hierzu B. IV. 3.

700 Telfer v Ministry of Defence, Urteil vom 1.10.1997, Az.: IT/34162/96, unveröffentlicht.

c) Ergebnis

Die englischen Gerichte verfügen über einen großen Ermessensspielraum hinsichtlich der Bestimmung der Höhe der Entschädigung. Das nächsthöhere Gericht ist nur dann befugt, die Entscheidung aufzuheben, wenn die Zuerkennung der Entschädigung gegen einen Rechtsgrundsatz verstößt, das Gericht die Tatsachen fehlinterpretiert oder eine vollkommen falsche Einschätzung des Schadens vorgenommen hat, die so „außerhalb der Reihe" liegt, dass sie ohne Weiteres als völlig abwegig beschrieben werden kann[701].

Die Höhe kann beträchtlich variieren, abhängig von den Umständen des Einzelfalles und dem Ausmaß an „Schmerz, Kummer und Erniedrigung" (*the degree of hurt, distress and humiliation*), den das Opfer erlitten hat[702]. Zumeist orientieren sich die Gerichte bei der Festlegung der Entschädigung an den vom CA aufgestellten *Vento-Guidelines* und den darin vorgegebnen Entschädigungsrahmen. Zur Bewertung der Schwere der Persönlichkeitsverletzung im Einzelfall und der Bestimmung einer hierfür angemessenen Entschädigung bestimmen die Gerichte zum einen objektiv den Grad der Verwerflichkeit des benachteiligenden Verhaltens unter den konkreten Umständen und beziehen zum anderen das subjektive Empfinden des Benachteiligten in die Bestimmung der Höhe mit ein. Die Gerichte können zur Bestimmung der Höhe auf umfangreiche Rechtsprechung (*case law*) zurückgreifen, die eine Vielzahl von Kriterien herausgearbeitet hat.

Die Höhe der zugesprochenen Entschädigungsbeträge insgesamt kann als moderat bezeichnet werden. Eine Entschädigung im Rahmen der oberen Vento-Kategorie stellt die Ausnahme dar. Die meisten Entschädigungsbeträge bewegen sich in der unteren Kategorie von 500 bis 6.000 Pfund. Zusammenfassend lässt sich feststellen, dass die Gerichte die *Vento-Guidelines* sehr restriktiv anwenden.

3. *Schadensersatz für aggravated damages*

Eine weitere Schadensersatzkategorie, die dem Ausgleich des immateriellen Schadens dient, stellt der sog. Schadensersatz für *aggravated damages* dar[703]. Für das Zuerkennen dieses Schadensersatzes kommt es auf die außergewöhnliche Art und Weise der Benachteiligungshandlung, die Beweggründe des Täters oder das Verhalten nach der Tat an. Dieser Schadensersatz kann dem Benachteiligten

---

701 Vento v Chief Constable of West Yorkshire Police [2003] IRLR 102, Rn. 51; Noone v North West Thames Regional Health Authority [1988] IRLR 195, Rn. 32.

702 *IDS*, Age Discrimination, S. 169.

703 *Köbler*, Rechtsenglisch, S. 249: aggravate = verschärfen; *Bar*, Gemeineuropäisches Deliktsrecht, Bd. 1, Rn. 610: „aggravated damages" = „verschärfter Schadensersatz".

zusätzlich[704] zu der Entschädigung wegen *injury to feelings* zugesprochen werden, wenn der Täter in einer selbstherrlichen, böswilligen, abwertenden oder unterdrückenden Art (*in a high-handed, malicious, insulting or oppressive manner*) die Benachteiligung begangen hat[705].

Erstmals wurde diese Art des Schadensersatzes vom House of Lords in *Rookes v Barnard*, einem Fall, der keine Diskriminierung zum Gegenstand hatte, zugesprochen[706]. Dass jedoch auch in Diskriminierungsfällen ein Anspruch auf *aggravated damages* besteht, wurde vom EAT mehrfach bestätigt[707]. Obgleich diese Form des Schadensersatzes nur dann zugesprochen wird, wenn das Verhalten des Täters als besonders verwerflich einzustufen ist, hat er kompensatorische und nicht bestrafende Funktion[708]. Die besonders verwerfliche Handlungsweise „verschlimmert“ die Persönlichkeitsverletzung auf Seiten des Opfers und rechtfertigt eine entsprechend höhere Schadensersatzleistung[709].

In der Vergangenheit sprachen viele Gerichte keine gesonderte Schadensersatzleistung für *aggravated damages* zu, sondern berücksichtigten das besonders verwerfliche Verhalten des Arbeitgebers bei der Bestimmung der Höhe der Entschädigung wegen *injury to feelings*[710]. Im Jahre 2004 stellte der CA klar, dass Schadensersatz für *aggravated damages* nicht mit der Entschädigung wegen *injury to feelings* vermischt und insbesondere nicht als Teil dieser behandelt werden solle[711]. Der Schadensersatz für *aggravated damages* sei klar von der Entschädigung wegen *injury to feelings* zu trennen und gesondert auszuurteilen.

In einer jüngeren Entscheidung des CA, der ein Diskriminierungsfall außerhalb des Arbeitsrechts zu Grunde lag, äußerte *Lady Justice Smith* hingegen, dass *aggravated damages* nicht gesondert zugesprochen, sondern die die Diskriminierung verschlimmernden Handlungen des Täters bei der Bemessung

---

704 Scott v Commissioner of Inland Revenue [2004] IRLR 713, Rn. 35: "[…] we do not accept Mr Jeans' submission that the aggravated damages awarded by the tribunal should be aggregated with and be treated as part of the damages for injury to feelings."

705 Alexander v The Home Office [1988] IRLR 190, Rn. 14.

706 Rookes v Barnard [1964] A.C. 1129.

707 vgl. nur Ministry of Defence v Meredith [1995], IRLR 539, Rn. 24; (1) Armitage (2) Marsden (3) HM Prison Service v Johnson [1997] IRLR 162, Rn. 40.

708 H M Prison Service v Salmon [2001] IRLR 425, Rn. 23.

709 Broome v Cassell [1972] AC 1027 (1124).

710 vgl. nur Noor v Telewest Communications (Southeast) Ltd., Az.: ET/2305006/98, unveröffentlicht; *Mitchelson v Essex Radio PLC, Az.: ET/3201226/96, unveröffentlicht.*

711 Scott v Commissioner of Inland Revenue [2004] IRLR 713, Rn. 35.

der Höhe der Entschädigung wegen *injury to feelings* Berücksichtigung finden sollten[712]. Werde ein gesonderter Betrag für *aggravated damages* zugesprochen, erwecke dies den Eindruck von Bestrafung und damit von Strafschadensersatz, obgleich Schadensersatz für *aggravated damages* unstreitig kompensatorische Funktion habe. Die meisten Arbeitsgerichte folgen der Rechtsauffassung von *Lady Justice Smith* und ermitteln einen gemeinsamen Entschädigungsbetrag für *injury to feelings* und *aggravated damages*.[713] Einige Gerichte jedoch unterscheiden weiterhin zwischen der Entschädigung wegen *injury to feelings* und Schadensersatz für *aggravated damages* und sprechen dem Benachteiligten zwei getrennte Entschädigungsbeträge zu. Letztere Vorgehensweise birgt stets die Gefahr von *double recovery*, dem doppelten Zusprechen einer Entschädigung für ein und dieselbe Persönlichkeitsverletzung. Es bleibt abzuwarten, ob der CA der Ansicht von *Lady Justice Smith* im Arbeitsrecht folgen oder ob er an seiner Rechtsprechung aus dem Jahr 2004 festhalten wird.

Voraussetzung für einen Anspruch auf Schadensersatz für *aggravated damages* ist, dass ein Kausalzusammenhang zwischen dem außergewöhnlichen Verhalten des Täters und dem erlittenen Schmerz des Opfers vorliegt. Dies ist nur dann der Fall, wenn sich das Opfer zum Zeitpunkt der Diskriminierungshandlung des außergewöhnlichen Verhaltens und des Motivs des Täters bewusst war (subjektive Komponente)[714].

Ob dem Kläger ein Anspruch auf *aggravated damages* zusteht, ist eine Frage des Einzelfalls. Er kann wegen des besonders verwerflichen Verhaltens des Benachteiligten zum Zeitpunkt der Benachteiligungshandlung gerechtfertigt sein, wird jedoch weit überwiegend mit dem unangemessenen Verhalten des Arbeitgebers nach der eigentlichen Benachteiligungshandlung begründet[715]. So etwa bei der Verschleierung oder Bagatellisierung der Benachteiligungshandlung durch den Arbeitgeber[716], bei unangemessenem und einschüchterndem Verhalten des Arbeitgebers während des gerichtlichen Verfahrens[717] oder einer Beförderung des diskriminierenden Arbeitnehmers, während die Aufklärung des Diskriminierungsfalls noch andauert[718].

---

712 Martins v Choudhary [2007] All ER (D) 325, Rn. 20.

713 *Johnstone/Foster/Godwin*, EOR 227, 9 (10).

714 Ministry of Defence v Meredith [1995] IRLR 539, Rn. 33.

715 vgl. *McColgan*, Discrimination Law: Text, Cases and Materials, S. 351.

716 HM Prison Service v Salmon [2001] IRLR 425: 5.000 Pfund; Grbin v Planet Organic Ltd., Urteil vom 24.5.2007, Az.: ET/2205249/2006, unveröffentlicht: 2.500 Pfund.

717 Zaiwalla & Co v Walia [2002] IRLR 697: 7.500 Pfund.

718 BT plc v Reid [2004] IRLR 327: 2.000 Pfund.

Im Jahr 2011 wurde lediglich in 6,2 Prozent aller berichteten Diskriminierungsfälle Schadensersatz wegen *aggravated damages* gesondert zugesprochen[719], wobei die berichteten Schadensersatzleistungen von 500 Pfund bis 8.000 Pfund reichten[720]. Hinzu kommt eine nicht bezifferbare Anzahl von Fällen, in denen auf eine gemeinsame Summe für *injury to feelings* und *aggravated damages* erkannt wurde.

4. *Schadensersatz für personal injury*

Im Jahr 1999 bestätigte der CA erstmals, dass in Diskriminierungsfällen - neben dem Ersatz für oben genannte Schäden - auch separater Schadensersatz für *personal injury* zugesprochen werden kann[721]. Zuvor schlug sich dieser Schaden für gewöhnlich lediglich in einer hohen Entschädigung wegen *injury to feelings* nieder. *Personal injury* meint die körperliche Beeinträchtigung des Benachteiligten, die durch die Diskriminierungshandlung hervorgerufen wurde und sich regelmäßig in psychischen Schäden wie Depressionen zeigt[722]. Im Gegensatz zu *injury to feelings*, die in der Regel von einer verhältnismäßig kurzen Dauer sind, kann *personal injury* des Körpers oder der Psyche von monatelanger und in vielen Fällen von lebenslanger Dauer sein[723].

Das Zusprechen dieser Form des Schadensersatzes neben einer Entschädigung für *injury to feelings* birgt die Gefahr, dass der Benachteiligte – ähnlich wie im Fall des separaten Zusprechens einer Entschädigung für *aggravated damages* – für ein und denselben Schaden doppelt entschädigt wird (*double recovery*). Auch wenn diese beiden Schadenspositionen grundsätzlich zu unterscheiden sind, fällt eine Trennung in der Praxis oftmals schwer. Häufig ist es nicht möglich, festzustellen, ab wann erlittener Schmerz und Erniedrigung zu einer medizinisch anerkannten psychischen Erkrankung wie Depression führt, zumal die Entschädigung wegen *injury to feelings* bereits eine große Bandbreite von Fällen erfasst. So kann eine Entschädigung wegen *injury to feelings* für vergleichsweise geringe Fälle von Aufregung oder Trübsal, typischerweise durch einmalige Handlungen oder Vorfälle hervorgerufen, bis hin zu schwer wiegenden Fällen, die zu andauernden Gefühlen von Demütigung, geringem Selbstwert und Depression führen, zugesprochen werden[724]. Die Gerichte sind frei darin, schwer

---

719 *Johnstone/Foster/Godwin*, EOR 227, 9 (11): in 14 von insgesamt 226 Fällen.

720 *Johnstone/Foster/Godwin*, EOR 227, 9 (11).

721 Sheriff v Klyne Tugs (Lowesoft) Ltd [1999] IRLR 481, Rn. 21.

722 *Barnett*, 152 NLJ 509.

723 Alexander v The Home Office[1988] IRLR 190, Rn. 13.

724 HM Prison Service v Salmon [2001] IRLR 425, Rn. 29.

wiegende Fälle wie Depressionen grundsätzlich unter *injury to feelings* zu berücksichtigen. Wenn sie jedoch einen gesonderten Betrag für *personal injury* zuerkennen, haben sie klar zwischen beiden Schadensersatzkategorien zu trennen und insbesondere darauf zu achten, dass die psychischen Schäden nicht erneut im Rahmen der Entschädigung wegen *injury to feelings* berücksichtigt werden[725].

Für einen Anspruch auf Schadensersatz wegen *personal injury* genügt der bloße Kausalzusammenhang zwischen Benachteiligung und Schaden, insbesondere kommt es nicht darauf an, ob der Schaden für den Arbeitgeber vorhersehbar war[726].

Der Höhe des Schadens wird in der Regel anhand der vom *Judicial College* herausgegebenen *Guidelines for the Assessment of General Damages in Personal Injury Cases* bestimmt. Im Jahr 2011 wurde in Diskriminierungsfällen Schadensersatz zwischen 2.500 Pfund und 56.000 Pfund[727] für Schäden wegen *personal injury* zugesprochen[728]. Hat das Gericht einen Betrag für den physischen oder psychischen Schaden festgesetzt, hat es zu bestimmen, in welchem Ausmaß der Schaden durch die benachteiligende Handlung verursacht wurde[729]. So kann es etwa zu dem Schluss kommen, dass eine krankhafte Depression lediglich zu 75 Prozent durch die Benachteiligung verursacht wurde und hat dementsprechend den Schadensersatzbetrag um 25 Prozent zu reduzieren[730].

Die Gerichte sind in der Regel äußerst zurückhaltend mit dem Zuerkennen dieser Form des Schadensersatzes. So wurde im Jahr 2011 überhaupt nur in 2,7 Prozent aller Diskriminierungsfälle auf Schadensersatz wegen *personal injury* erkannt[731]. In Fällen einer Benachteiligung bei der Begründung eines Arbeitsverhältnisses oder dem beruflichen Aufstieg ist Schadensersatz wegen *personal injury* grundsätzlich noch seltener, kann aber in schweren Fällen, z.B. bei einer sexuellen Belästigung, auch in diesem Anwendungsbereich zugesprochen werden.

Soweit der Benachteiligte nicht einen eindeutigen medizinischen Nachweis für eine Erkrankung erbringt, sehen die Gerichte in der Regel von einem

---

725 *Mulvaney*, Discrimination in Employment, S. 193.

726 Essa v Laing Ltd [2004] IRLR 313, Rn. 44.

727 Michalak v The Mid Yorkshire Hospitals NHS Trust and Others, [2012] EqLR 186.

728 vgl. *Johnstone/Foster/Godwin*, EOR 227, 9 (12).

729 eingehend hierzu *Metcalf*, 152 NLJ 318.

730 so in HM Prison Service v Salmon [2001] IRLR 425, Rn. 19; vgl. auch Joseph Attard and Suzanne Attard v Spirit Group Plc, Urteil vom 1.12.2004, Az.: ET/2403535/03, unveröffentlicht; *Pigott*, 151 NLJ 489.

731 vgl. *Johnstone/Foster/Godwin*, EOR 227, 9 (12): in sechs von 226 Fällen.

Schadensersatzanspruch wegen *personal injury* ab. Zu groß ist die Gefahr von *double recovery*, dem gleichzeitigen Zusprechen von Schadensersatz wegen ein und derselben Beeinträchtigung im Rahmen der Entschädigung für *injury to feelings* und dem Schadensersatz wegen *personal injury*.

5. *Strafschadensersatz*

Im englischen Recht herrscht durch häufige Rechtsprechungsänderungen eine erhebliche Rechtsunsicherheit, ob in Diskriminierungsfällen Strafschadensersatz, sog. *exemplary damages*, zugesprochen werden kann.

a) Begriffsbestimmung

Unter Strafschadensersatz versteht das englische Recht

> *„Damages given to punish the defendant rather than (or as well as) to compensate the claimant for harm done. [...]"*[732].

In seinem Grundsatzurteil *Rooke v Barnard*[733] aus dem Jahr 1964 bestimmte das House of Lords, unter welchen Voraussetzungen im Deliktsrecht, dem auch das Diskriminierungsrecht grundsätzlich zuzuordnen ist[734], Strafschadensersatz zugesprochen werden kann. So könne Strafschadensersatz zugesprochen werden, soweit der kompensatorische Schadensersatz ausnahmsweise nicht ausreiche, den Täter für sein Verhalten zu bestrafen und der Fall sich in eine der folgenden drei Kategorien einordnen lasse (sog. *"categories test"*):

- Fälle von erniedrigendem, willkürlichem oder verfassungswidrigem Handeln durch Staatsbedienstete;
- Fälle, in denen der Beklagte ins Kalkül gezogen hat, dass der mit der Schädigung erzielte Gewinn die Zahlung an den Kläger übersteigen dürfte;
- Fälle, in denen die Zuerkennung von Strafschadensersatz ausdrücklich gesetzlich zulässig ist.[735]

---

732 *Martin/Law*, Oxford Dictionary of Law, S. 218.

733 Rookes v Barnard [1964] A.C. 1129.

734 *Schmidt-Kessel*, Fremde Erfahrungen mit zivilrechtlichen Diskriminierungsverboten, in: *Leible/Schlachter*, Diskriminierungsschutz durch Privatrecht, S. 66 m.w.N.

735 Rookes v Barnard [1964] A.C. 1129 (1226):
„Cases involving oppressive, arbitrary or unconstitutional actions by servants of the government;
Cases where the defendant's conduct has been calculated by him to make profit for himself which may well exceed the payment to the plaintiff;
Cases where the award of such damages is expressly authorized by statute."

Die letzte Fallgruppe schied im Diskriminierungsrecht seit jeher von vorneherein mangels Rechtsgrundlage aus. Auch im EqA 2010 hat der Gesetzgeber keine Rechtsgrundlage für die Zuerkennung von Strafschadensersatz normiert.

b) Strafschadensersatz im englischen Diskriminierungsrecht

Die Möglichkeit des Zuerkennens von Strafschadensersatz im Diskriminierungsrecht unterlag und unterliegt auch gegenwärtig einem stetigen Wandel[736].

Bei Vorliegen einer der ersten zwei Fallgruppen, die das HL in *Rooke v Barnard* definiert hatte, wurde Strafschadensersatz vom CA auch im Diskriminierungsrecht als Teil des Deliktrechts zunächst unproblematisch für möglich gehalten[737] und in der Folgezeit entsprechend zuerkannt[738].

Im Jahr 1993 kam es zu einer Rechtsprechungsänderung. Der CA stellte fest, dass Strafschadensersatz nach der Rechtsprechung des HL in *Rooke v Barnard* aus dem Jahr 1964 unter den dort genannten Voraussetzungen *(„categories test")* nur für diejenigen Delikte zuerkannt werden könne, für deren Begehung zum Zeitpunkt der Entscheidung im Jahr 1964 bereits Strafschadensersatz zugesprochen werden konnte (sog. *„cause of action test")*[739].

Da zum Zeitpunkt der Entscheidung des HL im Jahr 1964 im Diskriminierungsrecht kein Strafschadensersatz zugesprochen werden konnte[740], wurde ein Anspruch auf Strafschadensersatz in Diskriminierungsfällen fortan abgelehnt[741]. Das EAT stellte darüber hinaus zutreffend klar, dass auch das Europarecht keinen Strafschadensersatz in Diskriminierungsfällen verlange[742]. Der geforderte „wirklich abschreckende Effekt" der Sanktion werde - wie sich aus der Rechtsprechung des EuGH in *Marshall II* ergebe - vielmehr durch eine vollständige Kompensation des Schadens des Benachteiligten erreicht.

---

736 *Mulvaney*, Discrimination in Employment, S. 197: „[...] the position has become uncertain."; *Ellis*, EU Anti-Discrimination Law, S. 265: „The availability of exemplary damages in discrimination cases in the UK is now a matter of doubt."

737 Alexander v Home Office [1988] 2 All ER 118 (123).

738 City of Bradford Metropolitan Council v Arora [1991] IRLR 165, Rn. 33 f.

739 AB v South West Water Services Ltd. [1993] 1 All ER 609 (620).

740 Law Commission Report No. 247, Aggravated, Exemplary and Restitutionary Damages, Rn. 1.109: Exemplary damages waren demnach beschränkt auf Fälle von „malicious prosecution, false imprisonment, assault and battery, defamation, trespass to land or to goods, private nuisance, and tortious interference with business."

741 Ministry of Defence v Cannock [1994] IRLR 509; Ministry of Defence v Meredith [1995] IRLR 539.

742 Ministry of Defence v Meredith [1995] IRLR 539, Rn. 23.

Diese grundsätzliche Ablehnung von Strafschadensersatz im Diskriminierungsrecht wurde durch ein Urteil des HL aus dem Jahre 2001 in Zweifel gezogen. In *Kuddus v Chief Constable of Leicestershire Constabulary* entschied das HL, dass einem Kläger Strafschadensersatz wegen Missbrauchs von Amtsgewalt nicht unter Bezugnahme auf *Rooke v Barnard* mit der Begründung versagt werden könne, Strafschadensersatz sei für dieses Delikt *vor 1964* nicht zugesprochen worden[743]. Auch wenn es sich in dem der Entscheidung zugrunde liegenden Fall um keinen Diskriminierungsfall handelte, steht diese Rechtsprechung doch im klaren Widerspruch zu der Rechtsprechung des CA in *AB v South West Water Services Ltd* und lässt dem Grunde nach Strafschadensersatz auch in Diskriminierungsfällen zu, in denen vor 1964 ebenfalls kein Anspruch auf Strafschadensersatz bestand. Dieses Problem erkennend, äußerte *Lord Mackay* in der Begründung seiner Entscheidung vorsorglich, dass es seines Erachtens in Diskriminierungsfällen keinen Anspruch auf Strafschadensersatz geben solle, solange dieser nicht gesetzlich ausdrücklich vorgesehen sei[744]. *Lord Hutton* zog es vor seine Ansicht hierzu solange zurückzuhalten, bis ihm diese Frage zur Entscheidung vorgelegt werde[745]. Die weiteren *Lords* bezogen keine Stellung zu den Auswirkungen ihrer Entscheidung auf das Diskriminierungsrecht.

Im Jahr 2004 bezog sich das EAT in einem Diskriminierungsfall erstmals auf diese Rechtsprechung des HL aus dem Jahr 2001 und kam zu dem Ergebnis, dass

> *„[...] wir keinen Grund sehen, warum Strafschadensersatz grundsätzlich nicht zugesprochen werden sollte, wenn die anderen Voraussetzungen erfüllt sind“*[746].

Es sprach dem Kläger jedoch im Ergebnis keinen Strafschadensersatz zu, da es befand, dass die Arbeitgeberin nicht als Amtsträgerin gehandelt habe und somit die Voraussetzungen der ersten Kategorie nach *Rooke v Barnard* aus dem Jahr 1964 nicht gegeben seien. Es nutzte jedoch die Gelegenheit, um klarzustellen, dass Strafschadensersatz nur in Ausnahmefällen zuerkannt werden solle:

> *„In der Mehrheit der Fälle dürfte eindeutig Schadensersatz für aggravated damages ausreichen, um das Verhalten des Arbeitgebers zu sanktionieren“*[747]

---

743 Kuddus v Chief Constable of Leicestershire Constabulary [2001] 3 All ER 193, Rn. 21 f.

744 Kuddus v Chief Constable of Leicestershire Constabulary [2001] 3 All ER 193, Rn. 46.

745 Kuddus v Chief Constable of Leicestershire Constabulary [2001] 3 All ER 193, Rn. 92.

746 Virgo Fidelis Senior School v Boyle [2004] IRLR 268, Rn. 78; *„[...] we see no reason why in principle exemplary damages could not be awarded, provided that the other conditions are made out“*

747 Virgo Fidelis Senior School v Boyle [2004] IRLR 268, Rn. 78: *„Clearly in the majority of cases aggravated damages would be sufficient to mark the employer's conduct.“*

Das Arbeitsgericht Ashford stützte sein Urteil vom 6.4.2006 auf die Entscheidung des EAT und sprach einem pakistanischen Bewerber wegen schwer wiegender Rassendiskriminierung durch eine Polizeibehörde Strafschadensersatz in Höhe von 5.000 Pfund zu[748].

Das Arbeitsgericht Newcastle upon Tyne zog zwar Strafschadensersatz in einem schwer wiegenden Fall von Diskriminierung in Erwägung, kam dann aber zu dem Schluss, dass die Voraussetzungen hierfür nicht vorlägen und ergänzte:

> *„Wir würden sowieso, selbst im schwersten Fall, in Anbetracht einer fehlenden eindeutigen Rechtsgrundlage für Strafschadensersatz, zögern, diesen zuzusprechen."*[749]

Das EAT äußerte sich – soweit ersichtlich – erstmals wieder im Jahr 2009 in *Ministry of Justice v Fletcher*[750] zu der Zulässigkeit von Strafschadensersatz in Diskriminierungsfällen. Das erstinstanzliche Gericht hatte Frau Fletcher wegen Diskriminierung durch die britischen Streitkräfte wegen des Geschlechts und der sexuellen Orientierung Strafschadensersatz in Höhe von 50.000 Pfund zugesprochen Das EAT stellte fest, dass ein Anspruch auf Strafschadensersatz in Fällen schlimmsten Missbrauchs staatlicher Macht auch in Diskriminierungsfällen gerechtfertigt sein könne, jedoch ein solcher Fall nicht vorliege.

Eine jüngere Entscheidung des EAT zur Zulässigkeit von Strafschadensersatz datiert vom 27.5.2011[751]. Das erstinstanzliche Gericht hatte in einem Fall wiederholter Diskriminierung durch eine öffentliche Institution in einem Bewerbungsverfahren einen Anspruch auf Strafschadensersatz mit der Begründung abgelehnt, dass vor dem Jahr 1964 in Diskriminierungsfällen kein Strafschadensersatz zugesprochen werden konnte (sog. „*cause of action test*")[752]. Das EAT verwarf diese Rechtsansicht unter Bezugnahme auf *Kuddus v Chief Constable of Leicestershire Constabulary* und stellte fest, dass ein Anspruch

---

748 *Europäische Kommission*, Gleichbehandlung und Antidiskriminierung, Jahresbericht 2006, S. 21; BBC News vom 6.4.2006, Force to pay damages for racism, abrufbar im Internet, URL: http://news.bbc.co.uk/2/hi/uk_news/england/kent/4885562.stm (1.7.2014).

749 Alam v Police Federation of England and Wales, Arbeitsgericht Newcastle upon Tyne, Urteil vom 29.11.2006, Az.: 2504307/05, unveröffentlicht.
"We would have some hesitation in any event, even in the most extreme case, in making an award of exemplary damages in view of the lack of clear authority giving us the right to do so."

750 Ministry of Justice v Fletcher [2010] IRLR 25.

751 London Borough of Hackney v Sivanandan [2011] IRLR 740.

752 vgl. AB v South West Water Services Ltd. [1993] 1 All ER 609 (620).

auf Strafschadensersatz grundsätzlich zulässig sei, jedoch nur dann, wenn die öffentliche Gewalt sich erniedrigendem, willkürlichem oder verfassungswidrigem Handeln schuldig gemacht habe und die Schadensersatzhöhe nicht bereits ausreichend bestrafend und abschreckend sei[753]. Das EAT sah diese hohen Anforderungen nicht erfüllt und lehnte einen Anspruch auf Strafschadensersatz ab.

Die englische Literatur hält seit der Entscheidung des HL in *Kuddus v Chief Constable of Leicestershire Constabulary* nahezu einhellig einen Anspruch auf Strafschadensersatz in Diskriminierungsfällen für möglich[754]. Die *Law Commission* sprach sich bereits vor der Entscheidung des *House of Lords* dafür aus, dass dem Opfer einer Diskriminierung nicht grundsätzlich ein Anspruch auf Strafschadensersatz verwehrt werden dürfe[755]. Nach ihrer Ansicht war der in Sec. 65 SDA 1975 verwendete Begriff „*compensation*" im nicht-technischen Sinne zu verstehen und wolle lediglich klarstellen, dass dem Benachteiligten ein monetärer Anspruch gegen den Täter zustehe[756].

Auch wenn das EAT in Fällen, in denen die öffentliche Hand gehandel hat, Strafschadensersatz grundsätzlich für zulässig erachtet, hat es gleichwohl in noch keinem Fall einem Benachteiligten einen solchen Anspruch zuerkannt. Die hohen Anforderungen an einen solchen Anspruch konnte nach Ansicht des EAT bisher kein Handeln der öffentlichen Hand erfüllen. Abzuwarten bleibt, ob der CA und der Supreme Court, die sich mit der Zulässigkeit von Strafschadensersatz im Diskriminierungsrecht noch nicht befasst haben, einen solchen Anspruch für zulässig erachten werden. Fraglich erscheint dies insbesondere deshalb, da

---

753 London Borough of Hackney v Sivanandan [2011] IRLR 740:
„We should award exemplary damages against the Council if, but only if, it has been shown to be guilty of oppressive, arbitrary or unconstitutional action and if the award otherwise payable would not suffice by way of punishment and deterrence."

754 so *Napier/Tether* in: Harvey on Industrial Relations and Employment Law, Bd. 2, Rn. 525; *Korn/Sethi*, Employment Tribunal Compensation, Rn. 17.54; *Connolly*, Discrimination Law, Rn. 12–030; *Toms*, Remedies and sanctions for unlawful discrimination, S. 14; *Hill*, Making the Race and Framework Directives real: Remedies and Sanctions for unlawful Discrimination, S. 18; Im Ergebnis offen, aber für vertretbar hält dies *Mulvaney*, Discrimination in Employment, S. 197; *IDS*, Age Discrimination, S. 174.

755 Law Commission Report No. 247, Aggravated, Exemplary and Restitutionary Damages, Rn. 1.65.

756 Law Commission Report No. 247, Aggravated, Exemplary and Restitutionary Damages, Rn. 1.65 unter Verweis auf Lord Stuart-Smith in AB v South West Water Service Ltd [1993] QB 507, 522D-E.

Lord Mackay in *Kuddus v Chief Constable of Leicestershire Constabulary* vorsorglich darauf hinwies, dass es seines Erachtens in Diskriminierungsfällen keinen Anspruch auf Strafschadensersatz geben solle, solange dieser nicht gesetzlich ausdrücklich vorgesehen sei[757]. Bis zu einer höchstrichterlichen Entscheidung oder zumindest einer Entscheidung des CA wird daher weiterhin Rechtsunsicherheit bestehen.

6. *Erhöhung oder Reduzierung der Schadensersatz- und Entschädigungssumme wegen nicht ordnungsgemäß durchgeführten Beschwerdeverfahrens*

Der Gesetzgeber führte mit dem *Employment Act 2002*[758] (EA 2002) die obligatorische Durchführung eines gesetzlichen Beschwerdeverfahrens vor Klageerhebung ein, mit dem Ziel, die Arbeitsgerichte zu entlasten. Dieses gesetzliche Beschwerdeverfahren wurde durch den *Employment Act 2008* zum 6.4.2009 wieder abgeschafft[759] und gleichzeitig die Beratungs-, Schlichtungs- und Schiedsstelle ACAS ermächtigt, Richtlinien für Disziplinar- und Beschwerdeverfahren zu entwickeln und zu veröffentlichen[760]. Entsprechende Richtlinien sind seit dem 6.4.2009 in Kraft[761].

Da die Richtlinien im Gegensatz zu der vorherigen gesetzlichen Regelung keinen Gesetzesrang haben, muss das darin vorgesehene Beschwerdeverfahren nicht zwingend vor Klageerhebung durchgeführt werden. Der Arbeitnehmer ist folglich frei darin, auch unmittelbar Klage wegen Diskriminierung gegen seinen Arbeitgeber zu erheben. Die Arbeitsgerichte können jedoch eine zugesprochene Schadensersatzsumme nach Recht und Billigkeit um bis zu 25 Prozent reduzieren oder erhöhen, wenn der Arbeitnehmer oder Arbeitgeber vor Klageerhebung das Beschwerdeverfahren nicht entsprechend der Richtlinien der ACAS „in angemessener Art und Weise“ durchgeführt hat („*unreasonable failure to comply with any provision of the Code*“)[762].

In 12 Prozent aller berichteten Diskriminierungsfälle im Jahr 2011 wurde die Schadensersatzsumme aufgrund nicht ordnungsgemäß durchgeführten

757 Kuddus v Chief Constable of Leicestershire Constabulary [2001] 3 All ER 193, Rn. 46.

758 2002 c. 22.

759 Employment Act 2008 s. 1.

760 Trade Union and Labour Relations (Consolidation) Act 1992 s. 199.

761 ACAS Code of Practice on Disciplinary and Grievance Procedures, im Internet abrufbar, URL: http://www.acas.org.uk/CHttpHandler.ashx?id=1047 (1.7.2014).

762 Trade Union and Labour Relations (Consolidation) Act 1992 s. 207a (2).

Beschwerdeverfahrens erhöht, in einem Drittel dieser Fälle um den maximalen Wert von 25 Prozent[763]. Eine Reduzierung des Schadensersatzes erfolgte in keinem Fall.

Der ACAS Code findet nur auf Benachteiligungen in einem bestehenden Arbeitsverhältnis Anwendung. Hat die Benachteiligung im Zusammenhang mit der Begründung eines Arbeitsverhältnisses stattgefunden, ist – im Gegensatz zu einer Benachteiligung im Zusammenhang mit dem beruflichen Aufstieg – kein Beschwerdeverfahren durchzuführen, sondern innerhalb der Klagefrist unmittelbar Klage vor dem Arbeitsgericht zu erheben.

7. *Zinsen*

Dem Benachteiligten stehen hinsichtlich seiner Schadensersatzansprüche Zinsansprüche zu. Gemäß den *Employment Tribunals (Interest on Awards in Discrimination Cases) Regulations 1996*[764] entspricht der anzuwendende Zinssatz für England und Wales demjenigen, der für den *Special Investment Account* nach sec. 27 (1) der *Court Funds Rules 1987* festgelegt wird. Dieser Zinssatz beträgt derzeit 0,5 Prozent per annum[765].

Gemäß der *Employment Tribunals (Interest on Awards in Discrimination Cases) Regulations 1996* sind auf Entschädigungszahlungen wegen *injury to feelings* ab dem Zeitpunkt der Diskriminierung Zinsen zu zahlen[766]. Im Hinblick auf die übrigen Schadensersatzansprüche sind Zinsen ab dem Zeitpunkt zu zahlen, der zeitlich in der Mitte zwischen Benachteiligungshandlung und Entscheidung des Gerichts liegt[767]. Bezüglich des entgangenen Verdienstes in der Vergangenheit sind Zinsen nur auf den Nettoverdienst zu gewähren, da kein Grund ersichtlich ist, dem Benachteiligten Zinsen auf Beträge zu gewähren, die er auch ohne das diskriminierende Verhalten nicht erhalten hätte[768].

Hinsichtlich des zukünftigen Verdienstausfalls können Zinsen für den vorzeitigen Erhalt *(accelerated receipt)* des Geldbetrages in Abzug gebracht werden,

---

763 *Johnstone/Foster/Godwin*, EOR 227, 9 (12): in 27 von 226 Fällen, davon in 9 Fällen um 25 Prozent.

764 SI 1996/2803.

765 Der jeweils aktuelle Zinssatz kann hier abgerufen werden: URL: http://www.justice.gov.uk/guidance/protecting-the-vulnerable/cfo/interest-rates.htm (1.7.2014).

766 regs 3 (1), 6 (1) (a) Employment Tribunals (Interest on Awards in Discrimination Cases) Regulations 1996.

767 regs 3 (1), 6 (1) (b) Employment Tribunals (Interest on Awards in Discrimination Cases) Regulations 1996.

768 *Korn/Sethi*, Employment Tribunal Compensation, Rn. 17.122 m.w.N.

da der zugesprochene Betrag von dem Benachteiligten angelegt und entsprechend verzinst werden kann. Hierbei wird die jährliche Abzugsrate von derzeit 2,5 Prozent, die in *personal injury*-Fällen angewendet wird, herangezogen[769]. Sollte es bei der Bestimmung des Verdienstausfalls ausnahmsweise zur Anwendung der sog. *Ogden Tables* gekommen sein, ist kein Abzug für den vorzeitigen Erhalt des Geldbetrages vorzunehmen[770]. Die Ogden-Tabellen weisen einen Multiplikand aus, der zur Berechnung des zukünftigen Verdienstausfalls bis zum Renteneintritt heranzuziehen ist. Der Multiplikand berücksichtigt neben weiteren Faktoren auch bereits den wirtschaftlichen Vorteil durch den vorzeitigen Erhalt des Geldbetrages.

Sollte die Schadensersatzzahlung nicht innerhalb von 14 Tagen nach der Entscheidung des Gerichts geleistet werden, findet die *Employment Tribunals (Interest) Order 1990*[771] Anwendung, wonach zusätzlich ab dem Tag nach der Entscheidung des Gerichts auf den ausgeurteilten Schadensersatzbetrag Zinsen fällig werden[772].

8. *Ausschluss der Naturalrestitution*

Die englischen Gesetze und Verordnungen sehen im Falle einer Benachteiligung keinen Anspruch des Benachteiligten auf Begründung eines Arbeitsverhältnisses oder auf beruflichen Aufstieg vor. Auch gerichtliche „Empfehlungen", wonach der Arbeitgeber den benachteiligten Aufstiegsbewerber auf die nächste frei werdende und geeignete Stelle befördern möge, sind unzulässig[773]. Eine solche „Empfehlung" könnte zu einer unmittelbaren Benachteiligung derjenigen Arbeitnehmer führen, die sich ebenfalls um diese Stelle bewerben wollen. Gleiches gilt für Stellen, die zur Begründung eines Arbeitsverhältnisses führen[774]. Auch hier könnte ein solches Verhalten zu einer unmittelbaren Benachteiligung potentieller Bewerber führen. Dem Gericht bleibt es jedoch unbenommen, eine „Empfehlung" auszusprechen, wonach der Arbeitgeber bei einem noch nicht abgeschlossenem Auswahlverfahren den Benachteiligten zu berücksichtigen hat oder dem benachteiligten Bewerber die Teilnahme an Auswahltests zu gestatten

---

769 *Johnstone*, The EOR Guide to Compensation in Discrimination Cases, S. 7.

770 Kingston upon Hull City Council v Dunnachie (No. 3) [2003] IRLR 843, Rn. 15.

771 SI 1990/479.

772 vgl. reg 8 (1) Employment Tribunals (Interest on Awards in Discrimination Cases) Regulations 1996.

773 British Gas plc v Sharma [1991] IRLR 101, Rn. 85; Fasuyi v Greenwich London Borough Council, [2000] All ER (D) 2013.

774 *Cheetham/White*, Age Discrimination, Rn. 8.42.

hat, soweit noch freie Stellen zu besetzen sind und der Benachteiligte die Teilnahmevoraussetzungen erfüllt[775].

9 *Unterlassung*

Nach dem EqA 2010 können die Gerichte anstelle oder zusätzlich zu einer Schadensersatzzahlung eine sog. „Empfehlung“ aussprechen, die auch die Unterlassung des diskriminierenden Verhaltens zum Gegenstand haben kann[776]. Kommt der Arbeitgeber der „Empfehlung“ nicht innerhalb der vom Gericht gesetzten Frist nach, kann dieses eine zusätzlich zugesprochene Schadensersatzsumme nachträglich erhöhen oder - wenn es zunächst keinen Schadensersatz zugesprochen hatte - den Arbeitgeber erstmals zur Zahlung von Schadensersatz verurteilen[777].

10. *Klagefrist*

a) Das englische Recht

Der Benachteiligte hat grundsätzlich innerhalb von drei Monaten nach der diskriminierenden Handlung Klage zu erheben[778]. Die Frist beginnt mit dem Zeitpunkt der Benachteiligungshandlung. Bei Benachteiligungen im Zusammenhang mit der Begründung von Arbeitsverhältnissen ist auf den Zeitpunkt der Entscheidungsfindung durch den Arbeitgeber abzustellen und nicht auf den Zeitpunkt der Mitteilung der ablehnenden Entscheidung an den Bewerber[779]. Bei Benachteiligungen im Zusammenhang mit dem beruflichen Aufstieg kann das Gericht bei der Fristberechnung nach seinem freien Ermessen entweder auf den Zeitpunkt der Ablehnung abstellen oder aber auf den Zeitpunkt, an dem der erfolgreiche Mitbewerber auf die höherrangige Position befördert wird[780].

Für die Fristberechnung unbeachtlich ist, ob der Benachteiligte zu den vorgenannten Zeitpunkten überhaupt Kenntnis von den benachteiligenden

---

775 vgl. Lazell v Isle of Wight Fire & Rescue Sevice Urteil vom 28.3.2007, Az.: ET/3101518/06, unveröffentlicht.

776 EqA 2010 s. 124 (2) (c), (3); vgl. zur alten Rechtslage SDA 1975 s. 65 (1) (c); RRA 1976 s. 56 (1) (c); DDA 1995 s. 17A (2) (c); EE(SO)R 2003 s. 17A (2) (c); EE(RB)R 2003 s. 17A (2) (c); E(A)R 2006 s. 38 (1) (c).

777 EqA 2010 s. 124 (7).

778 EqA 2010 s. 123 (1) (a).

779 *IDS*, Sexual Orientation Discrimination, S. 72.

780 *Napier/Tether* in: Harvey on Industrial Relations and Employment Law, Bd. 2, Rn. 577.

Umständen hatte. Der Kenntnis kann jedoch bei der Ermessensausübung hinsichtlich der Zulassung einer verspäteten Klage Bedeutung zukommen[781]. Denn die Arbeitsgerichte können Klagen zulassen, die wegen Versäumnis der Klagefrist zurückzuweisen wären, soweit sie dies für „recht und billig" (*just and equitable*) erachten[782]. Bei ihrer Ermessensentscheidung können viele Faktoren Berücksichtigung finden, insbesondere die Gründe und das Ausmaß der Verspätung, ob der Kläger qualifiziert beraten wurde, ob die Verspätung auf fehlerhaften Informationen beruhte und welche Nachteile für den Arbeitgeber, wenn überhaupt, durch die Zulassung der verspäteten Klage verursacht werden könnten[783]. Die Zulassung einer verspäteten Klage soll nach der Rechtsprechung eher die Ausnahme als die Regel darstellen[784].

b) Europarechtliche Bewertung

Die Klagefrist ist an dem Effektivitätsgrundsatz zu messen, den der EuGH in ständiger Rechtsprechung aus Art. 10 EGV ableitet. Eine nationale Verfahrensvorschrift verstößt demnach gegen den Effektivitätsgrundsatz, wenn sie dazu führt, dass dem Einzelnen die Ausübung der ihm durch das Unionsrecht verliehenen Rechte praktisch unmöglich gemacht oder übermäßig erschwert wird[785].

Starre Fristen können dazu führen, dass dem Benachteiligten effektiver Rechtsschutz verwehrt wird. So wird der Benachteiligte in einer Bewerbungssituation nicht in allen Fällen unmittelbar zur Kenntnis gelangen, dass seine Ablehnung auf einen Verstoß gegen ein Diskriminierungsverbot zurückzuführen ist. Nach Kenntniserlangung kann die Frist jedoch bereits verstrichen sein.

Die Fristenregelung erscheint nur auf den ersten Blick als starr und damit geeignet, in Einzelfällen effektiven Rechtsschutz zu verwehren.

Wie bereits dargestellt, sind die Arbeitsgerichte befugt, Klagen zuzulassen, die wegen Versäumnis der Klagefrist zurückzuweisen wären, soweit sie dies für recht und billig erachten. Hierbei verfügen die Arbeitsgerichte über einen sehr großen Ermessenspielraum[786], wie die nachfolgenden Beispiele verdeutlichen:

---

781 Mensah v Royal College of Midwives, Urteil vom 17.11.1995, Az.: EAT/124/94, unveröffentlicht.

782 EqA 2010 s. 123 (1) (b)

783 *IDS*, Race and Religion Discrimination, S. 265.

784 Robertson v Bexley Community Centre [2003] IRLR 434, Rn. 25.

785 vgl. hierzu oben unter 1. Kapitel, B. IV. 6. a) bb).

786 Robertson v Bexley Community Centre [2003] IRLR 434, Rn. 33.

So wurde eine Klage nach über neun Jahren nach der Benachteiligungshandlung noch zugelassen, weil dem benachteiligten Bewerber zuvor nicht bewusst war, dass die Ablehnung seiner Bewerbung auf einer Benachteiligung beruhte[787]. Der CA betonte, dass eine Klage nach einer solch langwierigen Verspätung nur in absoluten Ausnahmefällen zuzulassen sei. Im vorliegenden Fall habe der Benachteiligte innerhalb von drei Monaten nach Kenntniserlangung der Benachteiligung gerichtliche Schritte eingeleitet. Zudem habe der Arbeitgeber trotz Aufforderung des Gerichts nicht dargelegt, dass ihn die verspätete Zulassung der Klage in seiner Verteidigung beeinträchtigen werde[788]. Aufgrund des Zeitablaufs gehe das Gericht davon aus, dass beide Parteien in dem gerichtlichen Verfahren in gleichem Maße beeinträchtigt seien[789].

In einem anderen Verfahren ließ das Gericht eine verspätete Klage zu, weil der abgelehnte Bewerber zunächst versuchen wollte, nähere Informationen bezüglich des Ablehnungsgrundes vom Arbeitgeber zu erlangen, um beurteilen zu können, ob der Ablehnung eine Rassendiskriminierung zu Grunde lag[790]. Der Arbeitgeber reagierte erst so spät auf den Brief des Benachteiligten, dass die Klagefrist verstrich. Das EAT befand, dass der Benachteiligte berechtigt war, zunächst weitere Informationen einzuholen, bevor er den schwer wiegenden Vorwurf der Rassendiskriminierung gegen den Arbeitgeber erhob. Zudem müsse der lange Zeitraum berücksichtigt werden, den der Arbeitgeber verstreichen ließ, bis er auf das Schreiben reagierte[791].

Hingegen wurde eine Klage in einem Fall nicht nachträglich zugelassen, in dem die Verspätung darauf zurückzuführen war, dass die benachteiligte Bewerberin die Erfolgsaussichten einer Klage zunächst falsch einschätzte und von einer Klageerhebung Abstand nahm, sich jedoch nach Lesen eines Zeitungsartikels entschied, doch Klage zu erheben. Die Klägerin sei intelligent, gut gebildet und Gewerkschaftsmitglied. Sie habe darauf verzichtet, die Rechtssekretäre der Gewerkschaft zu konsultieren und habe die Entscheidung, von einer Klageerhebung abzusehen, bewusst getroffen, obwohl sie von der

---

787 London Borough of Southwark v Afolabi [2003] IRLR 220.

788 London Borough of Southwark v Afolabi [2003] IRLR 220, Rn. 31.

789 London Borough of Southwark v Afolabi [2003] IRLR 220, Rn. 35.

790 Osajie v London Borough of Camden, EAT 317/96, IDS, Race and Religion Discrimination, S. 265.

791 Osajie v London Borough of Camden, Az.: EAT 317/96, IDS, Race and Religion Discrimination, S. 266.

Existenz der Antidiskriminierungsgesetze wusste. Eine nachträgliche Zulassung der Klage sei unter diesen Umständen unbillig[792].

Von einem Verstoß gegen den Effektivitätsgrundsatz des EuGH kann angesichts dieses grundsätzlich großen Ermessensspielraums nicht ausgegangen werden. Bei entschuldbarer Unkenntnis wird die verspätete Klage regelmäßig zugelassen, zumal die Entscheidung des erstinstanzlichen Gerichts mit Rechtsmittel angefochten werden kann, was bei nachvollziehbaren Gründen für die Verspätung in der Regel zum Erfolg führt.

792 T J Hutchison v Westward Television Ltd [1977] IRLR 69, Rn. 12 ff.

3. Kapitel: Schadensersatz und Entschädigung im Rechtsvergleich

A. Vorbemerkung

Nachfolgend werden die Ergebnisse zu Schadensersatz und Entschädigung nach deutschem und englischem Recht als Rechtsfolge einer Benachteiligung zusammengefasst und gegenübergestellt. Dabei wird auch geprüft, ob die englische Herangehensweise an ein Problem ein denkbarer Lösungsweg für ein deutsches Rechtsproblem sein kann. Sollte dies der Fall sein, wird untersucht, ob das englische Recht *de lege ferenda* oder möglicherweise sogar *de lege lata* im deutschen Recht Berücksichtigung finden könnte und sollte.

I. Rechtsfolge

Sowohl das englische als auch das deutsche Recht sehen als Rechtfolge einer Diskriminierung Ansprüche des Benachteiligten auf Ersatz des durch die Benachteiligung erlittenen materiellen und immateriellen Schadens vor.

1. Schadensersatz

Der Ersatz des materiellen Schadens richtet sich im englischen Recht nach dem Grundprinzip der *restitutio in integrum*. Danach besteht der Schadensersatz aus dem Geldbetrag, der notwendig ist, um den Benachteiligten in die Lage zu versetzen, in der er sich ohne das diskriminierende Verhalten befinden würde. Dieses Grundprinzip ist mit dem Grundsatz der Naturalrestitution im deutschen Zivilrecht nicht vollständig gleichzusetzen, da der Schadensersatz im *common law* auf Geldersatz beschränkt ist. Eine Wiedergutmachung *in natura*, wie es der das Erhaltungs- und Integritätsinteresse schützende Grundsatz der Naturalrestitution vorsieht, vermag die *restitutio in integrum* nicht zu erreichen. Die *restitutio in integrum* ist auf die Wiederherstellung des *status quo* durch Geldleistung gerichtet.

Im deutschen Recht ist der Umfang des Schadensersatzes grundsätzlich gemäß §§ 249 ff. BGB zu bestimmen, wobei § 15 Abs. 6 AGG den Grundsatz der Naturalrestitution durchbricht, wenn eine Benachteiligung im Zusammenhang mit der Begründung von Arbeitsverhältnissen oder dem beruflichen Aufstieg vorliegt. Danach besteht kein Anspruch auf Begründung eines Beschäftigungsverhältnisses, eines Berufsausbildungsverhältnisses oder auf beruflichen Aufstieg.

Der Benachteiligte ist somit wie nach englischem Recht auch nach deutschem Recht ausnahmsweise auf Schadensersatz in Geld beschränkt, was dem Rechtsvergleich der beiden Rechtsordnungen besonders dienlich ist.

a) Diskriminierung bei der Begründung von Arbeitsverhältnissen

aa) Negatives Interesse

Beide Rechtsordnungen sehen im Fall der Diskriminierung bei der Begründung von Arbeitsverhältnissen zunächst einen Anspruch des Benachteiligten auf Ersatz seines Vertrauensschadens vor, d.h. des Schadens, der im Vertrauen auf ein benachteiligungsfreies Bewerbungsverfahren entstanden ist.

bb) Positives Interesse

Der Anspruch auf Ersatz des positiven Interesses umfasst in beiden Rechtsordnungen in erster Linie den durch die Benachteiligung entgangenen Verdienstausfall. Hinzu können andere Schäden materieller Art treten, wie etwa Aufwendungen für eine Heilbehandlung in Folge einer Gesundheitsschädigung oder für die Suche nach einem anderen Arbeitsplatz.

(1) Ersatz des Verdienstausfalls

Sowohl im englischen als auch im deutschen Recht steht im Mittelpunkt des materiellen Schadens der Ersatz des erlittenen Verdienstausfalls. Nicht nur die Art und Weise der Bestimmung des Umfangs dieses Schadens unterscheidet sich in beiden Rechtsordnungen maßgeblich voneinander, sondern auch der Kreis der Anspruchsberechtigten.

Rechtsvergleichend ist festzustellen, dass nach deutschem Recht einzig dem bestqualifizierten Bewerber ein Anspruch auf Schadensersatz für den erlittenen Verdienstausfall zustehen soll, während nach englischem Recht grundsätzlich jeder diskriminierte Bewerber einen Anspruch auf Schadensersatz wegen Verdienstausfalls hat, es sei denn, der Benachteiligte hätte auch im Falle eines diskriminierungsfreien Bewerbungsverfahrens keine Chance auf die Stelle gehabt. Eine nullprozentige Chance dürfte jedoch in der Regel den absoluten Ausnahmefall bilden.

Zudem soll die Höhe des Anspruchs im deutschen Recht nach überwiegender Ansicht in der Literatur pauschaliert sein und sich je nach Ansicht an dem ersten hypothetischen Kündigungstermin, den Abfindungsregeln, der durchschnittlichen Vertragslaufzeit oder der durchschnittlichen Dauer bis zum Antritt einer anderen Arbeitsstelle orientieren[793]. Im englischen Recht hingegen wird keine

793 siehe oben unter 1. Kapitel, B. IV. 1. a) bb) (1).

Pauschalierung des Schadens vorgenommen, sondern der Verdienstausfall individuell bestimmt. Danach besteht der zu ersetzende Vermögenschaden des Benachteiligten in dem Erwartungswert der entgangenen Chance, begrenzt auf den Zeitpunkt, zu dem er eine etwa gleichwertige Stelle antreten kann bzw. hätte antreten können. Indem die Gerichte den entgangenen Arbeitsverdienst für die voraussichtliche Dauer bis zur Möglichkeit der Aufnahme einer vergleichbaren Beschäftigung unter anderem anhand der Qualifikationen und dem Alter des Bewerbers sowie der Arbeitsmarktlage bestimmen und diesen Verdienst anschließend um die prozentuale Misserfolgswahrscheinlichkeit der Bewerbung bei einem benachteiligungsfreien Auswahlverfahren reduzieren, wird ein individueller und vollumfänglicher Schadensausgleich des jeweiligen Benachteiligten gewährleistet.

Von einem solch vollumfänglichen Schadensausgleich sind die in der deutschen Literatur vertretenen Auffassungen weit entfernt. Dabei könnte die englische Herangehensweise an das Problem auch den deutschen Rechtsanwender inspirieren. Einzig *Wagner* vertritt hinsichtlich des Schadensersatzanspruchs gemäß § 15 Abs. 1 AGG in Anlehnung an das englische Recht die Auffassung, dass der Benachteiligte für den erlittenen Chancenverlust zu kompensieren ist[794]. Diese Ansicht verdient Zustimmung, zumal ein Schadensersatzanspruch wegen einer verlorenen Chance mit dem deutschen Schadensrecht vereinbar ist[795]. § 287 Abs. 1 S. 1 ZPO eröffnet den Gerichten die Möglichkeit, die Chance, d.h. die prozentuale Erfolgswahrscheinlichkeit der Bewerbung im Falle eines benachteiligungsfreien Bewerbungsverfahrens, nach freiem Ermessen zu bestimmen.

Wagner kommt dem Ziel eines vollumfänglichen Schadensausgleiches nahe, wenn er die individuelle Chance des benachteiligten Bewerbers bei der Bestimmung des Schadenumfangs mit berücksichtigt. Wenn *Wagner* zur Bestimmung des Erfüllungsintereses jedoch auf die durchschnittliche Vertragslaufzeit abstellt, nimmt auch er letztlich ein pauschalisierendes Element in seine Berechnungsmethode mit auf. Individueller lässt sich der Schadensumfang bestimmen, wenn man sich auch hier vom englischen Recht inspirieren lässt und dem benachteiligten Bewerber den Verzögerungsschaden ersetzt, der ihm durch die Benachteiligung entstanden ist[796]. Bis zum hypothetisch möglichen Antritt einer anderen und gleichwertigen Stelle erleidet er diesen Schaden, der um die Misserfolgswahrscheinlichkeit seiner Bewerbung zu

794 *Wagner/Potsch*, JZ 2006, 1085 (1095), *Wagner*, AcP 206 (2006), 352 (397).
795 siehe oben unter 1. Kapitel, B. IV. 1. a) bb) (1) (e) (aa).
796 vgl. oben unter 2. Kapitel, B. IV. 1. a) bb) (1).

reduzieren ist. Die deutschen Gerichte können diesen Zeitraum, d.h. die voraussichtliche Dauer bis zur Aufnahme einer vergleichbaren Tätigkeit nach freiem Ermessen gemäß 287 Abs. 1 S. 1 ZPO schätzen. Der hierdurch erzielte individuelle Schadensausgleich stellt gleichzeitig auch einen vollumfänglichen Schadensausgleich im Sinne der Rechtsprechung des EuGH dar.

Im englischen Recht wird für den Fall, dass das Gericht zu dem Schluss kommt, dass der Bewerber bis zum in wenigen Jahren erreichten Rentenalter voraussichtlich keine Stelle mehr finden wird, auf die versicherungsmathematischen *Ogden Tables* abgestellt, um den Verdienstausfall zu bestimmen. Alternativ kömnnen die Gerichte den Zeitraum bis zum Renteneintritt zugrunde legen und diesen um einige Jahre reduzieren, um den „Wechselfällen des Lebens" Rechnung zu tragen. Ein Äquivalent zu den *Ogden Tables* existiert in Deutschland nicht. In Anlehnung an die Bemessung der Geldrente nach § 843 BGB lässt sich jedoch – entsprechend der Alternative im englischen Recht – im deutschen Recht der zur Berechnung grundsätzlich zugrunde zu legende Zeitraum bis zum Renteneintritt kürzen, um die „Wechselfällen des Lebens" – z.B. eine hypothetische Eigenkündigung, schwere Krankheit oder Tod – angemessen zu berücksichtigen.

Im Ergebnis lässt sich feststellen, dass die englische Herangehensweise an das Problem der Bestimmung des Verdienstausfalls *de lege lata* im deutschen Recht Berücksichtigung finden kann und sollte. Dies ist möglich, da eine verlorene Chance nach deutschem Schadensrecht einen ausgleichsfähigen Vermögensschaden darstellen kann und der Gesetzgeber den Gerichten mit § 287 Abs. 1 ZPO ein Werkzeug an die Hand gibt, mit dem sie die für die Berechnung des Schadens maßgeblichen Faktoren – die Erfolgswahrscheinlichkeit der Bewerbung und die voraussichtliche Dauer bis zur Aufnahme einer gleichwertigen Beschäftigung – rational bestimmen können. Auf diese Weise kann auch im deutschen Recht ein vollumfänglicher Schadensausgleich erreicht werden.

Wenn das BAG hingegen weiterhin an seiner Rechtsprechung festhält, wonach nur der Bestqualifizierte einen Anspruch auf Schadensersatz nach § 15 Abs. 1 AGG haben soll, wird dem Anspruch auf Ersatz des materiellen Schadens in der Praxis weiterhin keine Bedeutung zukommen. Soweit ersichtlich, hatte seit Inkrafttreten des AGG kein einziger geltend gemachter Anspruch nach § 15 Abs. 1 AGG im Fall der Benachteiligung bei Begründung eines Arbeitsverhältnisses Erfolg. Vor diesem Hintergrund kann es nicht verwundern, dass die meisten benachteiligten Bewerber von vorne herein allein die Entschädigung nach § 15 Abs. 2 AGG geltend machen, nicht aber den Schadensersatz nach § 15 Abs. 1 AGG. Die europarechtlich geforderte Abschreckungswirkung auf den Arbeitgeber ist – folgt man der Rechtsprechung des BAG – praktisch nicht vorhanden und von einem vollumfänglichen Ausgleich des materiellen Schadens, wie ihn der EuGH ausdrücklich fordert, kann ebenso wenig die Rede sein.

(2) Sonstige materielle Schäden

Der Arbeitgeber hat in beiden Rechtsordnungen dem Benachteiligten sonstige durch ihn verursachte materielle Schäden zu ersetzen. Hierzu zählen insbesondere Kosten, die im Zusammenhang mit einer etwaigen Gesundheitsschädigung entstanden sind, soweit sie durch die Benachteiligungshandlung verursacht wurden. Darüber hinaus kommen weitere zu ersetzende Schadenspositionen in Betracht. Zu denken ist beispielsweise an die Umzugskosten für die Aufnahme einer anderen Tätigkeit[797].

Diese sonstigen materiellen Schäden sind im englischen Recht ebenfalls entsprechend der Erfolgswahrscheinlichkeit der Bewerbung zu ersetzen. Dies gilt freilich nicht für Schäden wegen einer Gesundheitsverletzung, die in dem Umfang zu ersetzen sind, wie sie durch den Arbeitgeber tatsächlich verursacht worden sind, unabhängig von der Erfolgswahrscheinlichkeit der Bewerbung im Einzelfall. Da eine Kompensation für Chancenverlust mit dem deutschen Schadensrecht grundsätzlich vereinbar ist, kann die Einbeziehung der Chance bei der Bestimmung der sonstigen materiellen Schäden im deutschen Recht *de lege lata* Berücksichtigung finden.

Im Gegensatz zum englischen Recht muss nach deutschem Recht auch der Ausgleich des erlittenen Rentenschadens von dem Schadensersatzanspruch nach § 15 Abs 1 AGG umfasst sein, um dem europarechtlichen Erfordernis eines vollumfänglichen Schadenausgleichs zu genügen. Da in Großbritannien die Höhe der gesetzlichen Rente grundsätzlich einkommensunabhängig ist und sich an einem armutsverhindernden Mindestbedarf orientiert, entsteht bei der Benachteiligung durch einen privaten Arbeitgeber grundsätzlich kein Rentenschaden, der ausgeglichen werden könnte. Im deutschen Recht wurde der Ausgleich des Rentenversicherungsschadens in der Literatur bisher nicht thematisiert und – soweit ersichtlich – weder im Rahmen des Schadensersatzes nach § 15 Abs. 1 AGG noch im Rahmen der Entschädigung nach § 611a BGB von den Gerichten zugesprochen. Dies ist nicht zuletzt darauf zurück zu führen, dass die Rechtsprechung bisher noch keinem benachteiligten Bewerber Ersatz seines Verdienstausfalls zugesprochen hat, was aber notwendige Voraussetzung für die

797 *Schrader/Schubert*, Das neue AGG, Rn. 484.

Berechnung der abzuführenden Rentenversicherungsbeiträge ist. Da der Schaden des Benachteiligten nach der Rechtsprechung des EuGH vollumfänglich auszugleichen ist, muss dem Benachteiligten grundsätzlich auch der Rentenausfallschaden ersetzt werden, der durch Abführung der Arbeitgeber- und Arbeitnehmeranteile zur Rentenversicherung auf Basis des ermittelten monatlichen Verdienstausfalls auszugleichen ist. Der Anspruch geht dabei auf die Bundesagentur für Arbeit in Höhe dessen, was sie an Rentenversicherungsbeiträgen für den Benachteiligten abführt und bezüglich des Restbetrages auf den Rentenversicherungsträger über[798].

cc) Schadenminderungspflicht

Sowohl die englische als auch die deutsche Rechtsordnung erlegen dem Benachteiligten eine Schadensminderungspflicht auf. Danach hat er sich um zumutbare anderweitige Beschäftigung zu bemühen. Es bleibt dem Arbeitgeber unbenommen, darzulegen, dass der Benachteiligte - wenn er bereits eine neue Stelle angetreten hat - bereits zu einem früheren Zeitpunkt oder - wenn er dem Arbeitsmarkt noch zur Verfügung steht - zum Zeitpunkt der Entscheidung des Gerichts oder während des geschätzten Zeitraums bis zur voraussichtlichen Aufnahme einer gleichwertigen Tätigkeit eine Beschäftigung hätte finden können und damit seine Schadenminderungspflicht verletzt hat. Nach beiden Rechtsordnungen ist zudem etwaig bezogenes Arbeitslosengeld auf den Anspruch anzurechnen. Die Summe, um den der Benachteiligte den Schaden gemindert hat oder hätte mindern können, ist vom Erfüllungsinteresse in Abzug zu bringen und erst anschließend die Herabsetzung der Summe um die prozentuale Misserfolgswahrscheinlichkeit der Bewerbung vorzunehmen.

b) Diskriminierung bei Aufstiegsentscheidungen

aa) Negatives Interesse

Sowohl nach deutschem als auch englischem Recht hat der Benachteiligte Anspruch auf Ersatz des Schadens, der ihm im Vertrauen auf ein benachteiligungsfreies Auswahlverfahren entstanden ist.

bb) Positives Interesse

Auch bei Benachteiligungen im Zusammenhang mit dem beruflichen Aufstieg rückt in beiden Rechtsordnungen der Verdienstausfall in den Mittelpunkt des zu ersetzenden positiven Interesses.

---

798 vgl. oben unter 1. Kapitel, B. IV. 1. a) bb) (2).

(1) Verdienstausfall

Einigkeit besteht in beiden Rechtsordnungen nur insoweit, als dass als Bemessungsgrundlage für die Ermittlung des Schadens die Gehaltsdifferenz zwischen der tatsächlich bezogenen Vergütung und der Vergütung, die im Fall der Beförderung bezogen worden wäre, heranzuziehen ist. Maßgebliche Unterschiede ergeben sich hingegen bezüglich der weiteren Faktoren, die zur Bestimmung der Höhe heranzuziehen sind und bezüglich des Kreises der Anspruchsberechtigten. Im deutschen Recht hat allein der bestqualifizierte Aufstiegsbewerber einen Anspruch auf Schadensersatz für erlittenen Verdienstausfall, während nach englischem Recht grundsätzlich jeder diskriminierte Bewerber einen Anspruch auf Schadensersatz für Verdienstausfall hat, es sei denn, der Benachteiligte hätte auch im Falle eines diskriminierungsfreien Auswahlverfahrens keine Chance auf die Aufstiegsstelle gehabt, was aber nur ausnahmsweise der Fall sein dürfte.

Zudem ist die Höhe des Anspruchs im deutschen Recht nach weit überwiegender Meinung pauschaliert und orientiert sich je nach Ansicht entweder an dem ersten hypothetischen (Änderungs-)Kündigungstermin oder an §§ 9, 10 KSchG. Teilweise wird auch ein zeitlich unbefristeter Ersatzanspruch gefordert[799]. Im englischen Recht hingegen wird der Verdienstausfall individuell ermittelt. Entsprechend der Vorgehensweise zur Ermittlung des Verdienstausfalls bei der Begründung von Arbeitsverhältnissen wird im englischen Recht auch der Verdienstausfall bei Diskriminierungen im Zusammenhang mit dem beruflichen Aufstieg bestimmt. Der Unterschied besteht allein darin, dass im Rahmen der Ermittlung des Erfüllungsinteresses nicht das Monatsgehalt und die voraussichtliche Dauer bis zum Erhalt einer gleichwertigen Stelle, sondern die Gehaltsdifferenz zwischen aktueller und versagter Stelle und die voraussichtliche Dauer bis zur nächsten Aufstiegschance zugrunde gelegt werden.

Die englische Herangehensweise führt zu einem individuellen und damit vollumfänglichen Schadensausgleich, der auch den deutschen Rechtsanwender inspirieren könnte, zumal ein Schadensersatzanspruch wegen einer verlorenen Chance mit dem deutschen Schadensrecht vereinbar ist[800]. Zudem können die Gerichte wie im englischen Recht auch im deutschen Recht die prozentuale Erfolgswahrscheinlichkeit der Bewerbung im Falle eines benachteiligungsfreien Bewerbungsverfahrens und die Dauer bis zur nächsten Aufstiegschance gemäß § 287 Abs. 1 S. 1 ZPO nach freiem Ermessen schätzen.

---

799 siehe oben unter 1. Kapitel, B. IV. 1. b) bb) (1) (a).

800 siehe oben unter 1. Kapitel, B. IV. 1. b) bb) (1) (d).

Im Ergebnis lässt sich feststellen, dass auch im Fall von Diskriminierungen bei dem beruflichen Aufstieg die englische Herangehensweise grundätzlich *de lege lata* im deutschen Recht Berücksichtigung finden kann und sollte. Auf diese Weise kann auch im deutschen Recht im Fall von diskriminierenden Aufstiegsentscheidungen der europarechtlich geforderte vollumfängliche Schadensausgleich erreicht werden.

(2) Sonstige materielle Schäden

Der benachteiligte Aufstiegsbewerber hat nach beiden Rechtsordnungen Anspruch auf Ersatz seiner sonstigen materiellen Schäden. Dies können insbesondere Schäden wegen einer Gesundheitsschädigung sein, die sowohl nach deutschem als auch nach englischem Recht in dem Umfang zu ersetzen sind, in dem sie durch den Arbeitgeber tatsächlich verursacht worden sind.

Im Gegensatz zum englischen Recht hat der benachteiligte Aufstiegsbewerber im deutschen Recht zusätzlich Anspruch auf Ausgleich des Rentenschadens, der ihm durch die Benachteiligung entsteht. Dieser ist auf Basis des ermittelten Verdienstausfalls zu bestimmen. Der Anspruch geht auf den Rentenversicherungsträger über. Ein Rentenversicherungsschaden entsteht im englischen Recht nicht, da die Höhe der staatlichen Rente nicht von der Höhe geleisteter Beiträge zur Rentenversicherung abhängt.

cc) Schadenminderungspflicht

Auch im Fall von Schadensersatz wegen Benachteiligung beim beruflichen Aufstieg trifft den Benachteiligten nach beiden Rechtsordnungen eine Schadenminderungspflicht. Er hat sich um eine anderweitige Aufstiegschance zu bemühen, um den Schaden zu mindern bzw. abzuwenden.

2. Entschädigung

Sowohl nach deutschem als auch nach englischem Recht steht dem Benachteiligten eine Entschädigung wegen der durch die Benachteiligung erlittenen Persönlichkeitsverletzung zu.

a) Diskriminierung bei der Begründung von Arbeitsverhältnissen

Während im deutschen Recht die erlittene Persönlichkeitsverletzung einzig durch die in § 15 Abs. 2 AGG normierte Entschädigung kompensiert wird, kann sich der immaterielle Schaden nach englischem Recht aus insgesamt drei Schadensersatzkategorien zusammensetzen: Schadensersatz wegen *injury to feelings*, *aggravated damages* und/oder *personal injury*.

Während eine Entschädigung wegen *injury to feelings* in nahezu jedem Diskriminierungsfall zum Ausgleich der erlittenen Persönlichkeitsverletzung zugesprochen wird, kann die Entschädigung für *aggravated damages* zusätzlich im Fall von besonders verwerflichem Verhalten für die dadurch verschlimmerte Persönlichkeitsverletzung zugesprochen werden. Die Trennungslinie zwischen beiden Entschädigungsformen ist zumeist unscharf. Gleiches gilt für den Schadensersatz für Personenschäden, da beispielsweise eine ausgelöste Depression sowohl im Rahmen des Personenschadens als auch bei der Entschädigung wegen *injury to feelings* berücksichtigt werden kann. Anders als im deutschen Recht besteht im englischen Recht damit die konkrete Gefahr von *double recovery*; der doppelten Entschädigung für ein und dieselbe Persönlichkeitsverletzung.

Weder § 15 Abs. 2 AGG noch der *Equality Act 2010* geben Anhaltspunkte für die Bemessung der Höhe der Entschädigung. Beide Rechtsordnungen legen die Bestimmung der Höhe in das Ermessen des Gerichts.

In beiden Rechtsordnungen wird zur Bemessung der Höhe grundsätzlich auf die Einzelfallumstände abgestellt und zur Bestimmung im Wesentlichen die gleichen Kriterien herangezogen, insbesondere die Art und Schwere der Beeinträchtigung, der Grad des Verschuldens, die Nachhaltigkeit und Fortdauer der Interessenschädigung des Benachteiligten, den Anlass und die Beweggründe des Handelns des Arbeitgebers sowie das unionsrechtliche Erfordernis einer abschreckenden Wirkung der Sanktion.

Der Hauptunterschied im Rahmen der Ausübung des Ermessens dürfte darin bestehen, dass das AGG als Orientierungsmaßstab für die Bemessung der Entschädigung auf die Höhe des entgangenen Monatsverdienstes abstellt[801]. Im englischen Recht hingegen wird die Persönlichkeitsverletzung verdienstunabhängig allein nach der Schwere der Verletzung in eine von drei von der Rechtsprechung vorgegebenen Kategorien (*Vento-Guidelines*) eingeordnet, die jeweils einen unterschiedlichen finanziellen Entschädigungsrahmen vorsehen[802].

Die einheitliche Bemessung der Entschädigung für Benachteiligte unabhängig von deren individuellen entgangenen Monatsverdiensten, sondern allein nach der Schwere der Persönlichkeitsverletzung ist sachgerecht. Die Persönlichkeit eines Facharbeiters ist gleich viel wert wie die eines Hochschulabsolventen, so dass für eine Diskriminierung der gleichen Intensität auch beide Anspruch auf

801 vgl. oben unter 1. Kapitel, B. IV. 2. a) aa) (2).
802 vgl. oben unter 2. Kapitel, B. IV. 2. a) aa) (2).

eine Entschädigung in gleicher Höhe haben müssen. Dieser Grundgedanke des englischen Rechts könnte im deutschen Recht jedoch nur *de lege ferenda* Berücksichtigung finden, da § 15 Abs. 2 S. 2 AGG den Monatsverdienst als Bemessungsgrundlage für die Höhe der Entschädigung ausdrücklich vorgibt.

Die Unterteilung der Schwere der Persönlichkeitsverletzung im englischen Recht in drei verschiedene Kategorien mit verschiedenen Entschädigungsrahmen dient einer gewissen Einheitlichkeit der Rechtsprechung in Bezug auf die Höhe von Entschädigungen für Persönlichkeitsverletzungen gleicher Intensität und damit letztlich der Rechtssicherheit. Eine Erforderlichkeit, im deutschen Recht einen ähnlichen Lösungsweg zu verfolgen, ist jedoch nicht erkennbar. Die deutsche Rechtsprechung hat gerade im Bereich des Schmerzensgeldes gezeigt, dass sie sehr gut in der Lage ist, differenzierte und angemessene Entscheidungen zu treffen. Es ist daher davon auszugehen, das auch für den Fall der Entschädigung wegen einer Benachteiligung die Gerichte ihr Ermessen interessengerecht ausüben und sich in der Rechtsprechung mit der Zeit gewisse Leitlinien abzeichnen werden. Zudem verstärkt eine fehlende Einteilung von Persönlichkeitsverletzungen in Kategorien mit jeweils vorgegebenen Entschädigungsrahmen die abschreckende Wirkung der Entschädigung, da nur dasjenige, was nicht berechenbar ist, gleichzeitig auch auf den Arbeitgeber abschreckend wirkt.

Rechtsvergleichend lässt sich ferner feststellen, dass das englische Recht keine Höchstgrenze für den Fall vorsieht, dass der Bewerber auch ohne das diskriminierende Verhalten die Stelle nicht erhalten hätte, während § 15 Abs. 2 S. 2 AGG für diesen Fall eine Höchstgrenze von drei Monatsverdiensten statuiert. Eine solche Höchstgrenze dient der Rechtsicherheit und ist nach der Rechtsprechung des EuGH europarechtlich unbedenklich. Es sollte als Bemessungsmaßstab jedoch nicht auf den Monatsverdienst abgestellt werden, sondern ein einheitlicher und bezifferter Höchstbetrag gesetzlich festgelegt werden, um beispielsweise Arbeitnehmer aus dem Niedriglohnsektor oder Teilzeitbeschäftigte nicht zu diskriminieren.

Hierbei kann der Wille des Gesetzgebers, die Höchstgrenze bei drei Monatsverdiensten festzulegen, durchaus berücksichtigt werden und ein Betrag beziffert werden, der drei mittleren Monatsverdiensten eines in Deutschland vollzeitbeschäftigten Arbeitnehmers entspricht. Nach Berechnungen der Bundesagentur für Arbeit betrug im Jahr 2013 das mittlere sozialversicherungspflichtige Bruttomonatsentgelt eines Vollzeitbeschäftigten 2.960 Euro[803], so dass drei

803 Statistik der Bundesagentur für Arbeit, Beschäftigungsstatistik, Sozialversicherungspflichtige Bruttoarbeitsentgelte - Entgeltstatistik - Stichtag 31.12.2013, 2.1.1 Entwicklung der Medianentgelte.

Bruttomonatsverdienste einem Betrag in Höhe von 8.880 Euro entsprechen. Es ließe sich somit als betragsmäßige Höchstgrenze ein Wert in Höhe von 9.000 Euro in § 15 Abs. 2 S. 2 AGG statuieren. Eine Reduzierung dieses Betrages für Bewerber um eine Teilzeitbeschäftigung ist nicht angemessen, da die Persönlichkeitsverletzung eines Teilzeitbeschäftigten genauso schwer wiegt wie die eines Vollzeitbeschäftigten. Um im Falle von nicht unwesentlichen Veränderungen des mittleren Bruttomonatsverdienstes eines Vollzeitbeschäftigten zügig reagieren zu können, erscheint es sinnvoll, das Bundesministerium für Arbeit und Soziales zu ermächtigen, die statuierte Höchstgrenze durch Verordnung mit Zustimmung des Bundesrates zu ändern.

Eine geänderte Fassung des § 15 Abs. 2 AGG könnte im Ergebnis wie folgt lauten:

> *„Wegen eines Schadens, der nicht Vermögensschaden ist, kann der oder die Beschäftigte eine angemessene Entschädigung in Geld verlangen. Die Entschädigung darf bei einer Nichteinstellung einen Betrag von EUR 9.000,00 nicht übersteigen, wenn der oder die Beschäftigte auch bei benachteiligungsfreier Auswahl nicht eingestellt worden wäre. Das Bundesministerium für Arbeit und Soziales kann durch Rechtsverordnung mit Zustimmung des Bundesrates die Höchstgrenze nach Satz 2 ändern."*

b) Diskriminierung bei Aufstiegsentscheidungen

Weder die deutsche noch die englische Rechtsprechung differenziert bei der Art und Weise der Bestimmung der Entschädigung für die erlittene Persönlichkeitsverletzung zwischen Diskriminierungen, die sich bei der Begründung eines Arbeitsverhältnisses und Diskriminierungen, die sich im Zusammenhang mit dem beruflichen Aufstieg ereignen. Die Rechtsprechung legt in beiden Fällen die gleichen Maßstäbe an und wendet die gleichen Kriterien zur Bestimmung der Höhe der Entschädigung an.

Während das englische Recht keine Höchstgrenze für die Entschädigung für immaterielle Schäden vorsieht, gilt die Höchstgrenze in § 15 Abs. 2 S. 2 AGG nach der Rechtsprechung des BAG auch für den Aufstiegsbewerber, obgleich dieser dort nicht ausdrücklich genannt ist[804]. Hierbei dürfte es sich um ein Redaktionsversehen des Gesetzgebers handeln. Entsprechend könnte die vorgeschlagene Neufassung des § 15 Abs. 2 S. 2 AGG im Hinblick auf Aufstiegsbewerber wie folgt ergänzt werden:

> *„Die Entschädigung darf bei einer Nichteinstellung oder einem verwehrten beruflichen Aufstieg einen Betrag von EUR 9.000,00 nicht übersteigen, wenn der oder die Beschäftigte auch bei benachteiligungsfreier Auswahl nicht eingestellt worden oder aufgestiegen* wäre."

---

804 vgl. oben 1. Kapitel, B. IV. 2. b) aa) (1).

3. *Strafschadensersatz*

Während im deutschen Recht Strafschadensersatz in Diskriminierungsfällen von der Rechtsprechung und der Literatur überwiegend abgelehnt wird[805], hält das EAT und die englische Literatur Strafschadensersatz in Diskriminierungsfällen grundsätzlich für möglich, wenn auch nur in Ausnahmefällen[806]. Nach Ansicht des EAT kann Strafschadensersatz dann zuerkannt werden, wenn ein öffentlicher Arbeitgeber erniedrigend, willkürlich oder verfassungswidrig handelt und die Schadensersatzhöhe nicht bereits ausreichend bestrafend und abschreckend ist. Der CA und der Supreme Court haben sich mit der Zulässigeit von Strafschadensersatz im englischen Diskriminierungsrecht bisher nicht befasst.

Das im englischen Recht entwickelte Institut des Strafschadensersatzes ist mit deutschem Recht nicht vereinbar. Das englische Recht sieht eine Strafzahlung an den Benachteiligten neben dem Ersatz des materiellen und immateriellen Schadens vor. Im deutschen Haftungsrecht gilt als Maxime das sog. Bereicherungsverbot. Die Anerkennung von Strafschadensersatz würde gegen dieses Verbot verstoßen und zu einem Systembruch im deutschen Haftungsrecht führen, das darauf ausgerichtet ist, verursachte Schäden auszugleichen. Zudem würde ein pönales Element der Entschädigung nach § 15 Abs. 2 AGG das Bestrafungsmonopol des Staates untergraben und würde im Ergebnis zu einer nach dem Rechtsstaatsprinzip bedenklichen Zivilstrafe führen.

Auch der EuGH fordert keine Abschreckung durch Strafschadensersatz, sondern sieht den Präventionszweck durch einen vollumfänglichen Ausgleich des Schadens des Benachteiligten erreicht. Eine Einführung von Strafschadensersatz nach englischem Vorbild ist weder europarechtlich gefordert noch mit dem deutschen Recht vereinbar und daher im Ergebnis abzulehnen.

4. *Erhöhung oder Reduzierung der Schadensersatz- und Entschädigungssumme wegen nicht abgeschlossenen Beschwerdeverfahrens*

Im englischen Recht soll der diskriminierte Aufstiegsbewerber zunächst ein Beschwerdeverfahren durchführen, dessen Ablauf in den entsprechenden Richtlinien der ACAS detailliert geregelt ist. Die Arbeitsgerichte können eine zugesprochene Schadensersatzsumme nach Recht und Billigkeit um bis zu 25 Prozent reduzieren oder erhöhen, wenn der Arbeitnehmer oder Arbeitgeber vor

805 vgl. oben 1. Kapitel, B. IV. 3.

806 vgl. oben 2. Kapitel, B. IV. 5.

Klageerhebung das Beschwerdeverfahren nicht zuvor entsprechend der Richtlinien der ACAS durchgeführt hat[807]. Im deutschen Recht ist ein vergleichbares Verfahren nicht vorgesehen. Der Arbeitnehmer hat vor Klageerhebung seinen Anspruch gemäß § 15 Abs. 4 AGG innerhalb von zwei Monaten erfolglos bei dem Arbeitgeber geltend zu machen, wobei außer der Schriftform keine weiteren Verfahrensvorschriften zu beachten sind.

Ein förmliches Beschwerdeverfahren in mehren Schritten nach englischem Vorbild ist in Deutschland nicht erforderlich. Ein solches Verfahren würde einen unverhältnismäßigen administrativen Aufwand für den Arbeitgeber bedeuten. Im englischen Recht mag ein solches Beschwerdeverfahren sinnvoll sein, da das englische Arbeitsrecht stark vom Antidiskriminierungsrecht geprägt ist und ein solches Verfahren daher einer wesentlichen Entlastung der Gerichte dient. In Deutschland hingegen ist die Bedeutung des Diskriminierungsrechts im Arbeitsrecht verhältnismäßig gering, so dass es eines solchen vorgeschalteten Verfahrens zur Entlastung der Gerichte nicht bedarf. Die gerichtlichen Verfahren aus dem Bereich des Diskriminierungsrechts werden zudem zum Großteil durch einen gerichtlichen Vergleich beendet, so dass eine Überlastung der Arbeitsgerichtsbarkeit in Deutschland durch AGG-Verfahren derzeit nicht ersichtlich ist.

5. *Ausschluss des Kontrahierungszwangs*

Weder das englische noch das deutsche Recht sieht einen Anspruch des Benachteiligten auf Begründung eines Arbeitsverhältnisses oder den beruflichen Aufstieg vor.

6. *Fristen*

Beide Rechtsordnungen sehen für die Geltendmachung der Ansprüche auf Schadensersatz und Entschädigung die Einhaltung bestimmter Fristen durch den Benachteiligten vor.

Das deutsche Recht ist dabei restriktiver als die englische Regelung, die für alle Ansprüche generell eine Klagefrist von drei Monaten ab der diskriminierenden Handlung vorsieht. Nach deutschem Recht muss der Benachteiligte zunächst sowohl den Schadensersatzanspruch nach § 15 Abs. 1 AGG als auch den Entschädigungsanspruch nach § 15 Abs. 2 AGG innerhalb von nur zwei Monaten nach der benachteiligenden Handlung gegenüber dem Arbeitgeber schriftlich

807 vgl. oben unter 2. Kapitel, B. IV. 6.

geltend machen. Andernfalls verfallen seine Ansprüche. Für einen Anspruch auf Entschädigung muss der Benachteiligte zusätzlich eine Klagefrist von drei Monaten seit schriftlicher Geltendmachung beachten, deren Nichteinhaltung ebenfalls zum Verfall seines Anspruchs führt.

4. Kapitel: Ergebnisse

Die Untersuchung hat gezeigt, dass im Fall von Diskriminierungen das englische und deutsche Arbeitsrecht sowohl bezüglich der Anspruchsvoraussetzungen für einen möglichen Schadensersatz- und Entschädigungsanspruch des Benachteiligten als auch bezüglich des Grundsatzes des Ausgleichs des erlittenen Schadens grundsätzlich vergleichbar sind. Durch den Ausschluss der Naturalrestitution in § 15 Abs. 6 AGG und das Grundprinzip der *restitutio in integrum* im englischen Recht ist in beiden Rechtsordnungen durch Geldersatz der Zustand herzustellen, der bestehen würde, wenn es nicht zu der Benachteiligung gekommen wäre.

Beide Rechtsordnungen sehen eine angemessen Entschädigung für die erlittene Persönlichkeitsverletzung des Benachteiligten vor, die anhand der jeweiligen Umstände des Einzelfalls vom Tatrichter festzusetzen ist. Hierbei wird den Tatrichtern in beiden Rechtsordnungen ein weites Ermessen eingeräumt, das nur sehr bedingt reversibel ist. Die deutschen und englischen Gerichte wenden zudem im Wesentlichen die gleichen Kriterien bei der Bestimmung der Höhe der Entschädigung an und auch die Höhe der für angemessen erachteten Entschädigungsbeträge ist in beiden Rechtsordnungen grundsätzlich vergleichbar. Im Gegensatz zum deutschen Recht besteht im englischen Recht jedoch durch drei verschiedene Arten von Entschädigungsleistungen für immaterielle Schäden die Gefahr von *double recovery*.

Die Art und Weise, wie der materielle Schaden ausgeglichen wird, divergiert in beiden Rechtsordnungen erheblich. Der überzeugendere englische Lösungsweg, der durch Berücksichtigung der hypothetischen Chance des Benachteiligten auf die Stelle im Falle eines benachteiligungsfreien Bewerbungsverfahrens einen individuellen und genauen Schadensausgleich des Einzelnen ermöglicht, könnte den deutschen Rechtsanwender inspirieren, zumal dieser *de lege lata* im deutschen Recht Anwendung finden kann.

Zusammenfassend lassen sich aus der vorstehenden europarechtlichen und rechtsvergleichenden Untersuchung für das deutsche Recht folgende Erkenntnisse gewinnen:

1. Die Verschuldenserfordernisse des in § 15 Abs. 1 AGG normierten Anspruchs auf materiellen Schadensersatz sowie des in § 15 Abs. 3 AGG normierte Anspruchs auf Schadensersatz und Entschädigung bei der Anwendung kollektivrechtlicher Vereinbarungen verstoßen gegen Europarecht. Die Ansprüche sind verschuldensunabhängig auszugestalten, um der Rechtsprechung

des EuGH und den Richtlinienvorgaben zu genügen. Dies könnte erreicht werden, indem § 15 Abs. 1 S. 2 AGG sowie § 15 Abs. 3 AGG vom Gesetzgeber ersatzlos gestrichen werden.

2. Die europarechtlich geforderte abschreckende Wirkung der Sanktion wird allein durch die vollumfängliche Wiedergutmachung des materiellen und immateriellen Schadens erzielt. Ein darüber hinausgehender Anspruch auf Strafschadensersatz ist europarechtlich nicht gefordert und mit dem deutschen Haftungsrecht nicht vereinbar.
3. Im Rahmen der Ermittlung des materiellen Schadens gemäß § 15 Abs. 1 AGG kann für die Bestimmung des Verdienstausfalls das englische Recht *de lege lata* Berücksichtigung finden. Der Benachteiligte ist für den erlittenen Chancenverlust zu kompensieren, der auch nach deutschem Recht einen ausgleichsfähigen Vermögensschaden darstellen kann.
   Zur Bestimmung des Schadens ist zunächst die voraussichtliche Dauer bis zur Aufnahme einer gleichwertigen Beschäftigung bzw. bis zur nächsten Aufstiegschance zu schätzen und dieser Zeitraum mit dem entgangenen Nettoverdienst zu multiplizieren. Sollte ausnahmsweise zu erwarten sein, dass der Benachteiligte bis zum Renteneintritt keine gleichwertige Stelle mehr finden bzw. keine Aufstiegschance mehr erhalten wird, ist der Zeitraum bis zum Renteneintrittsalter der Berechnung zugrunde zu legen und dieser zu kürzen, um den „Wechselfällen des Lebens“ angemessen Rechnung zu tragen. In einem weiteren Schritt ist der auf diese Weise ermittelte Nettobetrag entsprechend der prozentualen Misserfolgswahrscheinlichkeit der Bewerbung im Falle eines benachteiligungsfreien Auswahlverfahrens herabzusetzen. Die Dauer bis zur Aufnahme einer gleichwertigen Beschäftigung sowie die Erfolgswahrscheinlichkeit können gemäß § 287 ZPO geschätzt werden. Der Benachteiligte hat die Schätzgrundlagen zu liefern, wobei ihm hinsichtlich der Erfolgswahrscheinlichkeit seiner Bewerbung im Falle eines benachteiligungsfreien Verfahrens ein Auskunftsanspruch gegen den Arbeitgeber hinsichtlich der Qualifikationen und Erfahrungen der anderen Bewerber zusteht.
4. Um der europarechtlichen Forderung nach vollumfänglicher Wiedergutmachung des erlittenen Schadens zu genügen, ist gemäß § 15 Abs. 1 AGG als Teil des materiellen Schadens auch der erlittene Rentenversicherungsschaden zu ersetzen.
5. Während Heilkosten nach § 15 Abs. 1 AGG in dem Umfang zu erstatten sind, zu dem die gesundheitliche Schädigung durch den Arbeitgeber tatsächlich verursacht wurde, sollten weitere materielle Schäden – z.B. Umzugskosten – im Verhältnis zur Erfolgswahrscheinlichkeit der Bewerbung im Falle eines benachteiligungsfreien Auswahlverfahrens ersetzt werden.

6. Hinsichtlich der Entschädigung gemäß § 15 Abs. 2 AGG stellt der hypothetische Monatsverdienst des Benachteiligten keine sachgerechte Bemessungsgröße zur Bestimmung der erlittenen Persönlichkeitsverletzung dar. Vielmehr sollte – wie im englischen Recht – für die Bestimmung der Höhe allein die Schwere der Persönlichkeitsverletzung maßgeblich sein. Daher erscheint es sachgerecht, in § 15 Abs. 2 S. 2 AGG eine einheitliche betragsmäßige Höchstgrenze festzusetzen, die sich nicht an dem individuellen Monatsverdienst des Benachteiligten orientiert. Der gesetzgeberische Wille kann hierbei berücksichtigt werden, indem die Höchstgrenze in Höhe des dreifachen mittleren Monatsverdiensts eines Vollzeitbeschäftigten betragsmäßig im Gesetz festgelegt wird. Dieser betrug im Jahr 2013 ca. 9.000 Euro brutto. Um bei einer wesentlichen Veränderung des statistischen Wertes eines mittleren Bruttomonatsverdienstes für die Anpassung der Höchstgrenze kein aufwendiges Gesetzgebungsverfahren durchführen zu müssen, sollte das Bundesministerium für Arbeit und Soziales ermächtigt werden, den Höchstbetrag mit Zustimmung des Bundesrates durch Verordnung zu ändern. Schließlich sollte die Höchstgrenzenregelung um die Gruppe der Aufstiegsbewerber ergänzt werden. Im Ergebnis könnte § 15 Abs. 2 AGG wie folgt gefasst werden:

   „Wegen eines Schadens, der nicht Vermögensschaden ist, kann der oder die Beschäftigte eine angemessene Entschädigung in Geld verlangen. Die Entschädigung darf bei einer Nichteinstellung oder einem verwehrten beruflichen Aufstieg einen Betrag von EUR 9.000,00 nicht übersteigen, wenn der oder die Beschäftigte auch bei benachteiligungsfreier Auswahl nicht eingestellt worden oder aufgestiegen wäre. Das Bundesministerium für Arbeit und Soziales kann durch Rechtsverordnung mit Zustimmung des Bundesrates die Höchstgrenze nach Satz 2 ändern."

   Die Höchstgrenze von derzeit drei Bruttomonatsverdiensten gilt nur für denjenigen Bewerber, der die Stelle auch ohne das benachteiligende Verhalten nicht erhalten hätte. Auf die übrigen Bewerber ist diese Höchstgrenze nicht anwendbar, so dass die Entschädigung für eine Benachteiligung in diesen Fällen je nach den Umständen des Einzelfalls auch mehr als drei Bruttomonatsverdienste betragen kann.
7. Die in § 15 Abs. 4 AGG normierte Frist zur schriftlichen Geltendmachung eines Anspruchs auf Schadensersatz und/oder Entschädigung verstößt hinsichtlich des Diskriminierungsmerkmals Geschlecht gegen das in den Richtlinien 2002/73/EG und 2006/54/EG normierte Absenkungsverbot. Sie sollte sich zumindest hinsichtlich des Diskriminierungsmerkmals Geschlecht an der Fristenregelung in dem aufgehobenen § 611a Abs. 4 BGB orientieren. Aus Gründen der Rechtseinheitlichkeit sollte sich die Frist darüber hinaus

auf alle Diskriminierungsmerkmale beziehen. Die ehemals in § 611a Abs. 4 BGB vorgesehene Ausschlussfrist von zwei Monaten ist aufgrund der BAG-Rechtsprechung zu arbeitsvertraglichen Ausschlussfristen auf drei Monate zu erhöhen[808]. Lediglich tarifvertraglich vereinbarte kürzere Fristen sind zulässig[809]. Im Hinblick auf das Absenkungsverbot sowie § 31 AGG, der ausweislich der Gesetzesbegründung auch auf die Frist für die Geltendmachung von Ansprüchen und damit auf § 15 Abs. 4 AGG Anwendung findet[810], darf die tarifvertragliche Geltendmachungsfrist jedoch eine Länge von zwei Monaten nicht unterschreiten. In Anlehnung an § 611a Abs. 4 BGB könnte § 15 Abs. 4 AGG durch den Gesetzgeber wie folgt neu gefasst werden:

„Ein Anspruch nach den Absätzen 1 und 2 muss innerhalb einer Frist schriftlich geltend gemacht werden. Die Länge der Frist bemisst sich nach einer für die Geltendmachung von Schadenersatzansprüchen im angestrebten oder bestehenden Arbeitsverhältnis vorgesehenen Ausschlussfrist; sie beträgt mindestens drei Monate, es sei denn, die Tarifvertragsparteien haben eine abweichende Regelung getroffen, die eine mindestens zweimonatige Frist vorsieht. Ist eine solche Frist für das angestrebte Arbeitsverhältnis nicht bestimmt, so beträgt die Frist sechs Monate.“

8. Die zweimonatige Klagefrist gemäß 61b Abs. 1 ArbGG gilt ausweislich des Wortlauts, der Gesetzessystematik sowie der Gesetzgebungsgeschichte ausschließlich für den Anspruch auf Entschädigung gemäß § 15 Abs. 2 AGG. Der Anspruch auf Ersatz des materiellen Schadens gemäß § 15 Abs. 1 AGG verjährt nach Ablauf der regelmäßigen Verjährungsfrist von drei Jahren gemäß § 195 BGB.

---

808 vgl. BAG, Urteil vom 28.9.2005, NZA 2006, 795.

809 BAG, Urteil vom 13.12.2007, DB 2008, 1104, wonach tarifvertragliche Ausschlussfristen keiner AGB-Kontrolle zu unterziehen sind, § 310 Abs. 4 S. 1 BGB.

810 BT-Drs. 16/1780, S. 53; a.A.: *Schiefer/Ettwig/Krych*, Das Allgemeine Gleichbehandlungsgesetz, Rn. 576, die entgegen der Gesetzesbegründung kürzere Fristen für zulässig erachten, da die Gesetzesbegründung widersprüchlich zum deutlichen Wortlaut des § 15 Abs. 4 AGG sei.

Studien zum Arbeitsrecht und zur Arbeitsrechtsvergleichung

Herausgegeben von Manfred Weiss, Bernd Waas und Spiros Simitis

Band 1 Sebastian Fritzsche: Die Vereinbarkeit des Arbeitnehmer-Entsendegesetzes sowie der erfassten Tarifverträge mit höherrangigem Recht. 2001.

Band 2 Arnd Hermann: Outplacement. Eine Untersuchung der individualvertraglichen Gestaltung und kollektivarbeitsrechtlichen Aspekte eines neuen Instruments des Personalabbaus. 2001.

Band 3 Christoph Schmid: Das Personalrecht der Europäischen Zentralbank. Grundlagen und Grenzen der rechtlichen Bindungen der Europäischen Zentralbank unter besonderer Berücksichtigung der Bereiche Arbeitnehmervertretung, Kündigungsschutz und Datenschutz. 2002.

Band 4 Charis Chaldoupis: Auswirkungen neuer Technologien auf die Tarifautonomie. Funktionsfähigkeit und Legitimität qualitativer Tarifpolitik anhand der Rationalisierungsentwicklungen im industriellen Produktionsbereich. 2003.

Band 5 Robert Kretzschmar: Die Rolle der Koalitionsfreiheit für Beschäftigungsverhältnisse jenseits des Arbeitnehmerbegriffs. Zur Abgrenzung abhängiger von selbständiger Beschäftigung und zur Eröffnung kollektiver Handlungsformen für selbständig Beschäftigte durch Art. 9 Abs. 3 GG. 2003.

Band 6 Thilo Mahnhold: Compliance und Arbeitsrecht. Insiderrechtliche Verhaltenskonzepte im nationalen und multinationalen Unternehmen. 2004.

Band 7 Nicole Löblich: Transformation des kollektiven Arbeitsrechts in der Tschechischen Republik. 2004.

Band 8 Lena Huth: Voraussetzungen und Grenzen nachträglicher Sozialplanänderungen. 2004.

Band 9 Nisha Biswas: Vertrauensarbeitszeit und Arbeitszeitfreiheit im arbeitszeitrechtlichen und betriebsverfassungsrechtlichen Kontext. 2004.

Band 10 Dirk Schäfer: Der europäische Rahmen für Arbeitnehmermitwirkung. 2005.

Band 11 Jochen A. Keilich: Die Auswirkungen der Grundrechte / Menschenrechte für das Arbeitsrecht in Deutschland und England. 2004.

Band 12 Boris Kaehler: Rechtsprobleme betrieblicher Personalauswahl. Die Zulässigkeit eignungsdiagnostischer Maßnahmen im arbeitsvertraglichen Anbahnungsverhältnis. 2005.

Band 13 Natascha Ahmad: Rechtsschutz für und durch Gewerkschaften bei tarifwidrigem Arbeitgeberverhalten in Deutschland und Frankreich. 2005.

Band 14 Volker Güntzel: Die Richtlinie über die Arbeitnehmerbeteiligung in der Europäischen Aktiengesellschaft (SE) und ihre Umsetzung in das deutsche Recht. 2006.

Band 15 Peter Gumnior: Die Rechtmäßigkeit des Sympathiestreiks. 2007.

Band 16 Elena Benz: Auf dem Weg zum lebenslangen Lernen? Die Berufsbildungspolitik der Europäischen Union und die tatsächliche und rechtliche Situation der beruflichen Weiterbildung in der Bundesrepublik Deutschland. 2007.

Band 17 Cessy Kühl: Flexibilisierung von Arbeitsbedingungen. Vergleich ausgewählter arbeitsrechtlicher Gestaltungsmittel zwischen dem deutschen und dem tschechischen Individualarbeitsrecht. 2007.

Band 18 Carolin Siegrist: Einschränkung der unternehmerischen Entscheidungsfreiheit durch Arbeitnehmervertreter im deutsch-amerikanischen Vergleich. 2008.

Band 19 Ingebjörg Darsow-Faller: Kündigungsschutz in Deutschland und Spanien. Eine rechtsvergleichende Untersuchung mit besonderer Beachtung der Beendigung des Arbeitsverhältnisses gegen Abfindung. 2008.

Band 20 Enrico Iannone: Die Kodifizierung des Arbeitsvertragsrechts - ein Jahrhundertprojekt ohne Erfolgsaussicht? Eine Untersuchung vorangegangener Bemühungen um ein Arbeitsvertragsgesetz und Analyse möglicher Erfolgsaussichten des Reformprojekts. 2009

Band 21 Max Sleik: Arbeitnehmerbeteiligung in Deutschland und in Schweden. 2011.

Band 22 Christoph Gyo: Diskriminierung aufgrund der Religion im deutschen und französischen Arbeitsrecht. Völker-, europarechtliche und nationale Regelungen.

Band 23 Martina Büter: Die Befristung von Arbeitsverhältnissen in Deutschland und Frankreich. Eine rechtsvergleichende Untersuchung. 2013.

Band 24 Andreas Hofelich: Von der Bereichsausnahme zur Bereichseinschränkung. Grundfragen der dogmatischen Integration des Individualarbeitsrechts in das Recht der Allgemeinen Geschäftsbedingungen. 2013.

Band 25 Elena Heimann: Substantielle Vereinbarungen Europäischer Betriebsräte: Praxis und Recht. 2014.

Band 26 Mathias Kaufmann: Schadensersatz und Entschädigung in Folge von Diskriminierung im deutschen und englischen Arbeitsrecht. Eine rechtsvergleichende Studie unter Berücksichtigung des Europarechts. 2014.

www.peterlang.com

FSC
www.fsc.org
MIX
Papier | Fördert
gute Waldnutzung
FSC® C083411

Kolibri 360 GmbH
Ferdinand-Jühlke-Straße 7
99095 Erfurt, Deutschland
produktsicherheit@kolibri360.de